中华人民共和国
消费者权益保护法
（含产品质量法）
注解与配套

第六版

中国法制出版社

CHINA LEGAL PUBLISHING HOUSE

出版说明

中国法制出版社一直致力于出版适合大众需求的法律图书。为了帮助读者准确理解与适用法律，我社于2008年9月推出“法律注解与配套丛书”，深受广大读者的认同与喜爱，此后推出的第二、三、四、五版也持续热销。为了更好地服务读者，及时反映国家最新立法动态及法律文件的多次清理结果，我社决定推出“法律注解与配套丛书”（第六版）。

本丛书具有以下特点：

1. 由相关领域的具有丰富实践经验和学术素养的法律专业人士撰写适用导引，对相关法律领域作提纲挈领的说明，重点提示立法动态及适用重点、难点。

2. 对主体法中的重点法条及专业术语进行注解，帮助读者把握立法精神，理解条文含义。

3. 根据司法实践提炼疑难问题，由相关专家运用法律规定及原理进行权威解答。

4. 在主体法律文件之后择要收录与其实施相关的配套规定，便于读者查找、应用。

此外，为了凸显丛书简约、实用的特色，分册根据需要附上实用图表、办事流程等，方便读者查阅使用。

真诚希望本丛书的出版能给您在法律的应用上带来帮助和便利，同时也恳请广大读者对书中存在的不足之处提出批评和建议。

中国法制出版社

2023年7月

适用导引

商品经济的快速发展也使各种家用电器、化学化纤制品、美容化妆品、各类饮料、食品和药品的大量生产和销售，在满足消费者生活需要的同时，有时也会损害消费者的利益。因产品缺陷对消费者人身、财产安全造成危害的现象层出不穷，如燃气热水器燃气泄漏、美容后导致毁容、电热毯短路致人死亡、食品中毒等事件时有发生。消费者的人身安全和财产利益受到了严重的威胁。消费者权益保护法作为保护消费者合法权益的专项法律，规定了消费者享有的权利、经营者的义务、国家对消费者的保护，以及侵犯消费者合法权益的法律责任。与此同时，产品质量法、食品安全法、反不正当竞争法中规定了生产者、销售者所应当遵守的法律义务，以及产品质量的标准等。

一、消费者、经营者的范围

消费者包括商品的使用者和购买者，也包括接受服务者。只要社会成员在购买、使用商品和接受服务时不是为了将商品或者服务再次转手，不是为了专门从事商品交易活动，而是为了生活消费，便是消费者。经营者包括生产者、销售者、批发商、零售商等市场主体。经营者应当具有以下三个特征：第一，以营利为目的。经营者从事经济活动的最终目的是维持企业的生存发展，并且赚取最大化的利益。第二，经营者是与消费者相对应的一方当事人。经营者向消费者提供商品或服务，获得回报；消费者则因取得商品或享受服务而支付经营者报酬。这里应当注意的是，经营者无论是否有法律规定的从业资格或者经营资格，只要有损害消费者合法权益的行为，都可以按照消费者权益保护法有关经营者的规定，承担责任。第三，经营者是社会成员，在我国的表现形式为个体工商户、个人独资企业、合伙企业、公司和其他企业等；根据生产销售的流程，又分为生产商、销售商、批发商、零售商等。

二、消费者协会职能

根据消费者权益保护法和有关法律、法规的规定，消费者协会履行下列保护消费者合法权益，指导消费的公益性职责：(1) 向消费者提供消费信息和咨询服务，提高消费者维护自身合法权益的能力，引导文明、健康、节约资源和保护环境的消费方式；(2) 参与制定有关消费者权益的法律、法规、规章和强制性标准；(3) 参与有关行政部门对商品和服务的监督、检查；(4) 就有关消费者合法权益的问题，向有关部门反映、查询，提出建议；(5) 受理消费者的投诉，并对投诉事项进行调查、调解；(6) 投诉事项涉及商品和服务质量问题的，可以委托具备资格的鉴定人鉴定，鉴定人应当告知鉴定意见；(7) 就损害消费者合法权益的行为，支持受损害的消费者提起诉讼或者依照消费者权益保护法提起诉讼；(8) 对损害消费者合法权益的行为，通过大众传播媒介予以揭露、批评。

三、消费者损害赔偿

消费者在购买、使用商品时，其合法权益受到损害的，可以向销售者要求赔偿。属于生产者的责任或属于提供商品的其他销售者的责任，销售者赔偿后，有权向生产者或其他销售者追偿。消费者在接受服务时，其合法权益受到损害的，可以向服务者要求赔偿。

随着经济社会不断发展，我国消费方式、消费结构和消费理念发生很大变化。在消费方式方面，随着互联网的兴起与发展，网络销售、网络购物渐成规模。在消费结构方面，消费品和经营者提供的服务种类日趋丰富，自住商品房、机动车、金融服务等成为消费者日常生活中新的消费对象。2013 年，《消费者权益保护法》进行了大幅修改，这次修改从加强社会诚信建设、充实细化消费者权益、强化经营者义务与责任、规范网络购物等新的消费方式、进一步发挥消费者协会的作用、进一步明确行政部门的监管职责等方面作了修改完善。

在加强社会诚信建设方面，针对一些经营者诚信缺失，背离社会公德，违法经营，严重损害消费者权益的情形，一是规定经营者向消费者提供商品或者服务，应当恪守社会公德，诚信经营，保障消费者合法权益。二是对经营者掺杂、掺假，以假充真，以次充好，以不合格商品冒充合格商品，虚假宣传等行为，规定除依照法律、法规规定予以处罚外，由处罚机关记入信用档案，向社会公布。这些规定有利于引导经营者自觉履行法定义务并承担社会责任，培育诚信的消费环境，增强人民群众的消费信心。

在充实细化消费者权益的规定方面，针对实践中有的经营者非法收集、使用消费者的个人信息，擅自泄露或者非法向他人提供消费者个人信息，严重影响消费者正常生活，侵害消费者的合法权益的情况，对消费者个人信息得到保护的权利作了规定。

在强化经营者的义务与责任方面，针对实践中较多发生的消费者权益受到损害的情形以及维权难的情况，一是增加规定经营者向消费者提供商品或者服务，不得设定不公平、不合理的交易条件，不得强制交易；二是明确经营者召回缺陷商品的义务，对提供的商品或者服务存在缺陷，有危及人身、财产安全危险的，应当采取召回等措施；三是明确经营者对耐用商品等的瑕疵举证责任；四是完善“三包”规定，强化退货、更换、修理的义务，促使经营者保证商品和服务质量；五是强化广告经营者、发布者的责任，对设计、制作、发布关系消费者生命健康的商品或者服务的虚假广告，造成消费者损害的，应当与提供该商品或者服务的经营者承担连带责任；六是加大对欺诈行为的惩罚力度，增加规定经营者明知商品或者服务存在缺陷，仍然向消费者提供，造成消费者或者其他受害人死亡或者健康严重损害的，受害人有权要求经营者依照《消费者权益保护法》第49条、第51条等法律规定赔偿损失，并有权要求所受损失二倍以下的惩罚性赔偿。

在规范网络购物等新的消费方式方面，针对网络销售等新的消费方式与传统消费方式的不同特点，一是对网络购物中经营者提供的信息不真实、不完整问题，作出了经营者应当向消费者提供真实、全面信息的规定；二是建立了无理由退货制度，赋予消费者在七日内无理由退货的权利；三是规定了网络交易平台提供者不能提供销售者或者服务者真实名称、地址和有效联系方式的，应当承担先行赔付责任。

在进一步发挥消费者协会的作用方面，一是将消费者协会的定性修改为“社会组织”；二是明确了消费者协会履行职责的公益性；三是各级人民政府对消费者协会履行职责应当予以必要的经费等支持；四是规定对侵害众多消费者合法权益的行为，中国消费者协会以及在省、自治区、直辖市设立的消费者协会，可以向人民法院提起诉讼。

在进一步明确行政部门的监管职责方面，一是规定有关行政部门在各自的职责范围内，应当对经营者提供的商品和服务进行抽查检验，并向社会及时公布抽查检验结果；二是规定有关行政部门发现并认定经营者提供的商品和服务存在缺陷，应当立即责令经营者采取召回等措施；三是消费者向有关行政部门投诉的，该部门应当自收到投诉之日起7个工作日内，予以处理并告知消费者；四是加大对损害消费者合法权益行为的行政处罚力度。

目　　录

第三章　经营者的义务

第四章　国家对消费者合法权益的保护

第五章　消费者组织

第六章　争议的解决

第七章 法律责任

第八章 附　　则

中华人民共和国产品质量法

第一章 总 则

第二章　产品质量的监督

第三章　生产者、销售者的产品质量责任和义务

第一节　生产者的产品质量责任和义务

第二节　销售者的产品质量责任和义务

第四章　损害赔偿

第五章 罚 则

配套法规

1. 消费者权益保护

2. **产品质量监督管理**

3. 价格监督检查

实用附录

中华人民共和国
消费者权益保护法

（1993年10月31日第八届全国人民代表大会常务委员会第四次会议通过　根据2009年8月27日第十一届全国人民代表大会常务委员会第十次会议《关于修改部分法律的决定》第一次修正　根据2013年10月25日第十二届全国人民代表大会常务委员会第五次会议《关于修改〈中华人民共和国消费者权益保护法〉的决定》第二次修正）

目　　录

第一章　总　　则

第一条　【立法宗旨】[*] 为保护消费者的合法权益，维护社会经济秩序，促进社会主义市场经济健康发展，制定本法。

注解

消费者是指为生活消费需要购买、使用商品或者接受服务的个人，通常情况下只为自然人。农民购买、使用直接用于农业生产的生产资料，参照本法执行。与消费者相对应的是经营者，其是指从事商品经营或者营利性服务，为消费者提供商品或者服务的法人、其他经济组织和个人。

第二条　【本法调整对象——消费者】消费者为生活消费需要购买、使用商品或者接受服务，其权益受本法保护；本法未作规定的，受其他有关法律、法规保护。

注解

对本条的理解应当把握以下几点：一是本条规定的"生活消费"是一个广义的、开放的概念。它既包括生存型消费，如吃饭穿衣；也包括发展型消费，如个人培训；还包括精神或者休闲消费，如旅游、娱乐等。那种认为"生活消费"仅限于衣食住行消费的观点是不正确的，认为买了奢侈品，甚至买汽车、去旅游等行为都不受本法保护的观点也是不正确的。二是消费者既包括商品的购买者，也包括商品的使用者，还包括服务的接受者。消费者不限于与经营者达成合同关系的相对方，使用商品的主体都是本法规定的消费者。三是农民购买、使用直接用于农业生产的农资产品的，参照适用本法。本法调整的是生活消费，从性质上讲，农民购买、使用农资产品是生产消费。但考虑到消费者权益保护法主要是保护交易弱者的法，在我国目前的现实情况下，农民的弱者地位较为明显，为了体现对农民权益的特殊保护，本法在附则中专门规定，农民购买、使用直接用于农业生产的生产资料，参

---

[*] 条文主旨为编者所加，下同。

照本法执行。四是消费者为生活消费需要购买、使用商品或者接受服务，其权益受本法保护。

应用

1. 消费者明知其所购买的食品不符合食品安全标准的，能否要求食品销售者或者生产者十倍赔偿？

消费者是相对于销售者和生产者的概念。只要在市场交易中购买、使用商品或者接受服务是为了个人、家庭生活需要，而不是为了生产经营活动或者职业活动需要的，就应当认定为“为生活消费需要”的消费者，属于消费者权益保护法调整的范围。我国食品安全法规定了食品销售者负有保证食品安全的法定义务。生产者生产不符合食品安全标准的食品或者销售者销售明知是不符合食品安全标准的食品，消费者除要求生产者或者销售者赔偿损失外，还可以向生产者或者销售者要求支付价款十倍的赔偿金，消费者是否明知所购买的食品是否符合食品安全标准，不影响消费者向食品生产者或销售者主张赔偿损失和支付价款十倍的赔偿金，或只主张支付价款十倍赔偿金的权利。（2014年1月26日最高人民法院指导案例23号：孙某某诉南京某超市有限公司江宁店买卖合同纠纷案）

2. 单位是否为消费者？

单位不是消费者。《消费者权益保护法》第2条规定：“消费者为生活消费需要购买、使用商品或者接受服务，其权益受本法保护；本法未作规定的，受其他有关法律、法规保护。”单位虽然也可以订立买卖合同而接受一定的商品，或订立有关服务合同而接受一定的服务，但就生活消费而言，单位本身不能直接使用某种商品或直接接受某种服务，也就是说不能从事某种生活消费。单位在购买某种商品或接受某种服务以后，还是需要将这些商品或服务转化为个人的消费。正是从这个意义上说，单位可以作为商品的买受人，服务合同的订立者，但不能作为最终的消费者。社会组织和单位的“人格”是法律拟制的，它们自身不能直接进行生活消费。这些组织、单位拥有的消费行为，总要以实物或服务的形式，有偿或无偿地转归个人消费，承受消费权益的主体仍然是个人。所以，消费者只是对自然人个人而言，不包括社会组织和单位。

作为法人或非法人团体，基本上不可能“为生活消费需要”而购买、使用商品，即便是购买了公民通常用来消费的商品，其目的也往往是为了办公，或为职工发放福利等非生活需要。因此，单位不应当属于消费者。

《消费者权益保护法》为了平衡交易双方当事人的利益，有必要对作为消费者的个人进行特别保护，但没有必要对单位进行特别保护。如果与经营者之间出现了纠纷，双方均可以通过合同主张权利，并受合同法的调整。（最高人民法院民事审判第一庭编：《民事审判指导与参考》总第51辑，人民法院出版社2012年版，第234页）

配套

本法第62条

第三条　【本法调整对象——经营者】经营者为消费者提供其生产、销售的商品或者提供服务，应当遵守本法；本法未作规定的，应当遵守其他有关法律、法规。

注解

经营者是指以营利为目的，从事经营活动的公民、法人和其他经济组织。主体包括为消费者提供其生产、销售的商品或者提供服务的所有经营者；提供商品或服务以营利为目的，表明其提供的是有偿服务；提供商品或服务的方式包括直接和间接两种形式；成立时必须依法注册登记。实践中，个别单位和个人未经登记注册即从事经营活动，或者持他人的营业执照从事生产经营活动，虽然他们不是合法的经营者，但是由于所提供的商品或服务直接关系到消费者的切身利益，实际上处于与消费者相对应的经营者的地位。

本法所规定的经营者，在为消费者提供其生产、销售的商品或者提供服务的过程中，应当遵守本法的规定。本法是保护消费者合法权益的基本法，除了本法外，民法典、产品质量法、食品安全法、药品管理法、广告法等其他法律涉及消费者权益保护，对经营者的义务、责任也作了一些规定，对于本法未作规定的，经营者还应遵守这些相关法律的规定。

消费者在二手商品网络交易平台购买商品受到损害，人民法院综合销售者出售商品的性质、来源、数量、价格、频率、是否有其他销售渠道、收入等情况，能够认定销售者系从事商业经营活动，消费者主张销售者依据消费者权益保护法承担经营者责任的，人民法院应予支持。

应用

3. 如何认定经营者?

第一，从内涵上讲，经营者是从事生产、销售商品或者提供服务等经营活动的民事主体。根据我国现行法律规定，经营者通常是为从事一定的商业经营活动而存在的，例如，公司作为经营者，其营业执照上通常会列明经营范围，其存在的目的就是从事经营范围内的活动。具体表现为制造某些商品，销售包括批发、零售某些商品，或直接提供某种服务，从事其中任何一种经营行为就可视为经营者，例如商业银行提供金融服务。另外，经营者从事生产、销售商品或者提供服务应具持续性，偶尔、零星地出售商品或者提供服务的，不宜认定为经营者，例如某人在淘宝网上偶尔出售自己的二手自行车，某家庭主妇偶尔将自家的物品出售给邻居等，这些都不应被认定为经营者。

第二，经营者从事的行为是有偿的。从事的行为是否具有有偿性是判断某一主体是否为经营者的主要标准。也正是因为经营者从事的行为具有有偿性，决定了其应当对消费者负有较高的注意义务，承担较重的法律责任。从事无偿行为的，通常不应视为本法所指的经营者，例如，从事九年制义务教育的学校，由于其是根据国家规定无偿提供教育服务的，因此不宜被认定为经营者，学生也不应被视为消费者，不宜适用消费者权益保护法的规定，应当适用义务教育法等法律的规定。又如，某一主体无偿提供商品或者服务，可能构成赠与合同关系，而不是买卖等交易合同关系，因为无偿，赠与人负有较低的注意义务，赠与人也不应被视为本法规定的经营者，赠与财产有瑕疵，造成受赠人损失的，应当按照民法典合同编的规定承担责任，不应适用本法。但是，某一商场若为了商品促销的需要，在向消费者出售商品的同时，附赠赠品的，其实质仍是有偿的经营行为，仍应视为本法的经营者。

第三，从外延上看，本法规定的经营者不以公司等企业法人为限，凡是持续有偿地向消费者从事了商品生产、销售或者提供服务的法人、其他组织和自然人，均可成为本法的经营者。

第四条　【交易原则】经营者与消费者进行交易，应当遵循自愿、平等、公平、诚实信用的原则。

注解

经营者和消费者之间的交易是民事活动，经营者在民事活动中应当遵循民事基本原则。自愿、平等、公平、诚实信用原则反映了市场经济法律关系的本质，是经营者从事经营活动的行为准则，经营者与消费者进行交易，应当严格遵循这些原则。这既有利于保护消费者合法权益，也有利于经营者合法合规经营。

配套

《民法典》第 4-7 条

第五条　【国家保护消费者合法权益的职能】国家保护消费者的合法权益不受侵害。

国家采取措施，保障消费者依法行使权利，维护消费者的合法权益。

国家倡导文明、健康、节约资源和保护环境的消费方式，反对浪费。

配套

《民法典》第 9 条

第六条　【全社会共同保护消费者合法权益原则】保护消费者的合法权益是全社会的共同责任。

国家鼓励、支持一切组织和个人对损害消费者合法权益的行为进行社会监督。

大众传播媒介应当做好维护消费者合法权益的宣传，对损害消费者合法权益的行为进行舆论监督。

配套

《食品安全法》第 4、10 条

第二章　消费者的权利

第七条　【安全保障权】 消费者在购买、使用商品和接受服务时享有人身、财产安全不受损害的权利。

消费者有权要求经营者提供的商品和服务，符合保障人身、财产安全的要求。

注解

消费者安全保障权包括以下两个方面的内容：

其一，消费者的人身安全权。其包括生命安全权和健康安全权。消费者的生命安全权是指消费者在消费过程中享有生命不受侵犯的权利。消费者有权要求自己消费的商品对于自己的生命是安全的，如果因为商品的缺陷而导致消费者死亡，经营者就侵犯了消费者的生命安全权。消费者的健康安全权是指消费者在消费过程中享有的身体健康不受损害的权利。如果因为服务设施的缺陷而致使消费者身体健康受到损害，经营者就侵犯了消费者的健康安全权。

其二，消费者的财产安全权。其是指消费者在消费过程中享有的财产不受损害的权利。财产损害包括财产在外观上的损毁和内在价值的减少。财产安全不仅是指购买、使用的商品或者接受的服务是否安全，更重要的是指购买、使用的商品或者接受的服务以外的其他财产的安全。如果消费者正常使用商品或者接受服务，致使其他财产受到损害，同样是损害了消费者的财产安全权。

应用

4. 不明身份第三人闯入酒店对消费者伤害的责任由谁承担？

经营者对不明身份的第三人闯入经营场所内寻衅的突发性暴力事件，虽无能力事先预见和预防，但如果采取及时劝阻和报警的措施，则可认定对消费者的人身安全尽到了谨慎注意和照顾的义务，不承担对消费者的赔偿责任。（《中华人民共和国最高人民法院公报》2002 年第 4 期：李某诉陆甲、陆乙、朱某某人身损害赔偿纠纷案）

5. 游泳者因机械性窒息死亡，游泳环境不符合安全标准，经营者是否应该承担违约责任?

某公司应当按照要求安装并使用照明设备，配备足额并称职的救生人员、医务人员，建立安全管理制度，以便给游泳者提供安全的游泳环境；当发生溺水等事故时，救生人员应当及时发现、及时抢救，以便保障游泳者的人身安全。根据查明的事实，机械性窒息虽然能在很短时间内致人死亡，但死亡并非不可避免。如遇及时抢救，溺水者被救活的可能是存在的。由于该公司提供的游泳环境不符合安全标准，事故发生时救生人员又未在高台观察游泳池动态，救生人员虽然打了求救电话并按医生的指示施救，但已于事无补。该公司未尽保障游泳者人身安全的合同附随义务，应当承担赔偿损失的违约责任。(《中华人民共和国最高人民法院公报》2003 年第 6 期：谢某某、赖某某诉某游泳池有限公司服务合同纠纷案)

配套

《民法典》第 1198 条；《产品质量法》第 26 条；《刑法》第 146 条；《最高人民法院关于审理人身损害赔偿案件适用法律若干问题的解释》第 6 条

第八条　【知情权】消费者享有知悉其购买、使用的商品或者接受的服务的真实情况的权利。

消费者有权根据商品或者服务的不同情况，要求经营者提供商品的价格、产地、生产者、用途、性能、规格、等级、主要成份、生产日期、有效期限、检验合格证明、使用方法说明书、售后服务，或者服务的内容、规格、费用等有关情况。

注解

消费者知情权的主要内容包括：(1) 消费者有权要求经营者按照法律、法规规定的方式表明商品或者服务的真实情况，例如商品或者服务的价格、商品的生产者、用途、性能、主要成分等。(2) 消费者在购买、使用商品或者接受服务时，有权询问和了解商品或者服务的有关情况；在消费过程中，消费者的询问和了解的权利是受法律保护的，经营者应耐心细致地予以回答。(3) 消费者不仅要知悉商品或者服务的情况，更重要的是要知晓真实情况，经营者在向消费者推出商品或者服务时，应向消费者提供真实情况。

消费者购买、使用商品或者接受服务的知情权，是消费者在购买、使用商品或者接受服务时享有知悉商品或者服务的真实情况的权利。消费者有权根据商品或者服务的不同情况，要求知悉商品或者服务的基本情况，包括商品的价格、产地、生产者、生产日期、有效期限、检验合格证明、使用方法说明书、售后服务或者服务的内容、费用等；商品的性质状况等基本情况，包括商品用途、性能、规格、等级、主要成分或者服务的规格等。

应用

6. 经营者向消费者提供真实、全面的情况和信息的义务的具体内容是什么?

一是经营者向消费者提供有关商品或者服务的质量、性能、用途、有效期限等信息，应当真实、全面，不得作虚假或者引人误解的宣传。经营者对消费者就其提供的商品或者服务的质量和使用方法等问题提出的询问，应当作出真实、明确的答复。经营者提供商品或者服务应当明码标价。二是经营者应当标明其真实名称和标记。租赁他人柜台或者场地的经营者，应当标明其真实名称和标记。三是经营者在经营活动中使用格式条款的，应当以显著方式提请消费者注意商品或者服务的数量和质量、价款或者费用、履行期限和方式、安全注意事项和风险警示、售后服务、民事责任等与消费者有重大利害关系的内容，并按照消费者的要求予以说明。四是采用网络、电视、电话、邮购等方式提供商品或者服务的经营者，以及提供证券、保险、银行等金融服务的经营者，应当向消费者提供经营地址、联系方式、商品或者服务的数量和质量、价款或者费用、履行期限和方式、安全注意事项和风险警示、售后服务、民事责任等信息。

7. 化妆品经营者没有确切说明包装日期上的含义，是否侵犯消费者的知情权?

化妆品经营者在限期使用的化妆品包装上虽标注限用合格日期，但没有说明该日期的确切含义，造成消费者无法了解化妆品安全使用期的，侵害了消费者的知情权。(《中华人民共和国最高人民法院公报》2005 年第 6 期：刘某某诉甲公司、乙公司消费者权益纠纷案)

配套

《产品质量法》第22、27、28条；《食品安全法》第67、68、70-72条

第九条 【选择权】 消费者享有自主选择商品或者服务的权利。

消费者有权自主选择提供商品或者服务的经营者，自主选择商品品种或者服务方式，自主决定购买或者不购买任何一种商品、接受或者不接受任何一项服务。

消费者在自主选择商品或者服务时，有权进行比较、鉴别和挑选。

注解

按照本条的规定，消费者自主选择商品和服务的权利主要有四个方面：

(1) 自主选择提供商品或者服务的经营者。消费者在哪个商家购物，要求哪个经营者向其提供服务，应当由其决定。(2) 自主选择商品品种和服务方式。消费的目的是满足消费者的生活需要，该需要能否得到满足，取决于消费者对于商品品种和服务方式能否进行选择。当然尊重消费者对于商品品种和服务方式的选择权，并不意味着经营者不能在众多商品和服务中推荐质优价廉、更符合消费者消费意愿的商品和服务，但这种推荐不能构成对消费者选择商品品种和服务方式的限制和剥夺。(3) 自主选择是否购买商品或者接受服务。消费源于需求，没有需求自然不会有消费的意愿和冲动，因此是否愿意购买商品或者接受某种服务，应当由消费者自主决定。(4) 对商品和服务进行比较、鉴别和挑选。消费者只有在对商品和服务进行比较、鉴别和挑选后才能知道自己需要的种类，不让消费者挑选，不是好的商业策略，其结果很可能是消费者放弃购买，经营者也不能真正了解消费者的喜好，造成产品积压，最终在商品市场上失去竞争力。

在判断消费者的自主选择权是否受到侵害时，应当从以下四个方面进行衡量：(1) 违背消费者的主观意愿。(2) 客观上表现为强迫消费者进行不公平或不平等的交易。(3) 该强制交易行为自身存在违法性。(4) 该交易行为将要或已经造成消费者权益的损害。

在保护消费者的自主选择权的同时反对自主选择权的滥用。以下三种情况下，消费者一般无自主选择权：（1）经营者以“高档商品，非买勿动”进行明确告知的；（2）裸装食品；（3）根据商品的特点，进行选择会降低使用价值的。

应用

8. 将数字电视基本收视维护费和数字电视付费节目费捆绑是否涉及侵权?

（1）作为特定区域内唯一合法经营有线电视传输业务的经营者及电视节目集中播控者，在市场准入、市场份额、经营地位、经营规模等各要素上均具有优势，可以认定该经营者占有市场支配地位。

（2）经营者利用市场支配地位，将数字电视基本收视维护费和数字电视付费节目费捆绑在一起向消费者收取，侵害了消费者的消费选择权，不利于其他服务提供者进入数字电视服务市场。经营者即使存在两项服务分别收费的例外情形，也不足以否认其构成反垄断法所禁止的搭售。**（2017 年 3 月 6 日最高人民法院指导案例 79 号：吴某某诉某广电网络传媒（集团）股份有限公司捆绑交易纠纷案）**

配套

《旅游法》第 35 条；《治安管理处罚法》第 46 条

第十条　【公平交易权】消费者享有公平交易的权利。

消费者在购买商品或者接受服务时，有权获得质量保障、价格合理、计量正确等公平交易条件，有权拒绝经营者的强制交易行为。

注解

消费者公平交易权的主要表现包括：交易行为的发生必须在合理的条件下进行，即消费者购买商品或者接受服务时有权获得质量保障、价格合理、计量正确等公平交易的条件。质量保障要求商品或者服务必须符合国家标准，没有标准的应该符合社会普遍公认的要求。价格合理要求商品或者服务价格与其价值相符，对有国家定价的必须按定价执行，对没有国家定价的由交易双方按价值规律合理确定。另外，计量是否正确，直接关系到消费者的经济利益，这就要求产品或者服务必须准确无误。

应用

9. 消费者的公平交易权体现在哪些方面?

消费者的公平交易权主要体现在:(1)交易条件公平。保障交易条件公平,必须做到:第一,商品或者服务的质量合格;第二,商品或者服务的价格合理;第三,商品或者服务的计量正确。(2)有权拒绝经营者的强制交易行为。衡量一项交易是否公平,还包括在交易过程中,当事人是否出于自愿,有无强制性交易或者歧视性交易的行为,消费者是否得到实际上的满足或者心理的满足等。强制交易行为的特征是违背消费者的意愿,表现形式多种多样,如饭店强拉客人进餐等。

配套

《价格法》第6-7、12-14、41条;《计量法》第16条

第十一条 【获得赔偿权】 消费者因购买、使用商品或者接受服务受到人身、财产损害的,享有依法获得赔偿的权利。

应用

10. 电子商务经营者在促销活动中提供的奖品、赠品或者消费者换购的商品给消费者造成损害,是否需要承担赔偿责任?

电子商务经营者在促销活动中提供的奖品、赠品或者消费者换购的商品给消费者造成损害,消费者主张电子商务经营者承担赔偿责任,电子商务经营者以奖品、赠品属于免费提供或者商品属于换购为由主张免责的,人民法院不予支持。

11. 作为求偿权主体的消费者范围是什么?

本条规定的求偿权主体是因购买、使用商品或者接受服务受到人身、财产损害的消费者。这里的消费者,既包括购买、使用商品或者接受服务的消费者本人,如食用自己买来的变质食品而中毒,去浴池洗澡被烫伤等;也包括没有购买商品却使用商品的消费者,如某消费者使用其子女买回来的电冰箱而触电受伤;还包括并不是商品的购买者或使用者,也不是接受服务者,但因他人购买、使用商品或者接受服务而受到损害的人,如某人去邻居家串门,被邻居家的彩电爆炸炸伤,根据本法第40条、第49条和第51条的规

定，这些人也应享有损害赔偿请求权。

12. 经营者销售过期食品，消费者是否有权请求退还货款并支付价款十倍赔偿?

2013年6月17日，殷某某向武汉某超市有限公司汉阳分公司（以下简称某超市）支付251元，购买桃花姬阿胶糕一盒，食品外包装载明的生产日期为2012年8月7日，保质期为10个月。购买后，殷某某发现食品已过保质期。一审法院依照《食品安全法》第96条（对应2021年修订的《食品安全法》第148条）的规定，判决某超市退还货款251元，10倍赔偿货款2510元，赔偿殷某某交通费500元。某超市以原审认定事实和适用法律有误为由提起上诉。武汉市中级人民法院二审认为，某超市主张本案所涉商品不是由其销售，但又不能提供充足的证据予以证明，且其对殷某某出具的购物发票没有异议，故对其该主张不予支持。某超市销售过期食品为法律所禁止，依法应承担赔偿责任。法院对其不是故意销售过期食品，不应承担赔偿责任的主张不予支持，判决维持原判。**（2015年6月15日最高人民法院公布消费者维权典型案例：殷某某诉武汉某超市有限公司汉阳分公司买卖合同纠纷案）**

13. 经营者对消费者有哪些附随义务?

某公司作为消费与服务合同中的经营者，除应该全面履行合同约定的义务外，还应当履行保护消费者人身、财产不受非法侵害的附随义务。为了履行这一附随义务，经营者必须根据本行业的性质、特点和条件，随时、谨慎地注意保护消费者的人身、财产安全。但由于刑事犯罪的突发性、隐蔽性以及犯罪手段的智能化、多样化，即使经营者给予应有的注意和防范，也不可能完全避免刑事犯罪对顾客人身、财产的侵害。这种侵害一旦发生，只能从经营者是否尽到合理的谨慎注意义务来判断其是否违约。关于被上诉人某公司是否侵权的问题，依照《消费者权益保护法》的规定，经营者应当对自己提供的商品或者服务承担责任，这自然不包括对消费者自带的用品负责。**（《中华人民共和国最高人民法院公报》2002年第2期：李某、龚某诉某公司人身伤害赔偿纠纷案）**

配套

《民法典》第582-584、1179-1181、1202-1207条；《产品质量法》第40、44条；《食品安全法》第148条

第十二条　【成立维权组织权】消费者享有依法成立维护自身合法权益的社会组织的权利。

注解

本条所指的社会组织，主要是指由公众成立的社会组织类型。消费者成立维护自身合法利益的团体必须具备的条件包括：(1) 依法成立，即要履行法定程序，具备法定条件。(2) 宗旨是维护消费者的合法利益，不得利用该团体损害国家、社会、集体的利益和其他公民的合法权益。(3) 申请成立有关维护消费者权益的社会团体，消费者应当依照《社会团体登记管理条例》的规定向有关登记机关提交下列材料：登记申请书；业务主管单位的批准文件；验资报告、场所使用权证明；发起人和拟任负责人的基本情况、身份证明；章程草案。

第十三条　【知识获取权】消费者享有获得有关消费和消费者权益保护方面的知识的权利。

消费者应当努力掌握所需商品或者服务的知识和使用技能，正确使用商品，提高自我保护意识。

注解

消费者知识获取权是从知情权中引申出来的一种消费者权利，只有保障消费者对于商品以及服务方面的知识获取权利，才能使消费者了解和掌握商品及其服务的基本的知识和使用技能，理性消费，保护合法权益。

消费者获取相关知识的必要性。消费者的消费一般包括两个方面：一是购买；二是使用。在购买商品或者服务时，消费者首先需要对商品或者服务的用途、性能、质量、效果、有效期限等基本问题有概括性的了解，然后决定是否购买；消费者使用商品则需要对正确使用的方法、保管与维修等方面的知识有所了解。

第十四条　【受尊重权及信息得到保护权】消费者在购买、使用商品和接受服务时，享有人格尊严、民族风俗习惯得到尊重的权利，享有个人信息依法得到保护的权利。

注解

人格尊严是人身权的重要内容，涉及姓名权、名誉权、荣誉权、肖像权、隐私权等方面。人格尊严受到尊重是消费者应当享有的基本权利。但在消费实践中，侵害消费者人格尊严的事情经常发生，例如，侮辱消费者、非法搜查消费者的人身、拘禁消费者等。

我国是一个统一的多民族国家，各民族一律平等是宪法规定的基本原则。我国各民族间存在风土人情、饮食习惯、居住方式、衣着服饰、婚丧嫁娶、礼节禁忌等诸多的不同，而这些均与消费密切相关。尊重民族风俗习惯，对于保护少数民族消费者合法权益有着重要的意义。

《个人信息保护法》于2021年8月20日通过，自2021年11月1日起施行。个人信息是以电子或者其他方式记录的与已识别或者可识别的自然人有关的各种信息，不包括匿名化处理后的信息。个人信息的处理包括个人信息的收集、存储、使用、加工、传输、提供、公开、删除等。

应用

14. 侵害消费者个人信息的，承担什么法律责任?

侵害消费者个人信息的行为承担以下法律责任：（1）承担民事责任。经营者侵害消费者的人格尊严、侵犯消费者人身自由或者侵害消费者个人信息依法得到保护的权利的，应当停止侵害、恢复名誉、消除影响、赔礼道歉，并赔偿损失。(2) 承担行政责任。侵害消费者人格尊严、侵犯消费者人身自由或者侵害消费者个人信息依法得到保护的权利的，除承担相应的民事责任外，其他有关法律、法规对处罚机关和处罚方式有规定的，依照法律、法规的规定执行；法律、法规未作规定的，由市场监督管理部门或者其他有关行政部门责令改正，可以根据情节单处或者并处警告、没收违法所得、处以违法所得一倍以上十倍以下的罚款，没有违法所得的，处以五十万元以下的罚款；情节严重的，责令停业整顿、吊销营业执照。（3）承担刑事责任。经营者违反本法规定提供商品或者服务，侵害消费者合法权益，构成犯罪的，依法追究刑事责任。《刑法》第253条之一规定：“违反国家有关规定，向他人出售或者提供公民个人信息，情节严重的，处三年以下有期徒刑或者拘役，并处或者单处罚金；情节特别严重的，处三年以上七年以下有期徒刑，并处罚金。违反国家有关规定，将在履行职责或者提供服务过程中获得的公民个人信息，出售或者提供给他人的，依照前款的规定从重处罚。窃取或者以其他方法非法获取公民个人信息的，依照第一款的规定处罚。单位犯前三款罪的，对单位判处罚金，并对其直接负责的主管人员和其他直接责任人员，依照各该款的规定处罚。”

配套

《宪法》第38条；《刑法》第251条；《个人信息保护法》；《全国人大常委会关于加强网络信息保护的决定》

第十五条　【监督权】消费者享有对商品和服务以及保护消费者权益工作进行监督的权利。

消费者有权检举、控告侵害消费者权益的行为和国家机关及其工作人员在保护消费者权益工作中的违法失职行为，有权对保护消费者权益工作提出批评、建议。

注解

消费者监督权所规制的对象不仅是生产者、经营者和服务者，而且包括有关国家机关及其执法者和消费者组织等社会团体及其有关工作人员。消费者行使这一权利的形式也不仅包括批评、建议，而且包括检举、控告。消费者充分有效地行使这一权利，不仅对于维护自己的合法权益，而且对于促使经营者提高商品和服务质量以及经营水平，促使从事消费者权益保护的国家机关和社会团体转变工作作风，都有积极意义。

消费者监督权的主要内容包括：对商品和服务进行监督，发现问题及时向经营者提出或者向国家有关部门举报；对于已经发生的危害或者可能发生危害的商品或服务，可以要求国家有关部门予以查处；对国家机关及其工作人员在保护消费者权益工作中的违法失职行为进行监督；对保护消费者权益的工作提出批评和建议。

配套

《宪法》第2、41条；《价格法》第37、38条；《产品质量法》第10条

第三章 经营者的义务

第十六条 【经营者义务】经营者向消费者提供商品或者服务，应当依照本法和其他有关法律、法规的规定履行义务。

经营者和消费者有约定的，应当按照约定履行义务，但双方的约定不得违背法律、法规的规定。

经营者向消费者提供商品或者服务，应当恪守社会公德，诚信经营，保障消费者的合法权益；不得设定不公平、不合理的交易条件，不得强制交易。

注 解

本条第 2 款规定了经营者依照与消费者的约定履行义务的原则。经营者和消费者之间的约定，就是双方的合同。依法成立的合同，受法律保护，对当事人具有法律约束力。当事人应当按照约定履行自己的义务，不得擅自变更或者解除合同。因此，经营者应当按照约定履行义务。

应 用

15. 销售者承诺“假一赔十”，所售商品为冒牌货，经营者是否应按其承诺赔偿?

王某某在孙某某位于某商场的经营场所购买了一部诺基亚手机，价格为 1180 元。同时，孙某某向王某某出具一张购货单据，其上写明了手机型号、单价及数量，并载明“保原装、假一赔十”。经鉴定，王某某获悉该手机为假冒产品。法院经审理认为，诚实信用是民法的一项基本原则，孙某某为促销商品而承诺“假一赔十”是一种合同行为。王某某决定购买该商品，买卖合同成立，该承诺连同合同其他条款对经营者即具有法律约束力。孙某某向王某某作出了“假一赔十”的承诺，应该依约履行。（2014 年 3 月 12 日最高人民法院公布 10 起维护消费者权益典型案例：王某某诉孙某某买卖合同纠纷案）

第十七条 【听取意见、接受监督的义务】经营者应当听取消费者对其提供的商品或者服务的意见，接受消费者的监督。

注解

经营者接受消费者监督的义务主要表现包括：(1) 经营者应当允许消费者对商品和服务提出不同的看法。经营者必须虚心听取和接受消费者有关商品质量、服务态度、计量标准、售后服务、价格状况等各方面的意见和监督。(2) 经营者应当为消费者反映自己的意见和监督提供便利的渠道，以便消费者的意见和监督能够顺利到达经营者的决策层，对经营者的行为发生影响。(3) 经营者应当正确对待消费者的意见和监督。经营者应当在对消费者的意见和监督进行鉴别的基础上，视不同情况进行认真处理。对其工作人员态度恶劣、损害消费者利益的行为应坚决予以制止；对于有关产品、服务质量等的合理意见亦应认真听取，并采取措施提高商品、服务的质量水平。(4) 除了直接接受消费者的监督外，经营者还应当认真对待和接受消费者组织、市场监督管理部门等的监督。

消费者对经营者的监督是全方位的。消费者既可以就经营者提供商品或者服务的合法性进行监督，也可以就商品或者服务的价格是否合理等问题提出意见。消费者可以就经营者提供商品或者服务的某一方面进行监督，也可以就经营者提供商品或者服务全方位进行监督，总的来说，可以分为以下三类：一是商品或者服务本身存在的问题，包括商品或者服务是否符合国家规定或者双方约定的质量要求，是否存在价格违法行为等。对可能危及人身、财产安全的商品和服务，是否有明确的警示，是否标明正确的使用方法、防止危害发生的方法等。二是经营者在提供商品或者服务过程中的行为，包括经营者是否尽到信息提供义务，提供的商品或者服务的质量、性能、用途、有效期限等信息，是否真实、全面，是否存在虚假宣传行为；宾馆、商场、餐馆、银行、机场、车站、港口、影剧院等经营场所的经营者，是否对消费者尽到安全保障义务；是否存在侵害消费者人格尊严或者限制消费者人身自由的行为；是否有侵害消费者个人信息的行为等。三是后续义务履行或者民事责任承担问题，包括经营者是否拒绝或者拖延对缺陷商品或者服务采取停止销售、警示、召回、无害化处理、销毁、停止生产或者服务等措施，对消费者提出的修理、重作、更换、退货、补足商品数量、退还货款和服务费用或者赔偿损失的要求，是否故意拖延或者无理拒绝。

应用

16. 经营者接受消费者监督的方式有哪些?

经营者接受消费者监督的方式如下:(1)听取消费者的意见。消费者购买、使用商品或者接受服务时遇到的问题,可以直接向经营者进行反映,也可以反映给消费者协会等消费者组织,再由消费者组织与经营者进行沟通。经营者对消费者或者消费者组织提出的各种意见,应当认真听取,对消费者提出的合法要求,要积极落实,对消费者提出的其他一些意见,也要耐心进行解释说明。(2)通过邀请消费者代表实地参观、组织座谈会等方式接受监督。经营者除被动听取消费者意见外,也应当主动创造条件接受消费者的监督。实践中,有的经营者改被动接受消费者监督为主动接受监督,并进行了积极的探索与尝试。例如,对消费者普遍担心的饭店后厨问题,有的餐厅经营者邀请消费者进行店内参观,全面展示厨房的设备、后厨及厨师的清洁卫生管理。又如,有的食品加工企业邀请消费者代表参观食品的整个生产流程,现场对消费者的询问作出解答。这些做法,一定程度上拓宽了消费者监督的途径和方式,有利于消费者行使监督权,也展示了企业的自信,使企业更加注重商品质量的提高,有利于消费者和经营者关系的良性健康发展。

第十八条　【安全保障义务】经营者应当保证其提供的商品或者服务符合保障人身、财产安全的要求。对可能危及人身、财产安全的商品和服务,应当向消费者作出真实的说明和明确的警示,并说明和标明正确使用商品或者接受服务的方法以及防止危害发生的方法。

宾馆、商场、餐馆、银行、机场、车站、港口、影剧院等经营场所的经营者,应当对消费者尽到安全保障义务。

注解

经营者保证商品、服务安全的义务是指经营者应当保证其提供的商品或者服务符合保障人身、财产安全的要求。具体来讲,包括以下两个方面:(1)经营者提供的商品或者服务应该达到有关的商品和服务质量标准。经营者提供的商品或服务必须符合保障人身、财产安全的国家标准、行业标准、地方标准、企业标准，没有国家标准、行业标准、地方标准、企业标准的，必须符合社会公认的安全要求。(2) 对可能危及人身、财产安全的商品和服务，其应当向消费者作出真实的说明和明确的警示，并说明和表明正确使用商品或者接受服务的方法以及防止危害发生的方法。

本法仅调整经营者与消费者之间的安全保障义务，经营者与消费者之外的其他人安全保障法律关系由《民法典》等其他法律调整。对于实践中需要确定义务人应当负有的具体安全保障义务的内容，进而判断安全保障义务人是否已经尽到安全保障义务的，可以参考该安全保障义务人所在行业的普遍情况、所在地区的具体条件、所组织活动的规模等各种因素，从侵权行为的性质和程度、义务人的保安能力以及发生侵权行为前后所采取的防范、制止侵权行为的状况等方面，根据实际情况综合判断。

应用

17. 旅行社应当承担什么安全保障义务?

旅游服务机构及其导游对自然风险的防患意识应当高于游客，且负有保障游客安全的责任，应以游客安全第一为宗旨，依据诚实信用原则并结合当时的具体情况对是否调整行程作出正确判断。导游不顾客观存在的危险，坚持带游客冒险游玩，致游客身处险境，并实际导致损害结果发生的，其所属的旅游服务机构应当承担相应的民事责任；游客遇险或者受到伤害后，相关旅游服务机构应当尽最大努力及时给予救助，旅游服务机构未尽到救助义务，导致损害结果扩大的，应当承担相应的民事责任。(《中华人民共和国最高人民法院公报》2006 年第 6 期：吴甲、张某某、吴乙诉厦门市某旅行社有限公司、福建省某旅游发展服务有限公司人身损害赔偿纠纷案)

18. 旅行社通过第三人协助履行合同义务的，安全保障义务由谁履行?

在旅行合同关系中，旅行社通过第三人协助履行合同义务的，该第三人对游客的人身和财产安全负有保障义务。除游客直接与该第三人另行订立合同关系外，该第三人如有故意或过失侵害游客合同权益的行为，旅行社应当对此承担相应的法律责任。(《中华人民共和国最高人民法院公报》2012 年第 6 期：许某某等诉徐州市某国际旅行社有限公司人身损害赔偿纠纷案)

19. 出租车承运人的安全保障义务是什么?

乘客乘坐出租车公司的出租车，即与出租车公司建立了客运合同关系。朱某是旅客，享有安全抵达目的地的权利；出租车公司是承运人，被告付某某是出租车公司的工作人员，他们承担着安全运输旅客抵达目的地的职责。付某某在履行运输职责时，对突发癫痫病的朱某不仅不尽救助的法定义务，反而中途停车，将昏睡中的朱某弃于路旁，使朱某处于危险状态。付某某的行为虽未危及朱某的生命、健康，但对朱某的精神造成了一定刺激，侵犯了朱某作为旅客应当享有的合法权利。(《中华人民共和国最高人民法院公报》2002 年第 3 期：朱某诉某出租汽车公司、付某某赔偿纠纷案)

配套

《民法典》第 1198 条；《刑法》第 146 条；《旅游法》第 50、80 条

第十九条　【对存在缺陷的产品和服务及时采取措施的义务】经营者发现其提供的商品或者服务存在缺陷，有危及人身、财产安全危险的，应当立即向有关行政部门报告和告知消费者，并采取停止销售、警示、召回、无害化处理、销毁、停止生产或者服务等措施。采取召回措施的，经营者应当承担消费者因商品被召回支出的必要费用。

注解

本条规定的主要目的是，明确经营者对其提供的商品或者服务跟踪服务的义务，要求经营者对投入流通后的商品不能不管，应当跟踪服务，发现存在缺陷的，应当及时采取措施，最大可能地避免消费者人身、财产损害，保护消费者的合法权益。

停止销售是指经营者发现提供的商品或者服务存在缺陷，如果发现时经营者仍然在销售存在缺陷的商品，那么经营者首先应当采取的措施是停止销售商品。警示是指对产品有关的危险或产品的正确使用给予说明、提醒，提请使用者在使用该产品时注意已经存在的危险或者潜在可能发生的危险，避免危险的发生，防止或者减少对使用者的损害。召回是指产品的生产者、销售者依法定程序，对其生产或者销售的缺陷产品以换货、退货、

更换零配件等方式，及时消除或减少缺陷产品危害的行为。无害化处理是指经营者对其生产或者销售的有缺陷的商品做不污染环境的处理。停止生产或者服务是指经营者发现其提供的商品或者服务存在缺陷的，停止继续生产或者服务。

应用

20. 经营者应当向有关行政部门报告和告知消费者的义务是指什么?

向有关行政部门报告，主要包括向市场监督管理部门等主管部门报告。告知消费者的方式，经营者可根据消费者的人数以及实际情况灵活掌握，以尽最大可能让处于人身、财产安全危险的消费者知道危险的存在和预防危险发生的处理方法为原则。如果提供商品或者服务时记录有消费者的联系方式，可直接电话告知危险以及预防危险的方法。如果提供商品或者服务时未保存消费者的联系方式，情况紧急时，经营者可以通过电视、广播、报纸等媒体让可能处于危险的消费者知道危险的存在，以避免危险的发生。

第二十条　【提供真实、全面信息的义务】经营者向消费者提供有关商品或者服务的质量、性能、用途、有效期限等信息，应当真实、全面，不得作虚假或者引人误解的宣传。

经营者对消费者就其提供的商品或者服务的质量和使用方法等问题提出的询问，应当作出真实、明确的答复。

经营者提供商品或者服务应当明码标价。

注解

经营者提供真实、全面信息的义务可以从以下几点进行理解：

首先，经营者提供信息义务包括以下几个方面：一是经营者提供的信息应当是真实的。真实信息是指有关商品或者服务的真实情况。二是经营者提供的信息应当是全面的。信息全面是指经营者向消费者提供的信息应当是可能影响消费者选择权的所有重要信息。值得注意的是，本条规定经营者向消费者提供信息应当全面并不是要求经营者提供商品或者服务的全部信息，而是可能影响消费者安全权、选择权等全部重要信息。三是经营者不得作虚假或者引人误解的宣传。虚假宣传是指宣传内容与商品或者服务的客观事实不符。引人误解的宣传则是指可能使消费者对宣传或者服务的真实信息产生不正确的认识，误导消费者。

其次，经营者对消费者就其提供的商品或者服务的质量和使用方法等问题提出的询问，应当作出真实、明确的答复。经营者对于消费者提出的关于商品或者服务的质量和使用方法等询问，应当积极回应，作出真实、明确的答复，有助于消费者全面准确地获取商品信息，从而正确地行使选择权。

最后，经营者提供商品或者服务应当明码标价。明码标价应当根据商品和服务、行业、区域等特点，做到真实准确、货签对位、标识醒目。设区的市级以上市场监督管理部门可以根据特定行业、特定区域的交易习惯等特点，结合价格监督管理实际，规定可以不实行明码标价的商品和服务、行业、交易场所。

经营者应当以显著方式进行明码标价，明确标示价格所对应的商品或者服务。经营者根据不同交易条件实行不同价格的，应当标明交易条件以及与其对应的价格。商品或者服务的价格发生变动时，经营者应当及时调整相应标价。

经营者销售商品应当标示商品的品名、价格和计价单位。同一品牌或者种类的商品，因颜色、形状、规格、产地、等级等特征不同而实行不同价格的，经营者应当针对不同的价格分别标示品名，以示区别。经营者提供服务应当标示服务项目、服务内容和价格或者计价方法。经营者可以根据实际经营情况，自行增加标示与价格有关的质地、服务标准、结算方法等其他信息。设区的市级以上市场监督管理部门对于特定商品和服务，可以增加规定明码标价应当标示的内容。

经营者标示价格，一般应当使用阿拉伯数字标明人民币金额。经营者标示其他价格信息，一般应当使用规范汉字；可以根据自身经营需要，同时使用外国文字。民族自治地方的经营者，可以依法自主决定增加使用当地通用的一种或者几种文字。

经营者通过网络等方式销售商品或者提供服务的，应当通过网络页面，以文字、图像等方式进行明码标价。

经营者不得实施下列价格欺诈行为：(1) 谎称商品和服务价格为政府定

价或者政府指导价；(2) 以低价诱骗消费者或者其他经营者，以高价进行结算；(3) 通过虚假折价、减价或者价格比较等方式销售商品或者提供服务；(4) 销售商品或者提供服务时，使用欺骗性、误导性的语言、文字、数字、图片或者视频等标示价格以及其他价格信息；(5) 无正当理由拒绝履行或者不完全履行价格承诺；(6) 不标示或者显著弱化标示对消费者或者其他经营者不利的价格条件，诱骗消费者或者其他经营者与其进行交易；(7) 通过积分、礼券、兑换券、代金券等折抵价款时，拒不按约定折抵价款；(8) 其他价格欺诈行为。

配套

《旅游法》第32、48条；《产品质量法》第21条；《价格法》第二章；《明码标价和禁止价格欺诈规定》

第二十一条　【标明真实名称和标记的义务】经营者应当标明其真实名称和标记。

租赁他人柜台或者场地的经营者，应当标明其真实名称和标记。

注解

经营者的名称和标记，代表着经营者的信誉，是体现商品或者服务质量的重要标志。标明真实名称和标记的义务要求经营者不得使用未经核准登记的企业名称；不得假冒他人的企业名称和特有的企业标记；也不得仿冒、使用与他人企业名称或营业标记相近似的和容易造成消费者误会的企业名称和营业标记；在租赁柜台或者场地进行交易活动时，经营者不得以柜台和场地出租者的名称和标记从事经营活动。

应用

21. 产品或者其包装上的标识须符合哪些要求？

产品或者其包装上的标识必须真实，并符合下列要求：(1) 有产品质量检验合格证明；(2) 有中文标明的产品名称、生产厂名和厂址；(3) 根据产品的特点和适用要求，需要标明产品规格、等级、主要成分的名称和含量的，用中文相应予以标明；需要事先让消费者知晓的，应当在外包装上标明，或者预先向消费者提供有关资料；（4）限期使用的产品，应当在显著位置清晰地标明生产日期和安全使用期或者失效日期；（5）使用不当，容易造成产品本身损坏或者可能危及人身、财产安全的产品，应当有警示标志或者中文警示说明；（6）裸装的食品和其他根据产品的特点难以附加标识的裸装产品，可以不附加产品标识；（7）易碎、易燃、易爆、有毒、有腐蚀性、有放射性的危险物品以及储运中不能倒置和其他有特殊要求的产品，其包装质量必须符合相应要求，依照国家有关规定作出警示标志或者中文警示说明，标明储运注意事项。

22. 航空公司对因机场名称标识不明的机票导致旅客迟延旅行的，承担什么责任？

承运人应当按照客票载明的时间和班次运输旅客。承运人迟延运输的，应当根据旅客的要求安排改乘其他班次或者退票。原告持机场名称标识不明的机票，未能如期旅行。参照迟延运输的处理办法，被告某航空公司应负责全额退票，并对旅客为抵达目的地而增加的支出进行赔偿。（《中华人民共和国最高人民法院公报》2003 年第 5 期：杨某某诉某航空公司、某公司客运合同纠纷案）

配套

《产品质量法》第 27 条

第二十二条 【出具发票的义务】经营者提供商品或者服务，应当按照国家有关规定或者商业惯例向消费者出具发票等购货凭证或者服务单据；消费者索要发票等购货凭证或者服务单据的，经营者必须出具。

注解

发票是指在购销商品、提供或者接受服务以及从事其他经营活动中，开具、收取的收付款凭证。经营者向消费者出具发票，有利于消费者更好地维护自身利益，也有利于增强全社会的纳税意识。

经营者提供商品或者服务，应当按照国家有关规定或者商业惯例向消费者出具发票等购货凭证或者服务单据。消费者索要发票等购货凭证或者服务单据的，经营者必须出具。即经营者不得拒绝消费者索要发票等购货凭证或者服务单据的要求。消费者索要发票的，经营者不得以收据、购货卡、服务卡、保修证等代替。有正当理由不能即时出具的，经营者应当按照与消费者协商的时间、地点送交或者约定消费者到指定地点索取。经营者约定消费者到指定地点索取的，应当向消费者支付合理的交通费用。

在日常生活中，消费者对有关凭证和单据的重要性认识不足，在购买商品或者接受服务后，主动索要发票等购物凭证或者服务单据的情况并不普遍，但是如果消费者向经营者索要发票等购物凭证或者服务单据的，经营者有义务出具。消费者权益保护部门也应当加大宣传，让更多的消费者认识到索要发票等购货凭证或者服务单据的重要性。

配套

《发票管理办法》第 19、20 条

第二十三条　【质量担保义务、瑕疵举证责任】 经营者应当保证在正常使用商品或者接受服务的情况下其提供的商品或者服务应当具有的质量、性能、用途和有效期限；但消费者在购买该商品或者接受该服务前已经知道其存在瑕疵，且存在该瑕疵不违反法律强制性规定的除外。

经营者以广告、产品说明、实物样品或者其他方式表明商品或者服务的质量状况的，应当保证其提供的商品或者服务的实际质量与表明的质量状况相符。

经营者提供的机动车、计算机、电视机、电冰箱、空调器、洗衣机等耐用商品或者装饰装修等服务，消费者自接受商品或者服务之日起六个月内发现瑕疵，发生争议的，由经营者承担有关瑕疵的举证责任。

注解

本条第 1 款、第 2 款是关于经营者保证商品或者服务质量状况义务的规定。商品或者服务的质量状况包括质量、性能、用途和有效期限。经营者提供的商品或者服务的质量状况应当符合双方约定的要求，如果有强制性标准，应当符合该强制性标准。对于约定的方式，经营者和消费者可以以合同书的形式对提供的商品或者服务的质量状况作出约定。经营者以广告、产品说明、实物样品或者其他方式表明商品或者服务的质量状况应当视为经营者的承诺，经营者应当按照以广告等形式表明的质量状况提供商品或者服务，不得拒绝或者不适当履行。

消费者在接受商品或者服务之日起六个月内发现的“瑕疵”，不是对商品或者服务存在质量问题的定性，而是指商品或者服务表面不符合质量要求。对于消费者发现的“瑕疵”发生争议，由经营者承担有关瑕疵的举证责任，这主要是指经营者应当举证证明该瑕疵的产生不是由于商品或者服务自身的质量问题，否则即承担败诉的风险。经营者可通过证明商品或者服务本身符合质量要求，或者该瑕疵是由于消费者使用不当或者外部环境因素所造成，或者该瑕疵是商品或者服务的正常损耗等，完成自身的举证责任。消费者在接受商品或者服务之日起六个月后发现的瑕疵，即按照“谁主张，谁举证”的一般原则承担举证责任。

配套

《民法典》第615条

第二十四条　【退货、更换、修理义务】经营者提供的商品或者服务不符合质量要求的，消费者可以依照国家规定、当事人约定退货，或者要求经营者履行更换、修理等义务。没有国家规定和当事人约定的，消费者可以自收到商品之日起七日内退货；七日后符合法定解除合同条件的，消费者可以及时退货，不符合法定解除合同条件的，可以要求经营者履行更换、修理等义务。

依照前款规定进行退货、更换、修理的，经营者应当承担运输等必要费用。

注解

商品和服务的质量，关系消费者的日常生活，涉及消费者人身、财产安全。从市场监督管理部门和消费者协会受理的申诉投诉案件看，一半是有关商品和服务质量的案件。强化退货、更换、修理的规定是促使保证商品和服务质量的有效措施。

配套

《部分商品修理更换退货责任规定》；《网络购买商品七日无理由退货暂行办法》第35条

第二十五条　【无理由退货制度】 经营者采用网络、电视、电话、邮购等方式销售商品，消费者有权自收到商品之日起七日内退货，且无需说明理由，但下列商品除外：

（一）消费者定作的；

（二）鲜活易腐的；

（三）在线下载或者消费者拆封的音像制品、计算机软件等数字化商品；

（四）交付的报纸、期刊。

除前款所列商品外，其他根据商品性质并经消费者在购买时确认不宜退货的商品，不适用无理由退货。

消费者退货的商品应当完好。经营者应当自收到退回商品之日起七日内返还消费者支付的商品价款。退回商品的运费由消费者承担；经营者和消费者另有约定的，按照约定。

注解

本条在消费者有权要求退货的基础上，规定了无理由退货制度。消费者通过网络等方式购买商品后，要求退货的，无须说明理由。该条对维护消费者权益、增强消费者信心具有积极意义。本条的适用范围应作广义理解，既包括采用网络、电视、电话、邮购等远程方式的销售，也包括上门推销、直销等非固定经营场所的销售。

电子商务经营者就本条第1款规定的4项除外商品做出七日内无理由退货承诺，消费者主张电子商务经营者应当遵守其承诺的，人民法院应予支持。消费者因检查商品的必要对商品进行拆封查验且不影响商品完好，电子商务经营者以商品已拆封为由主张不适用本条规定的无理由退货制度的，人民法院不予支持，但法律另有规定的除外。

应用

23. “七日”期间如何计算?

根据《民法典》第一编第十章的规定，民法所称的期间按照公历年、月、日、小时计算。按照年、月、日计算期间的，开始的当日不计入，自下一日开始计算。期间的最后一日是法定休假日的，以法定休假日结束的次日为期间的最后一日。期间的最后一日的截止时间为二十四时；有业务时间的，停止业务活动的时间为截止时间。

配套

《网络购买商品七日无理由退货暂行办法》；《最高人民法院关于审理网络消费纠纷案件适用法律若干问题的规定（一）》

第二十六条　【格式条款的限制】经营者在经营活动中使用格式条款的，应当以显著方式提请消费者注意商品或者服务的数量和质量、价款或者费用、履行期限和方式、安全注意事项和风险警示、售后服务、民事责任等与消费者有重大利害关系的内容，并按照消费者的要求予以说明。

经营者不得以格式条款、通知、声明、店堂告示等方式，作出排除或者限制消费者权利、减轻或者免除经营者责任、加重消费者责任等对消费者不公平、不合理的规定，不得利用格式条款并借助技术手段强制交易。

格式条款、通知、声明、店堂告示等含有前款所列内容的，其内容无效。

注解

经营者使用格式条款时的具体义务包括提示说明义务和禁止使用对消费者“不公平、不合理”的格式条款的义务。本条第1款列举了10项与消费者有重大利害关系的内容，“商品或者服务的数量和质量、价款或者费用、履行期限和方式、安全注意事项和风险警示、售后服务、民事责任”。提示说明义务的范围包括但不限于这10项，实践中可以根据具体的交易类型和合同性质进行判断，只要是与消费者有重大利害关系，对其基本权利可能造成影响的内容，经营者都应以显著方式提请消费者注意并按照其要求予以说明。经营者对与消费者有重大利害关系的内容必须以“显著方式”提请消费者注意，并按照消费者的要求予以说明。

对于何种方式构成本法规定的“显著方式”，存在一定的客观标准，需要考虑普通消费者的认知能力，必须足以明显引起普通消费者的注意。发生纠纷后，经营者应当对已尽以“显著方式”提示及说明义务承担举证责任。如果经营者违反上述义务，如该提示说明的未予提示说明，或者未以“显著方式”按照要求提示说明，则视为经营者未就上述内容向消费者履行告知和说明义务，该条款不构成合同内容；但是消费者主张构成合同内容的，应当允许。

本条第2款规定的不公平、不合理的格式条款主要是指经营者违背诚实信用原则单方制定的对消费者明显不利的条款，其范围可能涉及合同的缔结、变更、履行及合同的解释方法和争议的处理机制等各个环节。

违反本条第1款规定与违反第2款规定的法律后果不同，经营者违反本条第1款提示或者说明义务，仅是视为未履行告知和说明义务，所涉条款不构成合同内容，对消费者不发生法律效力，但消费者主张适用的除外，因此，性质上属于可撤销条款；而违反本条第2款，则是因直接违反法律的强制性规范，性质上属于自始无效条款。

电子商务经营者提供的格式条款有以下内容的，人民法院应当依法认定无效：(1) 收货人签收商品即视为认可商品质量符合约定；(2) 电子商务平台经营者依法应承担的责任一概由平台内经营者承担；(3) 电子商务经营者享有单方解释权或者最终解释权；(4) 排除或者限制消费者依法投诉、举报、请求调解、申请仲裁、提起诉讼的权利；(5) 其他排除或者限制消费者权利、减轻或者免除电子商务经营者责任、加重消费者责任等对消费者不公平、不合理的内容。

应用

24. 网络消费格式条款中与消费者有重大利害关系内容存在例外情形应如何处理?

在数字经济、互联网产业飞速发展的大背景下，线上交易中企业基本都采用格式条款的方式与消费者建立契约关系。但是，在格式条款发挥其便捷、高效、积极作用的同时，因其本身具有的单方提供、内容固定的特质所带来的问题和风险，也不容忽视。法律明确赋予了格式条款提供者进行提示说明的义务，民法典第496条规定:“提供格式条款的一方未履行提示或者说明义务，致使对方没有注意或者理解与其有重大利害关系的条款的，对方可以主张该条款不成为合同的内容。”提供格式条款的企业应当基于公平、诚信原则，依法、合理制定格式条款的内容，并对于履行方式等与消费者有重大利害关系的条款，向消费者进行特别的提醒和说明，从而维护交易秩序，平衡双方利益，促进行业发展。(**2022年3月15日最高人民法院发布10起消费者权益保护典型案例:郭某诉某旅游App经营公司网络服务合同纠纷案**)

配套

《民法典》第496条;《最高人民法院关于审理旅游纠纷案件适用法律若干问题的规定》第6、15条;《网络交易平台合同格式条款规范指引》第9条

第二十七条　【不得侵犯人格尊严和人身自由的义务】经营者不得对消费者进行侮辱、诽谤，不得搜查消费者的身体及其携带的物品，不得侵犯消费者的人身自由。

注解

经营者不得对消费者进行侮辱、诽谤，即经营者不得自己或者利用他人，通过捏造、散布虚伪事实或以不文明、不礼貌的语言，损害消费者名誉，诋毁消费者的人格尊严。本条将“不得对消费者进行侮辱、诽谤”作为经营者的一项义务设定下来，有利于保护消费者的人格权。

经营者不得搜查消费者的身体及其携带的物品。有些经营者由于不注意

对自己经营的商品采取适当的保安措施，动辄以商品失窃为由，搜查消费者身体及其携带的物品，给消费者造成了极大的侵扰，增加了心理负担。为了保证消费者在购物时能有一个宽松的环境及愉快的心情，本条将“不得搜查消费者的身体及其携带的物品”作为经营者的一项义务规定下来，以保护消费者的人格尊严。对公民的人身、财产实施检查或者搜查，只能由被法律赋予这种权力的执法机关依照严格的法律依据和程序来执行，其他任何单位和个人均无权进行。经营者如发现其商品失窃，应当按照法定程序，由有关部门依法对嫌疑人的身体及其携带的物品进行必要的搜查。

经营者不得侵犯消费者的人身自由。目前，有些经营者法制观念淡薄，随意限制消费者的人身自由，甚至扣留、殴打消费者，干扰了消费者正常的工作、生活，影响恶劣。为了保障消费者的人身自由，本条将“不得侵犯消费者的人身自由”作为经营者的一项义务设定下来，以切实保护消费者的人身自由权。公民的人身自由权受我国宪法、法律的保护，除了有关机关依照法定程序有权对公民的人身自由进行限制外，其他任何单位和个人均不得限制公民的人身自由。

应用

25. 侵害消费者人格尊严、侵犯消费者人身自由的，应该承担什么法律责任?

侵害消费者人格尊严、侵犯消费者人身自由的，应当停止侵害、恢复名誉、消除影响、赔礼道歉，并赔偿损失；造成严重精神损害的，还应当赔偿精神损害；除承担相应的民事、刑事责任外，还要依照消费者权益保护法或者其他有关法律、法规追究行政责任等。

配套

《民法典》第 1183 条

第二十八条　【特定领域经营者的信息披露义务】采用网络、电视、电话、邮购等方式提供商品或者服务的经营者，以及提供证券、保险、银行等金融服务的经营者，应当向消费者提供经营地址、联系方式、商品或者服务的数量和质量、价款或者费用、履行期限和方式、安全注意事项和风险警示、售后服务、民事责任等信息。

注解

根据本条的规定，负有更高程度信息披露义务的特定经营领域主要分为两类：一类是“采用网络、电视、电话、邮购等方式提供商品或者服务的经营者”，另一类是“提供证券、保险、银行等金融服务的经营者”，即金融消费领域。经营者信息披露义务，主要包括三个方面：一是有关经营者的真实身份信息，如经营地址、联系方式；二是有关商品或者服务的基本信息，如价款、数量、质量等；三是有关风险警示、民事责任等信息。

证券、保险、银行等金融机构在销售金融商品或者提供金融服务时，有关风险警示的信息披露对于金融领域的消费者而言，尤为关键。本条规定的金融机构，包括但不限于列举的“证券、保险、银行”，只要是向消费者提供金融服务，均属本条调整范围，其他经人民银行批准设立的金融机构也在范围之列；此外，这里的金融服务应采广义解释，既包含金融机构向消费者销售基金等金融产品，也包括金融机构提供存款、贷款和保险等金融服务。金融消费的领域，既涵盖金融产品也包括金融服务。

第二十九条　【收集、使用消费者个人信息】经营者收集、使用消费者个人信息，应当遵循合法、正当、必要的原则，明示收集、使用信息的目的、方式和范围，并经消费者同意。经营者收集、使用消费者个人信息，应当公开其收集、使用规则，不得违反法律、法规的规定和双方的约定收集、使用信息。

经营者及其工作人员对收集的消费者个人信息必须严格保密，不得泄露、出售或者非法向他人提供。经营者应当采取技术措施和其他必要措施，确保信息安全，防止消费者个人信息泄露、丢失。在发生或者可能发生信息泄露、丢失的情况时，应当立即采取补救措施。

经营者未经消费者同意或者请求，或者消费者明确表示拒绝的，不得向其发送商业性信息。

注解

本条是关于经营者收集、使用消费者个人信息时应履行义务的规定。

对消费者个人信息的保护，应从源头上强化对收集、使用消费者信息的经营者行为的规范，本条从三个方面对经营者在收集、使用消费者个人信息时的应尽义务作了规定。经营者收集、使用消费者个人信息的原则。根据本条第1款的规定，经营者收集、使用消费者个人信息，应当遵循合法、正当、必要的原则，明示收集、使用信息的目的、方式和范围，并经消费者同意。经营者收集、使用消费者个人信息，应当公开其收集、使用规则，不得违反法律、法规的规定和双方的约定收集、使用信息。

应用

26. 经营者收集、使用消费者个人信息不得有哪些行为?

经营者收集、使用消费者个人信息，应当遵循合法、正当、必要的原则，明示收集、使用信息的目的、方式和范围，并经消费者同意。经营者不得有下列行为：(1) 未经消费者同意，收集、使用消费者个人信息；(2) 泄露、出售或者非法向他人提供所收集的消费者个人信息；(3) 未经消费者同意或者请求，或者消费者明确表示拒绝，向其发送商业性信息。前述消费者个人信息是指经营者在提供商品或者服务活动中收集的消费者姓名、性别、职业、出生日期、身份证件号码、住址、联系方式、收入和财产状况、健康状况、消费情况等能够单独或者与其他信息结合识别消费者的信息。

27. 经营者违反本条义务的，应当承担哪些法律责任?

违反本条所列义务，经营者除应向消费者承担相应的民事责任外，还可能涉及相应的行政责任。根据本法第56条第9项的规定，可以由市场监督管理部门或者其他有关行政部门根据情节单处或者并处警告、没收违法所得、处以违法所得一倍以上十倍以下的罚款，没有违法所得的，处以五十万元以下的罚款；情节严重的，责令停业整顿、吊销营业执照。《网络安全法》第64条规定，网络运营者、网络产品或者服务的提供者违反本法第二十二条第三款、第四十一条至第四十三条规定，侵害个人信息依法得到保护的权利的，由有关主管部门责令改正，可以根据情节单处或者并处警告、没收违法所得、处违法所得一倍以上十倍以下罚款，没有违法所得的，处一百万元以下罚款，对直接负责的主管人员和其他直接责任人员处一万元以上十万元以下罚款；情节严重的，并可以责令暂停相关业务、停业整顿、关闭网站、吊销相关业务许可证或者吊销营业执照。违反本法第四十四条规定，窃取或者以其他非法方式获取、非法出售或者非法向他人提供个人信息，尚不构成犯罪的，由公安机关没收违法所得，并处违法所得一倍以上十倍以下罚款，没有违法所得的，处一百万元以下罚款。

配套

《中国人民银行金融消费者权益保护实施办法》第31条；《个人信息保护法》；《最高人民法院关于审理使用人脸识别技术处理个人信息相关民事案件适用法律若干问题的规定》

第四章 国家对消费者合法权益的保护

第三十条 【听取消费者的意见】 国家制定有关消费者权益的法律、法规、规章和强制性标准，应当听取消费者和消费者协会等组织的意见。

第三十一条 【各级政府的职责】 各级人民政府应当加强领导，组织、协调、督促有关行政部门做好保护消费者合法权益的工作，落实保护消费者合法权益的职责。

各级人民政府应当加强监督，预防危害消费者人身、财产安全行为的发生，及时制止危害消费者人身、财产安全的行为。

注解

本条第1款规定了各级人民政府对有关行政部门保护消费者合法权益的领导、组织、协调、督促、落实保护消费者合法权益的职责。我国消费者权益的保护由不同的行政部门分工负责，各部门在自己的职责范围内履行保护消费者合法权益的职责。消费领域广泛复杂，相对应的消费者权益的保护部门众多，有市场监督部门、商务部门、卫生部门、交通运输部门、文化和旅游部门等。这就需要各级人民政府，加强领导，组织、协调并督促有关行政部门履行好保护消费者合法权益的职责。实践中，各级人民政府往往通过专项检查、联合执法的形式打击侵害消费者合法权益的行为，保护消费者合法权益的工作取得了一定的成效。

本条第2款规定，各级人民政府应当加强监督，预防危害消费者人身、财产安全行为的发生，及时制止危害消费者人身、财产安全的行为。国家通过有关法律、法规对可能危害人身、财产安全的商品或者服务构建了较为完善的监督管理制度，例如产品质量法、食品安全法、药品管理法等均对行政监督管理作了专章规定。各级人民政府应当积极督促有关部门落实各项监督管理制度，对危害消费者人身、财产安全的行为做到提前预防，及时制止。

配套

《产品质量法》第12-25条；《食品安全法》第八章

第三十二条 【市场监督管理部门的职责】 各级人民政府工商行政管理部门和其他有关行政部门应当依照法律、法规的规定，在各自的职责范围内，采取措施，保护消费者的合法权益。

有关行政部门应当听取消费者和消费者协会等组织对经营者交易行为、商品和服务质量问题的意见，及时调查处理。

注解

本条第1款规定了市场监督管理部门和其他有关行政部门应当在各自职责范围内，采取措施，保护消费者的合法权益。保护消费者合法权益涉及市场监督管理部门以及其他多个部门的职责。本条将市场监督管理部门作为保护消费者合法权益的重要部门予以明确。2019年11月30日，国家市场监督管理总局公布《市场监督管理投诉举报处理暂行办法》，自2020年1月1日起施行，以规范市场监督管理投诉举报处理工作，保护自然人、法人或者其他组织合法权益。1998年3月12日原国家质量技术监督局令第51号公布的《产品质量申诉处理办法》、2014年2月14日原国家工商行政管理总局令第62号公布的《工商行政管理部门处理消费者投诉办法》、2016年1月12日原国家食品药品监督管理总局令第21号公布的《食品药品投诉举报管理办法》同时废止。

遇到消费纠纷找市场监督管理部门，已经成为群众消费维权的主要渠道。但消费领域情况复杂，单靠一个部门是不够的，需要市场监督管理部门、商务部门、卫生部门、交通运输部门、文化和旅游部门等各部门切实履行好各自的职责。

本条第2款是关于行政部门应当听取消费者及消费者组织意见，及时调查处理的规定。有关行政部门一方面要做好日常的市场监管工作，另一方面要对消费者及消费者协会等消费者组织就经营者交易行为、商品和服务质量问题等提出的意见认真对待，对消费纠纷积极进行调解，对可能涉及的侵害消费者合法权益的违法行为进行调查，对违法主体予以惩处。行政部门应当创造条件便于消费者反映意见，拓宽消费者反映意见的渠道。听取消费者意见的方式不应当仅仅停留在处理投诉上，还可以采取多种形式主动听取消费者的意见，通过开展知识讲座等活动进一步增强消费者掌握商品和服务信息的能力，使消费者更好地反映意见。

配套

《产品质量法》第22条；《旅游法》第91条

第三十三条　【抽查检验的职责】有关行政部门在各自的职责范围内，应当定期或者不定期对经营者提供的商品和服务进行抽查检验，并及时向社会公布抽查检验结果。

有关行政部门发现并认定经营者提供的商品或者服务存在缺陷，有危及人身、财产安全危险的，应当立即责令经营者采取停止销售、警示、召回、无害化处理、销毁、停止生产或者服务等措施。

注解

本条有两款规定。第1款规定了有关行政部门抽查检验职责的一般要求，第2款规定了有关行政部门发现并认定经营者提供的商品或者服务存在缺陷后应当采取的措施。本条第1款强调有关行政部门履行抽查检验职责，应当是“定期”和“不定期”相结合。各有关行政部门根据相应的法律等规定，结合监管行业的特点，制订定期的检验计划，将抽查检验制度化。同时根据实际问题状况，及时进行不定期的抽查检验，促使有关经营者始终保证商品或者服务的质量管理，避免向消费者提供的商品或者服务出现缺陷。如果出现部分商品或者服务出现缺陷，通过不定期的抽查检验，对整个有关行业进行清查，避免对消费者的损害进一步扩大。

抽查检验后，应及时向社会公布抽查检验的结果，保证公众对商品和服务的知情权，同时有利于监督经营者依法经营。

配套

《产品质量法》第15、17条；《药品管理法》第101、102条；《食品安全法》第110条；《产品质量监督抽查管理暂行办法》；《药品质量抽查检验管理办法》

第三十四条　【行政部门的职责】有关国家机关应当依照法律、法规的规定，惩处经营者在提供商品和服务中侵害消费者合法权益的违法犯罪行为。

第三十五条　【人民法院的职责】人民法院应当采取措施，方便消费者提起诉讼。对符合《中华人民共和国民事诉讼法》起诉条件的消费者权益争议，必须受理，及时审理。

注解

通常而言，对公民提起的民事诉讼，由被告住所地人民法院管辖；被告住所地与经常居住地不一致的，由经常居住地人民法院管辖。对法人或者其他组织提起的民事诉讼，由被告住所地人民法院管辖。同一诉讼的几个被告住所地、经常居住地在两个以上人民法院管辖区的，各该人民法院都有管辖权。根据此规定，遭受损害要起诉的消费者应当向相应的经营者所在地的基层人民法院递交诉状，提起诉讼。

本条还明确规定，人民法院应当保障当事人依照民事诉讼法规定享有的起诉权利，对符合民事诉讼法起诉条件的消费者权益争议，必须受理，及时审理。按照民事诉讼法的规定，消费者提起民事诉讼，应当符合以下条件：一是作为原告的消费者是与本案有直接利害关系的自然人；二是有明确的被告，也就是有具体的经营者；三是有具体的诉讼请求和事实、理由；四是属于人民法院受理民事诉讼的范围和受诉人民法院管辖。

应用

28. 人民法院应当采取的方便消费者提起诉讼的措施有哪些?

根据《民事诉讼法》的规定，方便消费者提起诉讼的措施主要有以下几个方面：第一，在起诉时，消费者书写起诉状确有困难的，可以口头起诉，由人民法院记入笔录，并告知对方当事人。第二，消费者可以聘请律师担任诉讼代理人，也可以委托基层法律服务工作者、其近亲属或者其所在社区、单位以及有关社会团体推荐的公民担任诉讼代理人。第三，共同诉讼和代表人诉讼。消费者和经营者一方或者双方为二人以上，其诉讼标的是共同的，或者诉讼标的是同一种类、人民法院认为可以合并审理并经当事人同意的，可以作为共同诉讼。消费者一方人数众多的共同诉讼，可以由当事人推选代表人进行诉讼。第四，基层人民法院和它派出的法庭审理事实清楚、权利义务关系明确、争议不大的简单争议，可以适用简易程序，作为原告的消费者可以口头起诉。基层人民法院或者它派出的法庭对此类案件可以用简便方式传唤当事人和证人、送达诉讼文书、审理案件。对简单的消费者权益争议，标的额为各省、自治区、直辖市上年度就业人员年平均工资百分之三十以下的，实行一审终审。

配套

《民事诉讼法》第 22、122 条

第五章　消费者组织

第三十六条　【消费者协会】消费者协会和其他消费者组织是依法成立的对商品和服务进行社会监督的保护消费者合法权益的社会组织。

注解

《最高人民法院关于审理消费民事公益诉讼案件适用法律若干问题的解释》第 1 条规定：“中国消费者协会以及在省、自治区、直辖市设立的消费者协会，对经营者侵害众多不特定消费者合法权益或者具有危及消费者人身、财产安全危险等损害社会公共利益的行为提起消费民事公益诉讼的，适用本解释。法律规定或者全国人大及其常委会授权的机关和社会组织提起的消费民事公益诉讼，适用本解释。”该条司法解释对有权提起消费民事公益诉讼的原告主体资格作出适度开放式规定，除中国消费者协会以及在省、自治区、直辖市设立的消费者协会外，法律规定或者全国人大及其常委会授权的机关和社会组织也具有起诉主体资格。实践中，省级消费者协会组织名称不一致，在判断主体资格上，主要看该协会是否属于《消费者权益保护法》第 36 条规定的社会组织，不能因协会名称与该解释规定不一致而否定适格诉讼主体的诉讼地位。

第三十七条　【消费者协会的公益性职责】消费者协会履行下列公益性职责：

（一）向消费者提供消费信息和咨询服务，提高消费者维护自身合法权益的能力，引导文明、健康、节约资源和保护环境的消费方式；

（二）参与制定有关消费者权益的法律、法规、规章和强制性标准；

（三）参与有关行政部门对商品和服务的监督、检查；

（四）就有关消费者合法权益的问题，向有关部门反映、查询，提出建议；

（五）受理消费者的投诉，并对投诉事项进行调查、调解；

（六）投诉事项涉及商品和服务质量问题的，可以委托具备资格的鉴定人鉴定，鉴定人应当告知鉴定意见；

（七）就损害消费者合法权益的行为，支持受损害的消费者提起诉讼或者依照本法提起诉讼；

（八）对损害消费者合法权益的行为，通过大众传播媒介予以揭露、批评。

各级人民政府对消费者协会履行职责应当予以必要的经费等支持。

消费者协会应当认真履行保护消费者合法权益的职责，听取消费者的意见和建议，接受社会监督。

依法成立的其他消费者组织依照法律、法规及其章程的规定，开展保护消费者合法权益的活动。

应用

29. 消费者协会的公益性职责包括哪些?

消费者协会的公益性职责包括：(1) 消费者协会向消费者提供消费信息和咨询服务，是消费者协会的重要职责，其主要目的，一是提高消费者维护自身合法权益的能力；二是引导文明、健康、节约资源和保护环境的消费方式。(2) 国家制定有关消费者权益的法律、法规、规章和强制性标准，应当听取消费者和消费者协会等组织的意见。(3) 根据本法和其他有关法律的规定，有关行政部门应当就涉及消费者权益的产品、食品、药品等商品和服务进行监督检查，这些行政部门在进行监督检查时，应当邀请消费者协会参与监督检查，消费者协会应当认真参与监督、检查。(4) 消费者协会对涉及消费者合法权益的问题，应当主动向有关部门进行反映、查询，有关部门应当认真听取消费者协会的意见，积极提供有关查询信息，消费者协会应当将有关部门的反馈意见等情况及时告知广大消费者；认为有关部门应当对有关消费者权益问题的解决采取积极有效的措施的，消费者协会应当在调研的基础上，有理有据地提出建议。(5) 受理消费者的投诉，消费者协会接到消费者的投诉后，应当采取积极措施化解纠纷，解决问题，维护消费者的权益。(6) 投诉事项涉及商品和服务质量问题的，消费者协会接到投诉后，经当事人申请或者根据情况自行决定，可以委托具备资格的鉴定人鉴定，要求其及时出具鉴定意见，作为定分止争的依据。而鉴定人接受委托的，应当及时进行鉴定，并将鉴定意见告知消费者协会。(7) 如果经营者的行为损害了消费者合法权益，受到损害的消费者可以自己的名义提起民事诉讼，消费者协会可以支持起诉，包括帮助消费者提供证据，推荐有关人员担任消费者的诉讼代理人或者接受消费者的委托代理诉讼。如果经营者行为侵害了众多消费者的合法权益，中国消费者协会或者在省、自治区、直辖市设立的消费者协会，可以自己的名义向法院提起诉讼，维护广大消费者的权益。(8) 作为对商品、服务进行社会监督的、保护消费者合法权益的社会组织，消费者协会对损害消费者合法权益的行为，可以通过广播电视、报纸杂志、互联网等大众媒介予以揭露、批评。

配套

《最高人民法院关于审理消费民事公益诉讼案件适用法律若干问题的解释》

第三十八条　【消费者组织的禁止行为】消费者组织不得从事商品经营和营利性服务，不得以收取费用或者其他牟取利益的方式向消费者推荐商品和服务。

注解

发布商品或者服务的比较试验结果，是消费者组织提供消费信息、引导消费的一项重要公益服务。因此，消费者组织不得以牟利为目的向社会推荐商品和服务。这表现在两个方面：（1）消费者组织不得从事经营活动。(2) 消费者组织不得以牟利为目的向社会推荐商品和服务。推荐的方式主要是通过大众传播媒介，还有新闻发布会、专题讲座、文艺演出、散发宣传材料、举办专项展览等方式。如果推荐的目的不是为了牟利，而是在于引导消费者，给消费者提供真实、可靠的信息，使消费者在选择商品或服务时免受劣质商品和服务的侵害，从而维护消费者的合法权益，则是法律所允许的。

第六章　争议的解决

第三十九条　【争议解决的途径】消费者和经营者发生消费者权益争议的，可以通过下列途径解决：

（一）与经营者协商和解；

（二）请求消费者协会或者依法成立的其他调解组织调解；

（三）向有关行政部门投诉；

（四）根据与经营者达成的仲裁协议提请仲裁机构仲裁；

（五）向人民法院提起诉讼。

应用

30. 消费者与经营者发生消费者权益争议的解决途径有哪些?

(1) 与经营者协商和解。这是解决消费者权益争议最常见的形式之一，消费者在发现自己的权利受到侵害或者就与自己利益有关的问题与经营者发生争议时，可以主动与经营者联系，双方可就消费者提出的要求通过反复协商、互谅互让，最终达成一致，形成和解协议。(2) 请求消协或者依法成立的其他调解组织调解。消费者权益受到侵害可以向消费者协会或者依法成立的其他调解组织投诉，消费者协会了解情况后，可以对产生争议的消费者和经营者进行说服劝导、沟通调解，以促使双方达成解决纠纷的协议。调解不是解决消费者权益争议的必经程序，当事人不愿意调解或调解不能达成协议，或达成协议后一方反悔的，都可以通过仲裁或者诉讼解决。(3) 向有关行政部门投诉。我国有关食品安全、药品管理、价格管理、环境保护、医疗卫生、产品质量等保护消费者的法律规范中都有由有关行政机关处理消费者权益纠纷的规定。消费者认为其权利受到侵害或发生争议时，可以依法向经营者的上级主管部门或有关国家监督管理部门投诉，要求其做出公正的处理。(4) 根据与经营者达成的仲裁协议提请仲裁机构仲裁。仲裁是指发生纠纷的当事人，自愿将他们之间的纠纷提交仲裁机构进行裁决的活动。通过仲裁解决纠纷具有公正、权威、快速、经济、保密性强的优点。平等主体的公民、法人和其他组织之间发生的合同纠纷和其他财产权益纠纷，可以仲裁。当事人采用仲裁方式解决纠纷，应当双方自愿，达成仲裁协议。没有仲裁协议，一方申请仲裁的，仲裁委员会不予受理。当事人达成仲裁协议，一方向人民法院起诉的，人民法院不予受理，但仲裁协议无效的除外。仲裁实行一裁终局的制度。裁决作出后，当事人就同一纠纷再申请仲裁或者向人民法院起诉的，仲裁委员会或者人民法院不予受理。(5) 向人民法院提起诉讼。诉讼是最强有力的争议解决方式，通过以上其他方式无法解决的消费者权益争议，都可以通过诉讼加以解决。消费者权益争议属于民事争议，发生争议后，消费者可向法院提起民事诉讼，法院应当依照法定的民事诉讼程序审理。

配套

《民事诉讼法》第122条；《仲裁法》第4条；《人民调解法》第29、31、33条

第四十条　【消费者索赔的权利】消费者在购买、使用商品时，其合法权益受到损害的，可以向销售者要求赔偿。销售者赔偿后，属于生产者的责任或者属于向销售者提供商品的其他销售者的责任的，销售者有权向生产者或者其他销售者追偿。

消费者或者其他受害人因商品缺陷造成人身、财产损害的，可以向销售者要求赔偿，也可以向生产者要求赔偿。属于生产者责任的，销售者赔偿后，有权向生产者追偿。属于销售者责任的，生产者赔偿后，有权向销售者追偿。

消费者在接受服务时，其合法权益受到损害的，可以向服务者要求赔偿。

注解

消费者索赔权利的内容包括：(1) 消费者在使用购买的商品的过程中，其合法权益受到损害的，可以向销售者要求赔偿。至于销售者与生产者或其他提供商之间的约定，则对消费者无效。也就是说，如果该责任属于生产者的责任或者属于向销售者提供商品的其他销售者的责任的，销售者赔偿后，可以向生产者或者其他销售者追偿，但这并不影响消费者直接向销售者要求赔偿。(2) 消费者或者其他受害人因商品缺陷造成人身、财产损害的，可以向销售者要求赔偿，也可以向生产者要求赔偿。这就是说，消费者或其他受害人的权益受到损失或损害的，既可以向销售者要求赔偿，也可以向生产者要求赔偿，还可以同时向两者要求赔偿，但究竟由谁赔偿给消费者，则由消费者根据具体情况决定。若是属于生产者责任的，消费者选择由销售者赔偿的，销售者赔偿后，销售者有权向生产者追偿；反之，若是属于销售者责任的，消费者选择由生产者赔偿的，生产者赔偿后，生产者有权向销售者追偿。(3) 消费者在接受服务时，其合法权益受到损害的，可以向服务者要求赔偿。

电子平台内经营者销售商品或者提供服务损害消费者合法权益，其向消费者承诺的赔偿标准高于相关法定赔偿标准，消费者主张平台内经营者按照承诺赔偿的，人民法院应依法予以支持。平台内经营者开设网络直播间销售商品，其工作人员在网络直播中因虚假宣传等给消费者造成损害，消费者主张平台内经营者承担赔偿责任的，人民法院应予支持。

消费者因在网络直播间点击购买商品合法权益受到损害，直播间运营者不能证明已经以足以使消费者辨别的方式标明其并非销售者并标明实际销售者的，消费者主张直播间运营者承担商品销售者责任的，人民法院应予支持。直播间运营者能够证明已经尽到上述所列标明义务的，人民法院应当综合交易外观、直播间运营者与经营者的约定、与经营者的合作模式、交易过程以及消费者认知等因素予以认定。

网络直播营销平台经营者通过网络直播方式开展自营业务销售商品，消费者主张其承担商品销售者责任的，人民法院应予支持。

网络直播间销售商品损害消费者合法权益，网络直播营销平台经营者不能提供直播间运营者的真实姓名、名称、地址和有效联系方式的，消费者依据消费者权益保护法第四十四条规定向网络直播营销平台经营者请求赔偿的，人民法院应予支持。网络直播营销平台经营者承担责任后，向直播间运营者追偿的，人民法院应予支持。

配套

《民法典》第1179-1183、1186、1187、1202-1207条；《最高人民法院关于审理人身损害赔偿案件适用法律若干问题的解释》；《最高人民法院关于确定民事侵权精神损害赔偿责任若干问题的解释》

第四十一条　【企业变更后的索赔】消费者在购买、使用商品或者接受服务时，其合法权益受到损害，因原企业分立、合并的，可以向变更后承受其权利义务的企业要求赔偿。

注解

企业合并是指两个或两个以上的独立的企业合并成一个新的企业，原企业消灭。公司或企业合并时，合并各方的债权、债务，应当由合并后存续的公司或者新设的公司承继。消费者的合法权益受到侵害，而企业又被合并的，消费者或受害者可以向合并后的企业要求赔偿，合并后的企业不得以原企业被撤销为由加以拒绝。

企业分立是指一个企业分立成两个或两个以上的企业，原企业既可能存在也可能消灭。公司或企业分立前的债务按所达成的协议由分立后的公司来承担；如果没有债务分担协议，分立后的任何一个企业均负有承担全部赔偿责任的义务。消费者可以向任何一个分立后的企业要求承担责任，该企业也不得拒绝，这种情况下，如果其中一个企业承担了全部赔偿责任，可以要求其他分立后的企业分担该赔偿责任。

配 套

《公司法》第 174、176 条；《民法典》第 67 条

第四十二条 【营业执照出借人或借用人的连带责任】 使用他人营业执照的违法经营者提供商品或者服务，损害消费者合法权益的，消费者可以向其要求赔偿，也可以向营业执照的持有人要求赔偿。

第四十三条 【展销会、租赁柜台的责任】 消费者在展销会、租赁柜台购买商品或者接受服务，其合法权益受到损害的，可以向销售者或者服务者要求赔偿。展销会结束或者柜台租赁期满后，也可以向展销会的举办者、柜台的出租者要求赔偿。展销会的举办者、柜台的出租者赔偿后，有权向销售者或者服务者追偿。

注 解

展销会是由一个或几个经营者举办的，在特定的场所和期限内，由多个经营者集中展示各自的商品，并以现货或者预售方式对外销售商品的交易活动。一个经营者在自己的经营场所内销售自行采购的商品的展销活动，不属于展销会。展销会的内容是复杂多样的，例如，珠宝首饰展销会、家具展销会、名酒展销会、日常生活用品展销会等。

应用

31. 柜台承租方的经营行为损害消费者合法权益的，消费者如何维护合法权益?

如果承租方的经营行为损害消费者合法权益的，消费者可以向承租方要求赔偿，柜台租赁合同期满后，若是能找到承租经营者的，可以直接向其求偿，若承租者离去后下落不明或者向其求偿不便，消费者也可向柜台的出租方要求赔偿。因为柜台的出租者收取租金而与承租者分享利润，应当负有保证承租者在柜台承租期间合法经营的义务。出租者先行赔偿后，对于消费者权益受到的损害确系销售者、服务者的过错所致的，柜台出租者有权向销售者或者服务者追偿。

第四十四条　【网络交易平台提供者的责任】 消费者通过网络交易平台购买商品或者接受服务，其合法权益受到损害的，可以向销售者或者服务者要求赔偿。网络交易平台提供者不能提供销售者或者服务者的真实名称、地址和有效联系方式的，消费者也可以向网络交易平台提供者要求赔偿；网络交易平台提供者作出更有利于消费者的承诺的，应当履行承诺。网络交易平台提供者赔偿后，有权向销售者或者服务者追偿。

网络交易平台提供者明知或者应知销售者或者服务者利用其平台侵害消费者合法权益，未采取必要措施的，依法与该销售者或者服务者承担连带责任。

注解

根据本条第 1 款的规定，消费者权益受损害的，可以向提供商品或服务的销售者或者服务者求偿。由于网络交易主体的虚拟性，网络交易平台作为平台的开办者和管理运营者，对于利用其平台向消费者提供商品或者服务的经营者负有一定的审查、监管责任。网络交易平台对于进驻平台的销售者和服务者，应当尽到必要的身份审查义务，该项义务应当是事先的、主动性的，一旦发生纠纷消费者难以找到经营者求偿的，平台有义务向消费者提供经营者身份、资质的真实信息。不能提供的，消费者可以要求平台承担先行赔付责任。

网络交易平台提供者对消费者承担的是过错责任，仅在其明知或者应知销售者或者服务者利用其平台侵害消费者合法权益，而未采取必要措施的，才依法承担连带责任。网络交易平台提供者过错的判断标准，以其是否明知或者应知销售者或者服务者利用其平台侵害消费者合法权益且未采取必要措施为参照。对“应知”的判断，可以综合考虑以下因素，如基于网络交易平台提供者提供服务的性质、方式及其引发侵权的可能性大小，应当具备的管理信息的能力；所售商品或者服务的类型、知名度及侵权信息的明显程度；网络交易平台提供者是否积极采取了预防侵权的合理措施；网络交易平台提供者是否设置便捷程序接收消费者投诉并及时作出合理的反应；网络交易平台提供者是否针对同一经营者的重复侵权行为采取了相应的合理措施等其他相关因素。

第四十五条　【虚假广告相关责任人的责任】 消费者因经营者利用虚假广告或者其他虚假宣传方式提供商品或者服务，其合法权益受到损害的，可以向经营者要求赔偿。广告经营者、发布者发布虚假广告的，消费者可以请求行政主管部门予以惩处。广告经营者、发布者不能提供经营者的真实名称、地址和有效联系方式的，应当承担赔偿责任。

广告经营者、发布者设计、制作、发布关系消费者生命健康商品或者服务的虚假广告，造成消费者损害的，应当与提供该商品或者服务的经营者承担连带责任。

社会团体或者其他组织、个人在关系消费者生命健康商品或者服务的虚假广告或者其他虚假宣传中向消费者推荐商品或者服务，造成消费者损害的，应当与提供该商品或者服务的经营者承担连带责任。

注解

消费者因为经营者利用虚假广告提供商品或服务而使自己的合法权益受到伤害时，可以要求提供商品或服务的经营者赔偿。在虚假广告的经营者不能提供商品或者服务的经营者的真实姓名、地址的情况下，由广告经营者承担对消费者的赔偿责任。应当注意，这种赔偿责任只适用于广告经营者不能提供商品或服务的经营者的真实姓名、地址的情况，如果广告的经营者提供了该经营者的真实姓名和地址，则广告的经营者不承担责任。社会团体或者其他组织，在虚假广告中向消费者推荐商品或者服务，使消费者的合法权益受到损害的，应当依法承担连带责任。

《广告法》第56条规定，违反本法规定，发布虚假广告，欺骗、误导消费者，使购买商品或者接受服务的消费者的合法权益受到损害的，由广告主依法承担民事责任。广告经营者、广告发布者不能提供广告主的真实名称、地址和有效联系方式的，消费者可以要求广告经营者、广告发布者先行赔偿。关系消费者生命健康的商品或者服务的虚假广告，造成消费者损害的，其广告经营者、广告发布者、广告代言人应当与广告主承担连带责任。上述规定以外的商品或者服务的虚假广告，造成消费者损害的，其广告经营者、广告发布者、广告代言人，明知或者应知广告虚假仍设计、制作、代理、发布或者作推荐、证明的，应当与广告主承担连带责任。

配套

《反不正当竞争法》第8、20条；《广告法》第56、69条

第四十六条　【投诉】 消费者向有关行政部门投诉的，该部门应当自收到投诉之日起七个工作日内，予以处理并告知消费者。

注解

国家市场监督管理总局主管全国投诉举报处理工作，指导地方市场监督管理部门投诉举报处理工作。县级以上地方市场监督管理部门负责本行政区域内的投诉举报处理工作。市场监督管理部门处理投诉举报，应当遵循公正、高效的原则，做到适用依据正确、程序合法。

应用

32. 消费者向有关行政部门投诉，应当提供哪些材料？

投诉应当提供下列材料：（1）投诉人的姓名、电话号码、通信地址；（2）被投诉人的名称（姓名）、地址；（3）具体的投诉请求以及消费者权益争议事实。投诉人采取非书面方式进行投诉的，市场监督管理部门工作人员

应当记录上述规定信息。委托他人代为投诉的，除提供上述材料外，还应当提供授权委托书原件以及受托人身份证明。授权委托书应当载明委托事项、权限和期限，由委托人签名。具有《市场监督管理投诉举报处理暂行办法》规定的处理权限的市场监督管理部门，应当自收到投诉之日起7个工作日内作出受理或者不予受理的决定，并告知投诉人。

33. 投诉具有哪些情形的，市场监督管理部门不予受理?

(1) 投诉事项不属于市场监督管理部门职责，或者本行政机关不具有处理权限的；(2) 法院、仲裁机构、市场监督管理部门或者其他行政机关、消费者协会或者依法成立的其他调解组织已经受理或者处理过同一消费者权益争议的；(3) 不是为生活消费需要购买、使用商品或者接受服务，或者不能证明与被投诉人之间存在消费者权益争议的；(4) 除法律另有规定外，投诉人知道或者应当知道自己的权益受到被投诉人侵害之日起超过三年的；(5) 未提供《市场监督管理投诉举报处理暂行办法》第9条第1款和第10条规定的材料的；(6) 法律、法规、规章规定不予受理的其他情形。

注解

《市场监督管理投诉举报处理暂行办法》

第四十七条　【消费者协会的诉权】对侵害众多消费者合法权益的行为，中国消费者协会以及在省、自治区、直辖市设立的消费者协会，可以向人民法院提起诉讼。

注解

消费公益诉讼是指众多且不特定消费者的权益受到损害时，无直接利害关系的主体为保护消费者权益提起的诉讼。与普通消费诉讼相比，消费公益诉讼的本质特征是原告在案件中无直接的个人利益，而是为了众多且不特定消费者的权益提起诉讼。根据起诉对象的不同，可将消费公益诉讼分为民事消费公益诉讼和行政消费公益诉讼。民事消费公益诉讼的起诉对象是损害消费者权益的经营者等民事主体；行政消费公益诉讼的起诉对象是未履行法定职责或者作出损害消费者权益行政行为的行政机关。从其他国家的实践情况看，消费者保护领域的公益诉讼主要是民事公益诉讼，行政公益诉讼主要适用于环境保护领域。

配套

《最高人民法院关于审理消费民事公益诉讼案件适用法律若干问题的解释》

第七章 法律责任

第四十八条 【经营者承担责任的情形】 经营者提供商品或者服务有下列情形之一的，除本法另有规定外，应当依照其他有关法律、法规的规定，承担民事责任：

（一）商品或者服务存在缺陷的；

（二）不具备商品应当具备的使用性能而出售时未作说明的；

（三）不符合在商品或者其包装上注明采用的商品标准的；

（四）不符合商品说明、实物样品等方式表明的质量状况的；

（五）生产国家明令淘汰的商品或者销售失效、变质的商品的；

（六）销售的商品数量不足的；

（七）服务的内容和费用违反约定的；

（八）对消费者提出的修理、重作、更换、退货、补足商品数量、退还货款和服务费用或者赔偿损失的要求，故意拖延或者无理拒绝的；

（九）法律、法规规定的其他损害消费者权益的情形。

经营者对消费者未尽到安全保障义务，造成消费者损害的，应当承担侵权责任。

注解

因产品质量不合格造成他人财产、人身损害的，产品制造者、销售者应当依法承担民事责任。运输者、仓储者对此负有责任的，产品制造者、销售者有权要求赔偿损失。

应用

34. 如何理解商品或者服务存在缺陷?

缺陷是指商品或者服务存在危及人身、他人财产安全的不合理的危险。在有保障人体健康和人身、财产安全的国家标准、行业标准时，缺陷可以体现为不符合该标准。

《产品质量法》《建筑法》《旅游法》《缺陷汽车产品召回管理条例》等法律、法规对不同产业对象有"缺陷"的情形都有一定涉及。《消费者权益保护法》第7条第2款规定，消费者有权要求经营者提供的商品和服务，符合保障人身、财产安全的要求。根据第18条的规定，经营者应当保证其提供的商品或者服务符合保障人身、财产安全的要求。只要商品或者服务存在缺陷，经营者就要承担民事责任。也就是说，无论经营者是否有过错，只要是其提供的商品或者服务存在缺陷，就要承担消除危险、赔偿损失等民事责任。

35. 经营者违反对消费者的安全保障义务，应当承担侵权责任的情形有哪些?

根据《消费者权益保护法》和《民法典》"第七编　侵权责任"的相关规定，经营者违反对消费者的安全保障义务，应当承担侵权责任的情形具体有两种：一是经营者自身造成危险导致消费者受损害，比较常见的情况是对自己的经营设施疏于安全检查造成事故伤害消费者的；二是第三人引发危险导致消费者受损害，比较常见的情况是，第三人的侵权行为和经营者未尽到安全保障义务两个因素结合在一起而造成的。对于这种情况，根据《民法典》第1198条第2款规定，第三人的行为造成他人损害的，由第三人承担侵权责任；经营者、管理者或者组织者未尽到安全保障义务的，承担相应的补充责任。这里经营者所承担的侵权责任有两个特点：一是责任份额要与经营者的过错程度相当；二是承担责任是为了补充直接责任人的缺位。如果直接责任人已经承担全部赔偿，违反安全保障义务的责任人就不需要再作赔偿。

配套

《产品质量法》第40-46条；《侵害消费者权益行为处罚办法》

第四十九条　【造成人身损害的赔偿责任】经营者提供商品或者服务，造成消费者或者其他受害人人身伤害的，应当赔偿医疗费、护理费、交通费等为治疗和康复支出的合理费用，以及因误工减少的收入。造成残疾的，还应当赔偿残疾生活辅助具费和残疾赔偿金。造成死亡的，还应当赔偿丧葬费和死亡赔偿金。

注解

侵害他人造成人身损害的，应当赔偿医疗费、护理费、交通费、营养费、住院伙食补助费等为治疗和康复支出的合理费用，以及因误工减少的收入。造成残疾的，还应当赔偿残疾生活辅助具费和残疾赔偿金。造成死亡的，还应当赔偿丧葬费和死亡赔偿金。被侵权人死亡的，其近亲属有权请求侵权人承担侵权责任。被侵权人为单位，该单位分立、合并的，承继权利的单位有权请求侵权人承担侵权责任。因同一侵权行为造成多人死亡的，可以以相同数额确定死亡赔偿金。侵害他人人身权益，造成他人严重精神损害的，被侵权人可以请求精神损害赔偿。

侵害他人财产的，财产损失按照损失发生时的市场价格或者其他方式计算。侵害他人人身权益造成财产损失的，按照被侵权人因此受到的损失或者侵权人因此获得的利益赔偿，被侵权人因此受到的损失以及侵权人因此获得的利益难以确定，被侵权人和侵权人就赔偿数额协商不一致，向人民法院提起诉讼的，由人民法院根据实际情况确定赔偿数额。

配套

《民法典》第1179-1184条；《产品质量法》第41、44条；《最高人民法院关于审理人身损害赔偿案件适用法律若干问题的解释》；《最高人民法院关于确定民事侵权精神损害赔偿责任若干问题的解释》

第五十条　【侵犯人格尊严的弥补】经营者侵害消费者的人格尊严、侵犯消费者人身自由或者侵害消费者个人信息依法得到保护的权利的，应当停止侵害、恢复名誉、消除影响、赔礼道歉，并赔偿损失。

注解

本条所保护的消费者权益包括人格尊严、人身自由和个人信息依法得到保护的权利。在本条规定中，经营者承担侵权责任的方式有停止侵害、恢复名誉、消除影响、赔礼道歉和赔偿损失。

经营者实施的侵害行为仍在继续的，受害的消费者可依法要求经营者采取有效措施停止侵害行为，主要是要求行为人不再继续实施某种侵害。这种责任方式能够及时制止侵害，防止侵害后果的扩大。恢复名誉、消除影响是经营者在一定范围内采取适当方式消除其对受害人名誉的不利影响以使受害消费者的名誉得到恢复的一种责任方式。具体适用消除影响、恢复名誉，要根据侵害行为所造成的影响和受害人名誉受损的后果来决定。处理的原则是，行为人应当根据造成不良影响的大小，采取程度不同的措施给受害人消除不良影响，例如，在一定社区范围内公开发表言论损害他人名誉权的，就应当在社区范围内发表公开声明，对错误内容进行更正。消除影响、恢复名誉主要适用于侵害名誉权的情形，一般不适用于侵犯消费者个人信息受保护权利的情形，因为消除影响、恢复名誉一般是公开进行的，若适用于对消费者个人信息的保护，有可能进一步泄露受害消费者的个人信息，造成进一步的不利影响。赔礼道歉是经营者通过口头、书面或者其他方式向受害消费者进行道歉，以取得谅解的一种责任方式。赔礼道歉可以公开，也可以私下进行，可以口头方式进行，也可以书面等方式进行，具体采用什么形式由法官依据案件的具体情况决定。行为人不赔礼道歉的，人民法院可以判决按照确定的方式进行，产生的所有费用由行为人承担。赔偿损失是经营者向受害消费者支付一定数额的金钱以弥补其损失的责任方式，是最基本、运用最为广泛的责任方式。赔偿的目的，最基本的是补偿损害，使受到损害的权利以金钱价值的形式得到救济。

配套

《民法典》第四编；《最高人民法院关于审理人身损害赔偿案件适用法律若干问题的解释》；《最高人民法院关于确定民事侵权精神损害赔偿责任若干问题的解释》

第五十一条　【精神损害赔偿责任】经营者有侮辱诽谤、搜查身体、侵犯人身自由等侵害消费者或者其他受害人人身权益的行为，造成严重精神损害的，受害人可以要求精神损害赔偿。

应用

36. 经营者承担精神损害赔偿的条件有哪些?

（1）经营者有侮辱诽谤、搜查身体、侵犯人身自由等违法行为。《消费者权益保护法》第27条明确规定，经营者不得对消费者进行侮辱、诽谤，不得搜查消费者的身体及其携带的物品，不得侵犯消费者的人身自由。现实中有的个别经营者置法律的规定于不顾，在消费者比较、挑选商品时冷嘲热讽、侮辱人格；有的无端怀疑消费者偷盗商品，无理盘查，甚至对消费者采取搜身、强行扣留等违法手段；甚至还有为打击报复前来依法维权的消费者，而不惜编造、散布消费者的谣言，严重伤害消费者。此外，还有殴打消费者等极端行为。这些都是消费者权益保护领域问题突出、影响恶劣的经营者违法行为。本条规定，经营者有这些违法行为的，除了按照之前的规定承担停止侵害、恢复名誉、消除影响、赔礼道歉、赔偿损失等民事责任，造成受害人严重精神损害的，还要在通常水平的损害赔偿之上增加承担精神损害赔偿责任。（2）受损害的是消费者或者其他受害人的人身权益。这里的人身权益包括生命权、身体权、健康权、姓名权、名誉权、肖像权、隐私权、个人信息依法得到保护的权利等。（3）造成消费者或者其他受害人严重精神损害。本条和《民法典》第1183条的规定是一致的，遭受严重精神损害的，消费者或者其他受害人可以要求精神损害赔偿。偶尔遭受的痛苦和不高兴等不良精神状态不能认为是严重精神损害，不能以此要求精神损害赔偿。

37. 精神损害赔偿的受偿主体包括哪些?

有权要求精神损害赔偿的主体包括人身权益直接受到侵害的消费者，也包括其他受害人。需要注意两种特殊情况：第一，在经营者对消费者实施诽谤等违法行为时，损害的可能不只是消费者本人，还包括谣言内容所波及的其他受害人。在一些案例中，经营者为了打击报复消费者，往往将其他受害人也编造进谣言中，给其他受害人造成严重精神损害。经营者因此要承担包括精神损害赔偿在内的赔偿责任。第二，在我国的司法实践中，因侵权导致死亡的死者亲属也有权要求精神损害赔偿。在某些案例中，死者亲属甚至在现场目睹亲人横遭不幸，人民法院支持了死者亲属要求精神损害赔偿的主张。

38. 消费者购物虽未遭受经济损失，但因人格受到侮辱并遭受严重精神损害的，销售者是否应当承担精神损害赔偿责任？

汪某某在武汉某超市有限公司光谷分公司购物，见促销员推荐西麦麦片“买五赠一”活动，遂购20袋，并在促销员协助下，将24袋麦片装入购物袋。结账时，汪某某与收银员为没有粘贴赠品标签的4袋麦片是否应付款而发生争执。汪某某辩解4袋麦片系赠品，无须付款。保安在店内两名工作人员陈述麦片没有做赠送活动后，对汪某某及选购的商品拍照，并让其在一张表格上签名。汪某某患有眼疾，并未看清具体内容即签名。此后，促销员将“非卖品”标签贴在4袋麦片上，带汪某某结了账。该公司最终认可4袋麦片为赠品，却在汪某某并不知情的情况下，在其签名的表格中认定其为秘密实施的偷窃行为，将其列入“窃嫌姓名”名单，注明“教育释放”，并将表格置于进入办公地点任何人可以随手翻看的地方。该公司的上述行为侵犯了汪某某的人格尊严，客观上造成一定范围内对汪某某社会评价的降低，损害了汪某某的名誉。消费者购物虽未遭受经济损失，但因人格受到侮辱并遭受严重精神损害的，销售者应当承担精神损害赔偿责任。（2014年3月12日最高人民法院公布10起维护消费者权益典型案例：汪某某诉武汉某超市有限公司光谷分公司名誉权纠纷案）

配套

《民法典》第1183条；《最高人民法院关于确定民事侵权精神损害赔偿责任若干问题的解释》

第五十二条　【造成财产损害的民事责任】经营者提供商品或者服务，造成消费者财产损害的，应当依照法律规定或者当事人约定承担修理、重作、更换、退货、补足商品数量、退还货款和服务费用或者赔偿损失等民事责任。

配套

《民法典》第237、238、582-584、1167、1182、1184条；《最高人民法院关于确定民事侵权精神损害赔偿责任若干问题的解释》

第五十三条　【预付款后未履约的责任】经营者以预收款方

式提供商品或者服务的，应当按照约定提供。未按照约定提供的，应当按照消费者的要求履行约定或者退回预付款；并应当承担预付款的利息、消费者必须支付的合理费用。

注解

预付款是履行合同的一种方式，是合同当事人一方预先支付给另一方的一定数量的货币，支付预付款的一方当事人如果不履行合同可要求对方当事人返还，接受预付款的一方当事人如果不履行合同，不必双倍返还。

应用

39. 消费者是否可以要求经营者返还预付卡未使用金额？

预付卡消费在服务领域，特别是在教育培训、美容美发、洗车、洗衣、健身等服务中广泛存在，而预付卡消费实践中存在以下情况：办卡过程中因经营者存在宣传诱导、预付卡合同中存在“消费者办卡后不补、不退、不得转让，逾期作废概不退款”等约定、办卡后扣款不明及服务下降，导致消费者在预付卡消费中与商家存在争议；更有甚者，部分经营者以装修、维护、停业整顿为名，携款跑路，或在重新整修后，改换门面，终止服务，造成预付卡消费者的消费困境。本案通过查明消费者与经营者之间合同履行情况，在确认经营者无法继续提供约定服务的情况下，明确作为经营者负有将预付款中尚未消费的部分应当予以返还，并结合该销售公司为一人公司的性质及股东收取预付款情况，依法认定股东应当作为责任主体，对销售公司所负有返还剩余预付款的债务承担连带责任，最大限度地维护消费者合法权益。**（2022年3月15日最高人民法院发布10起消费者权益保护典型案例：张某等人诉某销售公司、孟某某服务合同纠纷案）**

40. 因经营者违约，消费者是否有权主张退还部分服务费？

法院认为，A公司以预收款方式向滕某提供教育类商品及服务，应当按照报名协议书的约定向滕某提供网校学习卡以及南京市山西路报名点的寒暑假、周六、周日的辅导班等服务。现A公司因自身经营原因，不能按照双方协议约定继续为滕某提供在南京市山西路报名点的辅导班，故滕某要求A公司退回相应预付款，符合法律规定。本案中，滕某向A公司预交6020元辅导费，含三年的网校学习卡及三年的辅导班费用，现辅导班仅开设三个多月即停办，故滕某要求A公司退还剩余期限的预付辅导费5000元，予以支持。（2014年3月12日最高人民法院公布10起维护消费者权益典型案例：滕某诉南京A教育信息咨询有限公司教育服务合同纠纷案）

配套

《非金融机构支付服务管理办法》第2条；《单用途商业预付卡管理办法（试行）》

第五十四条　【退货责任】依法经有关行政部门认定为不合格的商品，消费者要求退货的，经营者应当负责退货。

配套

《民法典》第582条；《产品质量法》第26、29、32、34、35、39条

第五十五条　【惩罚性赔偿】经营者提供商品或者服务有欺诈行为的，应当按照消费者的要求增加赔偿其受到的损失，增加赔偿的金额为消费者购买商品的价款或者接受服务的费用的三倍；增加赔偿的金额不足五百元的，为五百元。法律另有规定的，依照其规定。

经营者明知商品或者服务存在缺陷，仍然向消费者提供，造成消费者或者其他受害人死亡或者健康严重损害的，受害人有权要求经营者依照本法第四十九条、第五十一条等法律规定赔偿损失，并有权要求所受损失二倍以下的惩罚性赔偿。

注解

考虑到有的商品价款或者服务费用较低，要求经营者额外支付三倍金额惩罚性不足，消费者也可能因金额太小而放弃索赔。因此，本条第1款还设定了最低赔偿金额，即商品价款或者服务费用的三倍低于五百元的，最低赔偿金额为五百元。设定最低赔偿责任制度的意义在于可以有效调动消费者维护自身合法权益的积极性。

根据本条第2款的规定，经营者明知商品或者服务有缺陷仍然向消费者

提供，是适用本款的主观构成要件。适用本款的第二个构成要件为经营者提供的商品或者服务给消费者或者其他受害人造成实际损害。本款所要求的损害后果为“死亡或者健康严重损害”，这也是区别于本条第1款的重要表现，第1款主要适用于商品或服务本身存在问题以及尚未造成人身死亡、健康严重损害的情形。本款规定的赔偿分为两部分：一部分是受害人依照本法第49条、第51条等规定请求的赔偿，是对受害人既有损失的赔偿，造成财产损失的，应当全额赔偿。造成人身伤害的，应当赔偿医疗费、护理费、交通费、误工费等；造成残疾的，还应当赔偿残疾生活辅助具费和残疾赔偿金；造成死亡的，还应当赔偿丧葬费和死亡赔偿金；造成严重精神损害的，还应当承担精神损害赔偿责任。另一部分是惩罚性赔偿，受害人可以主张不超过第一部分损失两倍以下的惩罚性赔偿，如第一部分赔偿金总计为50万元，受害人除可以获得这50万元赔偿金外，还可以要求经营者承担100万元以下的惩罚性赔偿，具体金额由法院根据案件情形确定。

应用

41. 板木材质家具作为实木家具出售是否构成商业欺诈?

赵某某在北京某家具有限责任公司购买家具若干件，合计价款23960元。涉案家具上有该公司注明的“桦木”“美国赤桦木”“胡桃木”等字样，且家具送货单上加注了上述家具为“实木”。后赵某某发现涉案家具材质为板木结合。法院认为送货单上的加注以及此公司产品宣传图片中关于产品的文字介绍，表述均为“某某木”或“实木”，该家具公司存在引人误解的虚假宣传行为，构成对赵某某的欺诈，该家具公司应承担“退一赔一”的责任。(2014年3月12日最高人民法院公布10起维护消费者权益典型案例：赵某某与北京某家具有限责任公司买卖合同纠纷案)

42. 销售者网上销售商品有价格欺诈行为，但商品质量合格的，消费者是否有权请求销售者“退一赔三”和保底赔偿?

二审法院认为，涉案网购合同有效，消费者拥有公平交易权和商品知情权。由于某公司网络抢购此种销售方式的特殊性，该广告与商品的抢购界面直接链接且消费者须在短时间内作出购买的意思表示。王某由于认同某公司广告价格49元，故在“米粉节”当日作出抢购的意思表示，其真实意思表示的价格应为49元，但从某公司网站订单详情可以看出，王某于2014年4

月8日14时30分下单，订单中10400mAh移动电源的价格却为69元而非49元。某公司现认可某商城活动界面显示错误，存在广告价格与实际结算价格不一致之情形，但其解释为电脑后台系统出现错误。由于某公司事后就其后台出现错误问题并未在网络上向消费者作出声明，且其无证据证明“米粉节”当天其电脑后台出现故障，故二审法院认定某公司对此存在欺诈消费者的故意，王某关于10400mAh移动电源存在欺诈请求撤销合同的请求合理，对另一电源双方当事人均同意解除合同，二审法院准许。据此，该院依法判决王某退还某公司上述两个移动电源，某公司保底赔偿王某500元，退还王某货款108元，驳回王某其他诉讼请求。（**2015年6月15日最高人民法院公布消费者维权典型案例：王某诉某科技有限责任公司网络购物合同纠纷案**）

43. 销售者以普通石榴玉石手镯冒充翡翠手镯出售，消费者是否有权请求销售者向消费者退还货款并支付价款三倍赔偿?

广东省广州市中级人民法院二审认为，根据文物总店开具的发票以及范某某提供的谈话录音，已充分证实其向范某某销售的是“翡翠手镯”，现该手镯经双方共同委托鉴定后被确定为“石榴石质玉手镯”，与文物总店在销售过程中所声称的商品品质存在显著差异，故原审法院认定其行为构成欺诈并无不当。文物总店以讼争的手镯具有文物价值为由，主张其行为不构成欺诈，范某某未遭受损失，理由均不成立。据此，该院判决维持原判，即判决范某某将所购手镯退还文物总店，该商店退还范某某货款17100元；文物总店向范某某赔偿手镯三倍价款51300元。（**2015年6月15日最高人民法院公布消费者维权典型案例：范某某诉某省文物总店买卖合同纠纷案**）

44. 经营者在《消费者权益保护法》修订前销售已公告召回的汽车，消费者是否有权请求退还所购汽车，并由经营者退还购车款并赔偿三倍的购车款?

某汽车公司作为经营者，对车辆是否属于被召回的范围应当知道，其抗辩对涉案车辆召回不知情的理由不能成立。某汽车公司隐瞒车辆瑕疵而销售，构成商业欺诈。本案车辆销售行为发生在《消费者权益保护法》修订前，故某汽车公司应当承担“退一赔一”的法律责任。（**2015年6月15日**

最高人民法院公布消费者维权典型案例：王某诉天津某汽车服务有限公司买卖合同纠纷案)

45. 经营者利用虚假广告销售药品，给消费者造成损害的，消费者是否有权要求经营者加倍赔偿?

消费者因经营者利用虚假广告提供商品或者服务，其合法权益受到损害的，可以向经营者要求赔偿。根据2013年修订前的《消费者权益保护法》第49条的规定，“经营者提供商品或者服务有欺诈行为的，应当按照消费者的要求增加赔偿其受到的损失，增加赔偿的金额为消费者购买商品的价款或者接受服务的费用的一倍”。经营者利用虚假广告销售药品，构成对消费者的欺诈，除应当返还消费者购买商品的价款或接受服务的费用之外，还应根据消费者的要求，在相当于消费者购买商品价款或接受服务费用一倍的范围内进行额外赔偿。因此，经营者利用虚假广告销售药品，给消费者造成损害的，消费者有权要求经营者加倍赔偿。(《中华人民共和国最高人民法院公报》2014年第8期：最高人民法院公布五起审理食品药品纠纷典型案例之四：丛某某诉某健康体检管理集团股份有限公司北京潘家园门诊部产品销售者责任纠纷案)

46. 金融消费者保护类诉讼中如何适用《消费者权益保护法》的惩罚性赔偿规定?

根据《消费者权益保护法》第55条的规定，经营者存在欺诈行为时应承担惩罚性赔偿责任。金融消费者在主张惩罚性赔偿责任时，应按照民事诉讼的证据规则，举证证明金融机构在向其提供金融服务时存在欺诈行为。

所谓欺诈，是指故意使相对方陷于错误认识而作出不真实意思表示之行为。认定欺诈是否成立，应以行为人有无欺诈故意及行为，相对方是否作出不真实意思表示，该意思表示是否与欺诈行为有因果关系为基础要件。甲乙双方虽就计息方式产生争议，但争议导致的金额差异极微，就此种微小差异产生的原因仅应认为双方对计息方式存在理解差异，并不能据此认定乙某因甲银行的行为作出了不真实意思表示。甲银行作为专业金融机构，对于计息方式的理解虽不尽合理，但并不构成欺诈恶意，乙某据此要求适用惩罚性赔偿的主张，法院不予采纳。[(2015)沪一中民六(商)终字第303号：乙某诉甲银行储蓄存款合同纠纷案]

配套

《侵害消费者权益行为处罚办法》第5、6、13、16条

第五十六条　【严重处罚的情形】经营者有下列情形之一，除承担相应的民事责任外，其他有关法律、法规对处罚机关和处罚方式有规定的，依照法律、法规的规定执行；法律、法规未作规定的，由工商行政管理部门或者其他有关行政部门责令改正，可以根据情节单处或者并处警告、没收违法所得、处以违法所得一倍以上十倍以下的罚款，没有违法所得的，处以五十万元以下的罚款；情节严重的，责令停业整顿、吊销营业执照：

（一）提供的商品或者服务不符合保障人身、财产安全要求的；

（二）在商品中掺杂、掺假，以假充真，以次充好，或者以不合格商品冒充合格商品的；

（三）生产国家明令淘汰的商品或者销售失效、变质的商品的；

（四）伪造商品的产地，伪造或者冒用他人的厂名、厂址，篡改生产日期，伪造或者冒用认证标志等质量标志的；

（五）销售的商品应当检验、检疫而未检验、检疫或者伪造检验、检疫结果的；

（六）对商品或者服务作虚假或者引人误解的宣传的；

（七）拒绝或者拖延有关行政部门责令对缺陷商品或者服务采取停止销售、警示、召回、无害化处理、销毁、停止生产或者服务等措施的；

（八）对消费者提出的修理、重作、更换、退货、补足商品数量、退还货款和服务费用或者赔偿损失的要求，故意拖延或者无理拒绝的；

（九）侵害消费者人格尊严、侵犯消费者人身自由或者侵害消费者个人信息依法得到保护的权利的；

（十）法律、法规规定的对损害消费者权益应当予以处罚的其他情形。

经营者有前款规定情形的，除依照法律、法规规定予以处罚外，处罚机关应当记入信用档案，向社会公布。

配套

《网络购买商品七日无理由退货暂行办法》第30、31条；《产品质量监督抽查管理暂行办法》第51条；《国家旅游局关于打击旅游活动中欺骗、强制购物行为的意见》第1条；《侵害消费者权益行为处罚办法》第14条

第五十七条　【经营者的刑事责任】经营者违反本法规定提供商品或者服务，侵害消费者合法权益，构成犯罪的，依法追究刑事责任。

配套

《刑法》第140-150、222、226条；《最高人民法院、最高人民检察院关于办理生产、销售伪劣商品刑事案件具体应用法律若干问题的解释》

第五十八条　【民事赔偿责任优先原则】经营者违反本法规定，应当承担民事赔偿责任和缴纳罚款、罚金，其财产不足以同时支付的，先承担民事赔偿责任。

第五十九条　【经营者的权利】经营者对行政处罚决定不服的，可以依法申请行政复议或者提起行政诉讼。

第六十条　【暴力抗法的责任】以暴力、威胁等方法阻碍有关行政部门工作人员依法执行职务的，依法追究刑事责任；拒绝、阻碍有关行政部门工作人员依法执行职务，未使用暴力、威胁方法的，由公安机关依照《中华人民共和国治安管理处罚法》的规定处罚。

配套

《刑法》第277条；《治安管理处罚法》第50条

第六十一条　【国家机关工作人员的责任】国家机关工作人员玩忽职守或者包庇经营者侵害消费者合法权益的行为的，由其所在单位或者上级机关给予行政处分；情节严重，构成犯罪的，依法追究刑事责任。

注解

玩忽职守是指国家行政机关的工作人员严重不负责任、不履行或不正确履行法定职责，致使公民、法人或者其他组织的合法权益、公共利益和社会秩序遭受损害或者损失的行为。

依据《公务员法》的规定，公务员处分的种类有警告、记过、记大过、降级、撤职、开除六种。如果国家机关工作人员为使不法经营者及其成员逃避查禁而有通风报信，隐匿、毁灭、伪造证据，阻止他人作证、检举揭发，指使他人作伪证，帮助逃匿，或者阻挠其他国家机关工作人员依法查禁等行为的，依法应当追究刑事责任。

配套

《公务员法》第 61、62 条；《刑法》第 397、412、414 条；《最高人民法院、最高人民检察院关于办理渎职刑事案件适用法律若干问题的解释（一）》第 1 条

第八章　附　　则

第六十二条　【购买农业生产资料的参照执行】农民购买、使用直接用于农业生产的生产资料，参照本法执行。

注解

根据本法第 2 条的规定，消费者只限于生活消费者，不包括生产消费者。农民为了生活需要购买商品无疑是生活消费者，可以受到《消费者权益保护法》的保护。但是，农民除了生活需要外，还作为个体生产者进行生产消费，如购买种子、农药、化肥等，直接用于生产。这种消费本不属于《消

费者权益保护法》调整的范围，但在立法时考虑到我国目前农业生产规模不大，生产单位以户为主，而且农民在购买、使用农业生产资料时，经常受到伪劣农药、种子的坑害，受害后由于各种原因，农民的合法权益难以得到有效的保护，因此本条规定，农民购买、使用直接用于农业生产的生产资料，参照本法执行，从而更好地维护农民在农业生产活动中的合法权益。根据这一规定，判定农民在购买生产资料时是否适用本法这一问题时，应当注意以下几个问题：农民购买的生产资料是用于农业生产，而不是用于其他用途，如果再用来转手出卖就不能适用本法；所购买的生产资料应当是直接用于农业生产，这里强调必须是“直接”，而不能是间接。

配套

本法第2条

第六十三条　【实施日期】本法自1994年1月1日起施行。

中华人民共和国产品质量法

（1993年2月22日第七届全国人民代表大会常务委员会第三十次会议通过　根据2000年7月8日第九届全国人民代表大会常务委员会第十六次会议《关于修改〈中华人民共和国产品质量法〉的决定》第一次修正　根据2009年8月27日第十一届全国人民代表大会常务委员会第十次会议《关于修改部分法律的决定》第二次修正　根据2018年12月29日第十三届全国人民代表大会常务委员会第七次会议《关于修改〈中华人民共和国产品质量法〉等五部法律的决定》第三次修正）

目　　录

第一章　总　　则

第一条　【立法目的】 为了加强对产品质量的监督管理，提高产品质量水平，明确产品质量责任，保护消费者的合法权益，维护社会经济秩序，制定本法。

应用

1. 合格产品需要有哪些基本的要求？

首先，此产品必须符合保障人体健康和人身、财产安全的强制性的国家标准、行业标准和要求，不存在危及人身、财产安全的不合理的危险。其次，此产品符合生产者自行制定的产品质量企业标准或技术要求，但该企业标准或技术要求不得与强制性的国家标准、行业标准和地方标准相抵触，并应保证产品具备应当具有的使用性能。最后，对在产品买卖合同中约定了产品质量标准的，或者在产品或者其包装上注明了所采用的产品标准的，或者生产者以产品说明、实物样品等方式表明了产品的质量状况的，应当符合相关的标准或质量状况。

第二条　【适用范围】 在中华人民共和国境内从事产品生产、销售活动，必须遵守本法。

本法所称产品是指经过加工、制作，用于销售的产品。

建设工程不适用本法规定；但是，建设工程使用的建筑材料、建筑构配件和设备，属于前款规定的产品范围的，适用本法规定。

注解

建筑工程作为产品，包括各种房屋等，往往对其质量有特殊的要求，有别于其他一般的产品：一是建筑工程属于不动产，与一般的动产属性不同；二是建筑工程具有很强的整体性，与一般产品有着外在的不同；三是对建筑工程与一般产品的质量管理方法也有所不同。但是，工程建设所使用的建筑材料，如钢材、水泥、玻璃、门窗、电器等，在未与不动产混合之前，仍属于产品。市场监督管理部门有责任依据本法对建设工程使用的材料、建筑构配件和设备等产品进行监督。对在施工现场发生的产品质量问题，依据不同情况处理。

应用

2. 哪些产品不在《产品质量法》调整范围内？

《产品质量法》调整监督管理产品质量过程中所产生的社会经济关系。本法调整的范围包括：以销售为目的，通过工业加工、手工制作等生产方式所获得的具有特定使用性能的物品。未经加工的天然形成的产品，如原矿、原煤、石油、天然气等，以及初级产品，如农、林、牧、渔等产品，不适用本法规定。此外，还需注意以下特殊情况：（1）建筑工程不适用本法，但是在建筑工程中使用的建筑材料、建设购配件和设备适用本法。（2）军工用品质量监督管理办法由国务院和中央军委另行规定。（3）因核设施产品造成损害的赔偿，法律、行政法规另有规定的依照其规定。同时在司法实践中还会出现一些特例，比如智力产品、血液制品以及转基因产品等。

3. 市场监督管理部门如何对建设工程中使用的产品质量进行监督？

《产品质量法》第2条第3款中规定，建设工程使用的建筑材料、建筑构配件和设备，适用本法规定。因此，市场监督管理部门应当依据《产品质量法》对上述产品进行监督。

市场监督管理部门可以进入建筑工地进行监督检查和执法检查，发现建设施工单位使用的建筑材料、建筑构配件和设备有质量问题，可以对建设单位和建设施工单位进行调查，以此为线索依法追究生产者的产品质量责任。并将建设施工单位使用有质量问题的建筑材料、建筑构配件和设备的情况通报建设行政主管部门。

配套

《农产品质量安全法》第2条；《有机产品认证管理办法》第2条

第三条　【建立健全内部产品质量管理制度】 生产者、销售者应当建立健全内部产品质量管理制度，严格实施岗位质量规范、质量责任以及相应的考核办法。

注解

产品质量管理包括质量考核条例、质量事故处理办法、质量评选奖励制度、群众性质量管理活动制度、质量信息管理制度、合理化建议和推动技术改进管理办法、关于新产品试制和鉴定的规定、样机试制管理等。

企业内部质量管理制度，应当做到：不合格产品不能出厂和销售，不合格的原材料、零部件不能投料、组装；国家明令淘汰的产品不能生产和销售；没有产品质量标准，没有依法经过市场监督管理机构检验的产品不能生产和销售；不能以次充好，以假充真；不能违法使用他人的商标、厂名、厂址等。

应用

4. 国家关于鼓励提高产品质量的措施主要有哪些?

(1) 鼓励推行科学的质量管理方法。企业要提高自己的产品质量水平，就必须根据自身的生产、技术特点，借鉴国内外质量管理的先进经验，采用科学的管理方法，加强产品质量管理。(2) 鼓励采用先进的科学技术。国家鼓励加强科学技术研究，加强企业技术改造，促进科技成果尽快向现实生产力转化，不断开发新产品、新材料、新工艺，全面提高产品档次和质量水平。(3) 鼓励企业产品质量达到并且超过行业标准、国家标准和国际标准。企业要增强自己产品的市场竞争力，就要使自己的产品质量达到而且应当努力超过国家标准、行业标准和国际标准。同时，企业必须达到国家标准和行业标准中涉及人体健康和人身、财产安全的强制性标准。(4) 对产品质量管理先进和产品质量达到国际先进水平、成绩显著的单位和个人，给予奖励。各级人民政府、政府有关部门应根据国家有关发明奖励制度、科技进步奖励制度以及其他有关规定，对在提高产品质量水平方面作出显著成绩的单位和个人给予奖励；企业事业单位也应对在产品质量管理和提高产品质量方面作出显著成绩的车间、班组和个人，给予奖励。

第四条　【依法承担产品质量责任】生产者、销售者依照本法规定承担产品质量责任。

注解

产品责任是指与产品有关的制造商、批发商或零售商等各方对产品因存在缺陷而在使用过程中发生意外并造成用户或他人人身伤害和财产损失，依法应承担的行政责任、民事责任和刑事责任，如修理、更换、退货、赔偿损失等。

产品质量责任是指本法规定的责任主体不履行本法规定的保证产品质量的义务所应承担的法律后果，包括违反本法规定的行政责任、刑事责任和因产品责任问题引起的民事责任。

应用

5. 产品责任保险有哪些特征?

保险标的无形，该险种的保险标的是被保险人的法律责任，为无形标的；采取“索赔发生制”，即只要被保险人在保险期限内向保险公司提出索赔，如果属于保险事故，保险公司就要承担赔偿责任；保险公司对索赔处理具有控制权；与“公众责任险”的差异，主要在于事故须发生在被保险人制造或销售场所以外，且产品所有权已转移至用户或销售者。

6. 如何确定销售者、生产者法律责任?

根据《民法典》第1203条的相关规定，因产品存在缺陷造成他人损害的，被侵权人可以向产品的生产者请求赔偿，也可以向产品的销售者请求赔偿。产品缺陷由生产者造成的，销售者赔偿后，有权向生产者追偿。因销售者的过错使产品存在缺陷的，生产者赔偿后，有权向销售者追偿。产品投入流通后发现存在缺陷的，生产者、销售者应当及时采取警示、召回等补救措施。未及时采取补救措施或者补救措施不力造成损害的，应当承担侵权责任。明知产品存在缺陷仍然生产、销售，造成他人死亡或者健康严重损害的，被侵权人有权请求相应的惩罚性赔偿。同样，农产品批发市场销售不符合农产品质量安全标准的农产品的，给消费者造成损害的，消费者可以向农产品批发市场要求赔偿。属于生产者、销售者责任的，农产品批发市场有权追偿，消费者也可以直接向农产品生产者、销售者要求赔偿。

配套

《农产品质量安全法》第79条；《消费者权益保护法》第40条

第五条　【禁止行为】 禁止伪造或者冒用认证标志等质量标志；禁止伪造产品的产地，伪造或者冒用他人的厂名、厂址；禁止在生产、销售的产品中掺杂、掺假，以假充真，以次充好。

应用

7. 如何认定伪造或者冒用认证标志、名优标志等质量标志的行为?

伪造或者冒用认证标志、名优标志等质量标志，是指行为人以牟取利益为目的伪造并使用虚假的质量标志或者冒用质量标志，以推销其产品的行为。伪造是指非法制作、编造实际上并不存在的质量标志；冒用是指未取得认证标志等质量标志，而谎称取得，并擅自使用相应的质量标志。本法规定，生产者、销售者不得伪造或者冒用认证标志、名优标志等质量标志。《反不正当竞争法》与本法的规定是一致的，当经营者伪造或者冒用认证标志、名优标志等质量标志的，将适用本法进行处罚。

配套

《食品安全法》第103、106条；《反不正当竞争法》第6条；《消费者权益保护法》第20、21条

第六条　【鼓励推行先进科学技术】 国家鼓励推行科学的质量管理方法，采用先进的科学技术，鼓励企业产品质量达到并且超过行业标准、国家标准和国际标准。

对产品质量管理先进和产品质量达到国际先进水平、成绩显著的单位和个人，给予奖励。

注解

根据《标准化法》的规定，由我国各主管部、委（局）批准发布，在该部门范围内统一使用的标准，称为行业标准。国家标准，由国务院标准化行政主管部门编制计划，组织起草，统一审批、编号、发布。国际标准，是指国际标准化组织（ISO）、国际电工委员会（IEC）和国际电信联盟（ITU）等组织所制定的标准，以及国际标准化组织公布的其他国际组织所制定的标准等，且国际标准在世界范围内统一使用。

应用

8. 如何区分强制性标准和推荐性标准?

国家标准、行业标准分为强制性标准和推荐性标准。保障人体健康，人身、财产安全的标准和法律、行政法规规定强制执行的标准是强制性标准，

其他标准是推荐性标准。强制性标准，必须执行。不符合强制性标准的产品，禁止生产、销售和进口。推荐性标准，国家鼓励企业自愿采用。国家需要控制的重要产品目录由国务院标准化行政主管部门会同国务院有关行政主管部门确定。

9. 强制性标准的种类有哪些?

下列标准属于强制性标准：(1) 药品标准，食品卫生标准，兽药标准；(2) 产品及产品生产、储运和使用中的安全、卫生标准，劳动安全、卫生标准，运输安全标准；(3) 工程建设的质量、安全、卫生标准及国家需要控制的其他工程建设标准；(4) 环境保护的污染物排放标准和环境质量标准；(5) 重要的通用技术术语、符号、代号和制图方法；(6) 通用的试验、检验方法标准；(7) 互换配合标准；(8) 国家需要控制的重要产品质量标准。

配套

《标准化法》第6、7条；《标准化法实施条例》第18条

第七条　【各级人民政府保障本法的施行】各级人民政府应当把提高产品质量纳入国民经济和社会发展规划，加强对产品质量工作的统筹规划和组织领导，引导、督促生产者、销售者加强产品质量管理，提高产品质量，组织各有关部门依法采取措施，制止产品生产、销售中违反本法规定的行为，保障本法的施行。

第八条　【监管部门的监管权限】国务院市场监督管理部门主管全国产品质量监督工作。国务院有关部门在各自的职责范围内负责产品质量监督工作。

县级以上地方市场监督管理部门主管本行政区域内的产品质量监督工作。县级以上地方人民政府有关部门在各自的职责范围内负责产品质量监督工作。

法律对产品质量的监督部门另有规定的，依照有关法律的规定执行。

注解

产品质量监督是指国务院市场监督管理部门和县级以上市场监督管理部门依据法定的权力，对产品质量进行管理的活动。从本条规定可以看出，产品质量监督体制分为级别监督和行政职能监督。中央一级国家市场监督管理部门和县级以上地方各级市场监督管理部门属级别监督，在各自职权范围内各负其责；政府市场监督管理部门和政府有关行政主管部门的监督属行政职能监督，也是在各自职权范围内各司其职。

配套

《农产品质量安全法》第3条；《有机产品认证管理办法》第4条；《食品安全法》第5条；《消费者权益保护法》第31、32条

第九条　【各级政府的禁止行为】 各级人民政府工作人员和其他国家机关工作人员不得滥用职权、玩忽职守或者徇私舞弊，包庇、放纵本地区、本系统发生的产品生产、销售中违反本法规定的行为，或者阻挠、干预依法对产品生产、销售中违反本法规定的行为进行查处。

各级地方人民政府和其他国家机关有包庇、放纵产品生产、销售中违反本法规定的行为的，依法追究其主要负责人的法律责任。

配套

《刑法》第397、412、414条

第十条　【公众检举权】 任何单位和个人有权对违反本法规定的行为，向市场监督管理部门或者其他有关部门检举。

市场监督管理部门和有关部门应当为检举人保密，并按照省、自治区、直辖市人民政府的规定给予奖励。

应用

10. 我国对产品质量违法行为的监督检举主要作了哪些规定?

任何单位和个人都有权向市场监督管理部门或其他有关部门检举违反产品质量法的行为，其检举权受法律保护。检举可以署名，也可以不署名。接

受举报的市场监督管理部门及其他有关部门有为检举人保密的义务。必要时，应采取有效的措施保护举报人。省、自治区、直辖市人民政府应当就检举产品质量违法行为制定奖励办法，建立检举奖励制度，对举报立功者予以奖励。对举报人，行政执法部门可给予物质的奖励，并为其保密。

11. 如何处理公众检举的关于产品质量的问题?

用户、消费者对于《消费者权益保护法》所调整的产品发现有质量问题，有权向市场监督管理行政部门提出申诉。市场监督管理行政部门对用户、消费者提出的产品质量申诉应当予以登记，并在接到产品质量申诉后七日内作出处理、移送处理或者不予处理的决定，且告知申诉人。市场监督管理行政部门对举报涉嫌生产、销售伪劣商品犯罪行为的产品质量申诉，应当移送司法机关处理，对依照法律规定由其他行政机关处理的产品质量申诉，应当移送其他行政机关处理。

配套

《市场监督管理投诉举报处理暂行办法》

第十一条　【禁止产品垄断经营】任何单位和个人不得排斥非本地区或者非本系统企业生产的质量合格产品进入本地区、本系统。

注解

本条规定的主要目的是要建立统一、公平的产品竞争市场；建立统一、公平的产品质量检测制度。除法律、行政法规规定以外，任何单位和个人不得就产品进入本地区、本系统作出任何限制，也不得提出任何条件。对外地进入本地的产品，外系统进入本系统的产品，要公平对待。

应用

12. 具有管理公共事务职能的组织不得实施哪些妨碍商品在地区间自由流通的行为?

行政机关和法律、法规授权的具有管理公共事务职能的组织不得滥用行政权力，实施下列行为，妨碍商品在地区之间的自由流通：(1) 对外地商品设定歧视性收费项目、实行歧视性收费标准，或者规定歧视性价格；(2) 对外地商品规定与本地同类商品不同的技术要求、检验标准，或者对外地商品采取重复检验、重复认证等歧视性技术措施，限制外地商品进入本地市场；(3) 采取专门针对外地商品的行政许可，限制外地商品进入本地市场；(4) 设置关卡或者采取其他手段，阻碍外地商品进入或者本地商品运出；(5) 妨碍商品在地区之间自由流通的其他行为。

13. 地区封锁行为的表现有哪些?

地方各级人民政府及其所属部门（包括被授权或者委托行使行政权的组织）不得违反法律、行政法规和国务院的规定，实行下列地区封锁行为：(1) 以任何方式限定、变相限定单位或者个人只能经营、购买、使用本地生产的产品或者只能接受本地企业、指定企业、其他经济组织或者个人提供的服务；(2) 在道路、车站、港口、航空港或者本行政区域边界设置关卡，阻碍外地产品进入或者本地产品运出；（3）对外地产品或者服务设定歧视性收费项目、规定歧视性价格，或者实行歧视性收费标准；（4）对外地产品或者服务采取与本地同类产品或者服务不同的技术要求、检验标准，或者对外地产品或者服务采取重复检验、重复认证等歧视性技术措施，限制外地产品或者服务进入本地市场；（5）采取专门针对外地产品或者服务的专营、专卖、审批、许可等手段，实行歧视性待遇，限制外地产品或者服务进入本地市场；(6) 通过设定歧视性资质要求、评审标准或者不依法发布信息等方式限制或者排斥外地企业、其他经济组织或者个人参加本地的招投标活动；(7) 以采取同本地企业、其他经济组织或者个人不平等的待遇等方式，限制或者排斥外地企业、其他经济组织或者个人在本地投资或者设立分支机构，或者对外地企业、其他经济组织或者个人在本地的投资或者设立的分支机构实行歧视性待遇，侵害其合法权益；(8) 实行地区封锁的其他行为。

配套

《反垄断法》第 39-45 条；《反不正当竞争法》第 6-7 条；《国务院关于禁止在市场经济活动中实行地区封锁的规定》

第二章　产品质量的监督

第十二条　【产品质量要求】产品质量应当检验合格，不得以不合格产品冒充合格产品。

注解

合格产品是指产品符合应具备的使用性或者社会公认的产品所应当达到的要求。

应用

14. 如何判断产品质量是否合格?

判断产品质量是否合格，依据可包括以下四个方面：(1) 产品质量是否符合法律、行政法规对产品的要求，有强制性标准的，是否符合强制性标准的要求。(2) 产品是否符合标准的要求，包括是否符合国家标准、行业标准、地方标准或者企业标准。其中，企业标准不能与国家标准或者行业标准相抵触。(3) 产品是否符合合同要求在产品或者产品包装上注明采用的产品标准，产品的实际状况是否符合产品说明、实物样品等表明的质量状况。(4) 产品的生产厂名、厂址与产地是不是真实的。

15. 如何界定处理品和劣质品?

处理品是指符合产品质量法规定的使用性能要求和强制性要求，虽未达到明示采用的产品标准、产品说明、实物样品等方式的质量状况，但是不存在危及人体健康，人身、财产安全的危险，是仍有使用价值的产品。处理品在明示后可以降价出售。

劣质品是指产品质量不符合法律、法规的规定要求，并存在危及人体健康，人身、财产安全的危险，或者失去原有使用性能的产品。对于劣质品，严禁出厂、销售，并且应当监督销毁或者作必要的技术处理。

第十三条　【工业产品质量标准要求】 可能危及人体健康和人身、财产安全的工业产品，必须符合保障人体健康和人身、财产安全的国家标准、行业标准；未制定国家标准、行业标准的，必须符合保障人体健康和人身、财产安全的要求。

禁止生产、销售不符合保障人体健康和人身、财产安全的标准和要求的工业产品。具体管理办法由国务院规定。

配套

《工业产品生产许可证管理条例实施办法》；《危险化学品安全管理条例》

第十四条　【企业质量体系认证制度】 国家根据国际通用的质量管理标准，推行企业质量体系认证制度。企业根据自愿原则可以向国务院市场监督管理部门认可的或者国务院市场监督管理部门授权的部门认可的认证机构申请企业质量体系认证。经认证合格的，由认证机构颁发企业质量体系认证证书。

国家参照国际先进的产品标准和技术要求，推行产品质量认证制度。企业根据自愿原则可以向国务院市场监督管理部门认可的或者国务院市场监督管理部门授权的部门认可的认证机构申请产品质量认证。经认证合格的，由认证机构颁发产品质量认证证书，准许企业在产品或者其包装上使用产品质量认证标志。

注解

企业质量体系认证是指认证机构根据企业申请，对企业的产品质量保证能力和质量管理水平所进行的综合性检查和评定，并对符合质量体系认证标准的企业，颁发认证证书的活动。企业质量体系认证的主要目的在于证明产品质量的可靠程度。

产品质量认证标志是指产品经法定的认证机构按规定的认证程序认证合格，准许在该产品及其包装上使用的表明该产品的有关质量性能符合认证标准的标识。目前，我国国内经国务院市场监督管理部门批准的认证标志主要有：适用于电工产品的专用认证标志长城标志，适用于电子元器件产品的专用认证标志 PRC 标志，以及适用于其他产品的认证标志方圆标志等。此外，一些较有影响的国际机构和外国的认证机构按照自己的认证标准，也对向其申请认证并经认证合格的我国国内生产的产品颁发其认证标志。

应用

16. 申请认证的条件有哪些?

（1）产品符合国家标准或者行业标准要求；（2）产品质量稳定，能正常批量生产；（3）生产企业的质量体系符合国家质量管理和质量保证标准及补充要求。

17. 企业的质量体系通常包括哪些构成要素?

(1) 保证质量体系有效运行的组织机构; (2) 保证质量体系运行的物质和人力等资源; (3) 企业有关质量管理的各项规章制度,包括各岗位人员在质量体系运行中应尽的质量职责、质量管理工作的程序等; (4) 产品自原材料输入到成品输出的全过程的质量管理和质量保证。

质量体系认证,即由认证机构对上述各方面所包含的全部要素进行审查,确认这些要素是否符合相应的标准,从而确定企业是否具有质量保证能力。

18. 企业是否必须办理企业质量认证或产品质量认证?

无论是企业质量体系认证,还是产品质量认证,都必须坚持自愿原则,是否进行企业质量体系认证或者产品质量认证要由企业自主决定,他人不得干涉,既不能强迫申请企业认证,也不能限制申请企业认证。

配 套

《认证认可条例》第2、27条;《强制性产品认证管理规定》

第十五条 【以抽查为主要方式的组织领导监督检查制度】 国家对产品质量实行以抽查为主要方式的监督检查制度,对可能危及人体健康和人身、财产安全的产品,影响国计民生的重要工业产品以及消费者、有关组织反映有质量问题的产品进行抽查。抽查的样品应当在市场上或者企业成品仓库内的待销产品中随机抽取。监督抽查工作由国务院市场监督管理部门规划和组织。县级以上地方市场监督管理部门在本行政区域内也可以组织监督抽查。法律对产品质量的监督检查另有规定的,依照有关法律的规定执行。

国家监督抽查的产品,地方不得另行重复抽查;上级监督抽查的产品,下级不得另行重复抽查。

根据监督抽查的需要,可以对产品进行检验。检验抽取样品的数量不得超过检验的合理需要,并不得向被检查人收取检验费用。监督抽查所需检验费用按照国务院规定列支。

生产者、销售者对抽查检验的结果有异议的，可以自收到检验结果之日起十五日内向实施监督抽查的市场监督管理部门或者其上级市场监督管理部门申请复检，由受理复检的市场监督管理部门作出复检结论。

注解

国家监督抽查是指由国务院市场监督管理部门依法组织有关省级市场监督管理部门对生产、销售的产品，依据有关规定进行抽样、检验，并对抽查结果依法公告和处理的活动，分为定期和不定期实施两种。定期实施的国家监督抽查每季度开展一次，不定期实施的国家监督专项抽查根据产品质量状况不定期组织开展。

重复抽查特指一定时间内，对同一种产品进行两次以上的抽查，如国家已经抽查过的产品，在半年内，地方市场监督管理部门再次进行抽查；上级市场监督管理部门已经抽查过的产品，下级市场监督管理部门在半年内又进行抽查。

应用

19. 为什么抽查样品时必须随机抽取?

一是抽查的样品应当在市场上或者企业成品仓库内的待销产品中抽取；二是抽查的样品必须是随机抽取。随机抽取是指未事先告知抽取样品的时间、地点和对象，抽查人员在市场上或者企业成品仓库内的待销产品中抽取样品。要求随机抽取样品，可以防止生产者、销售者弄虚作假，保证抽样检查的客观性、公正性。

20. 产品质量监督抽查为什么不准向企业收费?

国务院在《关于进一步加强质量工作的决定》中已经作出了规定，为了避免加重企业负担，监督抽查不得向企业收费。各级地方质量技术监督部门组织的监督抽查，所需经费由各级财政拨款；其他有关主管部门组织的抽查，所需经费从部门自有资金中支出。

第十六条　【质量监督检查】对依法进行的产品质量监督检查，生产者、销售者不得拒绝。

配套

《农作物种子质量监督抽查管理办法》第 37 条

第十七条　【违反监督抽查规定的行政责任】依照本法规定进行监督抽查的产品质量不合格的，由实施监督抽查的市场监督管理部门责令其生产者、销售者限期改正。逾期不改正的，由省级以上人民政府市场监督管理部门予以公告；公告后经复查仍不合格的，责令停业，限期整顿；整顿期满后经复查产品质量仍不合格的，吊销营业执照。

监督抽查的产品有严重质量问题的，依照本法第五章的有关规定处罚。

注解

产品质量监督抽查制度是行政机关对企业生产、销售的产品质量进行监督的主要制度，这一制度包括抽查方式和对抽查结果的处理。

应用

21. 监督抽查中发现产品质量问题如何处理?

对检验结论为不合格的产品，被抽样生产者、销售者应当立即停止生产、销售同一产品。负责结果处理的市场监督管理部门应当责令不合格产品的被抽样生产者、销售者自责令之日起六十日内予以改正。

负责结果处理的市场监督管理部门应当自责令之日起七十五日内按照监督抽查实施细则组织复查。被抽样生产者、销售者经复查不合格的，负责结果处理的市场监督管理部门应当逐级上报至省级市场监督管理部门，由其向社会公告。负责结果处理的市场监督管理部门应当在公告之日起六十日后九十日前对被抽样生产者、销售者组织复查，经复查仍不合格的，按照《产品质量法》第 17 条的规定，责令停业，限期整顿；整顿期满后经复查仍不合格的，吊销营业执照。复查所需样品由被抽样生产者、销售者无偿提供。除为提供复查所需样品外，被抽样生产者、销售者在经负责结果处理的市场监督管理部门认定复查合格前，不得恢复生产、销售同一产品。

监督抽查发现产品存在区域性、行业性质量问题，市场监督管理部门可以会同其他有关部门、行业组织召开质量分析会，指导相关产品生产者、销售者加强质量管理。

配套

《产品质量监督抽查管理暂行办法》

第十八条　【县级以上市场监督管理部门职权范围】县级以上市场监督管理部门根据已经取得的违法嫌疑证据或者举报，对涉嫌违反本法规定的行为进行查处时，可以行使下列职权：

（一）对当事人涉嫌从事违反本法的生产、销售活动的场所实施现场检查；

（二）向当事人的法定代表人、主要负责人和其他有关人员调查、了解与涉嫌从事违反本法的生产、销售活动有关的情况；

（三）查阅、复制当事人有关的合同、发票、账簿以及其他有关资料；

（四）对有根据认为不符合保障人体健康和人身、财产安全的国家标准、行业标准的产品或者有其他严重质量问题的产品，以及直接用于生产、销售该项产品的原辅材料、包装物、生产工具，予以查封或者扣押。

第十九条　【产品质量检验机构设立条件】产品质量检验机构必须具备相应的检测条件和能力，经省级以上人民政府市场监督管理部门或者其授权的部门考核合格后，方可承担产品质量检验工作。法律、行政法规对产品质量检验机构另有规定的，依照有关法律、行政法规的规定执行。

注解

产品质量检验机构分为两类：一类是县级以上人民政府市场监督管理部门根据需要依法设置的检验机构；另一类是县级以上人民政府市场监督管理部门授权其他单位设置的产品质量检验机构，例如依法授权有关行业、企业主管部门设置的检验机构，以及授权有关科研单位、大专院校设置的检验机构等。此外，还有一类检验机构属于社会中介组织性质，它们不隶属于任何政府部门和事业单位，依法设立，经有关部门考核合格后，依法独立承担产品质量检验任务。

应用

22. 产品质量检验机构的设立须具备哪些条件?

产品质量检验机构在组织机构、检验人员、质量体系、检测设备、工作环境、管理制度等方面，必须符合国家参照国际标准化组织发布的有关指南制定的产品质量检验机构的通用要求的基本条件。具备条件的检测机构须经国务院市场监督管理部门或者省、自治区、直辖市市场监督管理部门考核合格后，方可承担产品质量检测工作。检测机构经考核符合检测机构应当具备的条件和能力要求的，由进行考核的行政机关颁发认可书，并予以公告。

配套

《标准化法》第19条;《产品质量监督抽查管理暂行办法》第31条

第二十条　【产品质量检验、认证中介机构依法设立】从事产品质量检验、认证的社会中介机构必须依法设立，不得与行政机关和其他国家机关存在隶属关系或者其他利益关系。

注解

产品质量检验机构属于社会中介机构设立情形的，为了保证这种机构的公正性，真正成为第三方的机构，发挥社会中介机构的作用，排除一些不正当的干预，因此有必要规定这些机构与行政机关和其他国家机关不得有隶属关系或者其他利益关系。

应用

23. 产品质量法规定的检验机构和认证机构包括哪些?

产品质量法中所规定的产品质量检验机构，是指向社会开放的，接受他人委托对有关的产品质量指标进行技术检验（包括接受有关行政执法部门的委托，对国家产品质量监督抽查的产品进行检验），通过检验数据出具检验结果的机构，不包括企业事业单位设立的只为其服务的产品质量检验机构。产品质量认证机构是指依照规定的程序对产品质量进行审查认证，对经其认证合格的产品颁发认证标志，以确认该产品质量符合相应标准和要求的机构。产品质量检验机构和认证机构因其在保证、监督产品质量中的特殊地位和重要作用，而成为产品质量法加以规范的对象。

配套

《认证认可条例》第 9-15 条；《工业产品生产许可证管理条例实施办法》第 5-7 条；《强制性产品认证管理规定》第 2-4 条

第二十一条　【产品质量检验、认证机构必须依法出具检验结果、认证证明】 产品质量检验机构、认证机构必须依法按照有关标准，客观、公正地出具检验结果或者认证证明。

产品质量认证机构应当依照国家规定对准许使用认证标志的产品进行认证后的跟踪检查；对不符合认证标准而使用认证标志的，要求其改正；情节严重的，取消其使用认证标志的资格。

注解

经认证合格取得认证标志的产品，其质量必须保持与认证标准相一致，以避免由于消费者对认证标志的信赖，造成对消费者的误导，损害消费者的利益。按照产品质量法的规定，产品质量认证机构应当依照国家规定对准许使用认证标志的产品进行认证后的跟踪检查。对不符合认证标准而使用认证标志的，责令改正；情节严重的，应当撤销其使用认证标志的资格，以维护认证标志的信誉，维护消费者的利益。产品质量认证机构不依法履行这项义务的，将依法追究其法律责任。

已经授予认证证书的产品不符合国家标准或者行业标准而使用认证标志出厂销售的，由标准化行政主管部门责令停止销售，并处罚款；情节严重的，由认证部门撤销其认证证书。

配套

《认可机构监督管理办法》；《标准化法》第 20、21 条；《认证认可条例》第四至六章

第二十二条　【消费者的查询、申诉权】消费者有权就产品质量问题，向产品的生产者、销售者查询；向市场监督管理部门及有关部门申诉，接受申诉的部门应当负责处理。

注解

查询权是指消费者有权就产品质量问题，向产品的生产者、销售者查询，包括向生产者了解产品的设计、加工、装配等方面的情况，要求获得正确的产品资料，包括向销售者提出产品质量问题的询问，了解产品存在质量问题的原因等。

申诉权是保障消费者合法权益的重要手段，通过申诉，在市场监督管理部门和有关部门的干预下，消费者受到侵害的权益可以得到及时补救。

应用

24. 消费者可以向生产者、销售者查询哪些质量问题?

要求生产者或者销售者提供产品的产地、生产者、用途、性能、规格、等级，产品的主要成分、生产日期、有效期限、检验合格证明、使用方法说明书、售后服务，或者服务的内容、规格、费用等有关情况。

配套

《消费者权益保护法》第 8、15 条

第二十三条　【消费者权益组织的职能】保护消费者权益的社会组织可以就消费者反映的产品质量问题建议有关部门负责处理，支持消费者对因产品质量造成的损害向人民法院起诉。

应用

25. 消费者协会主要有哪些公益性职责?

消费者协会的公益性职责有：(1) 向消费者提供消费信息和咨询服务，提高消费者维护自身合法权益的能力，引导文明、健康、节约资源和保护环境的消费方式；(2) 参与制定有关消费者权益的法律、法规、规章和强制性标准；(3) 参与有关行政部门对商品和服务的监督、检查；(4) 就有关消费者合法权益的问题，向有关部门反映、查询，提出建议；(5) 受理消费者的投诉，并对投诉事项进行调查、调解；（6）投诉事项涉及商品和服务质量问题的，可以委托具备资格的鉴定人鉴定，鉴定人应当告知鉴定意见；（7）就损害消费者合法权益的行为，支持受损害的消费者提起诉讼或者依照本法提起诉讼；（8）对损害消费者合法权益的行为，通过大众传播媒介予以揭露、批评。

配套

《消费者权益保护法》第36-38条

第二十四条　【抽查产品质量状况定期公告】 国务院和省、自治区、直辖市人民政府的市场监督管理部门应当定期发布其监督抽查的产品的质量状况公告。

配套

《政府信息公开条例》

第二十五条　【监管机构的禁止行为】 市场监督管理部门或者其他国家机关以及产品质量检验机构不得向社会推荐生产者的产品；不得以对产品进行监制、监销等方式参与产品经营活动。

注解

本条所称推荐产品，是指国家机关利用其权力和在社会上的影响，以及群众的信任，通过帮助推荐产品，获取不正当的利益的行为。帮助推荐的产品应当是特定企业的。如果有关国家机关为了消费者的利益，介绍推广使用某一类产品，并不是某一企业的产品，并且这种推广活动不收取任何费用，则不属于禁止行为。

配套

《消费者权益保护法》第38条

第三章 生产者、销售者的产品质量责任和义务

第一节 生产者的产品质量责任和义务

第二十六条 【生产者的产品质量要求】生产者应当对其生产的产品质量负责。

产品质量应当符合下列要求：

（一）不存在危及人身、财产安全的不合理的危险，有保障人体健康和人身、财产安全的国家标准、行业标准的，应当符合该标准；

（二）具备产品应当具备的使用性能，但是，对产品存在使用性能的瑕疵作出说明的除外；

（三）符合在产品或者其包装上注明采用的产品标准，符合以产品说明、实物样品等方式表明的质量状况。

注解

明示质量要求是指产品的内在质量与外在说明一致。

生产者生产的产品质量应当符合的要求包括：明示担保的质量要求和默示担保的质量要求。

明示担保是指产品的生产者或销售者对产品的性能、质量所做的一种声明或陈述。主要见于生产者或销售者证明其产品符合某一标准或者要求的说明之中。

默示担保分为商销性默示担保和适合特定用途的默示担保两种。生产者对产品质量的默示担保责任是依法产生的，不依当事人的意志而改变。商销性默示担保是指制造商或销售商应保证其所生产或销售的产品符合生产和销售该产品的一般目的。适合特定用途的默示担保是指制造人或销售人应当保证其所制造或出售的商品能够满足购买人对商品所要求的特定用途。

应用

26. 消费者购买的产品内在质量与外在说明不符的，已经构成产品瑕疵应该怎么办？

产品质量有瑕疵，消费者有权要求经营者修理、更换、退货；如果造成损失的，还有权要求承担相应的损失。经营者有欺诈行为的，应当加倍赔偿消费者受到的损失，消费者有权要求双倍返还购买商品的价款。

27. 何为不合理的危险？

本条中，不合理的危险是相对合理的危险而言的，是指产品存在缺陷，被广大消费者认为是不应该具有的危险。在一定条件下，会造成使用者或者其他人人身、财产的损失。

配套

《标准化法实施条例》第24条；《消费者权益保护法》第7、8、18-21、23条；《标准化法》第10条；《农产品质量安全法》第36条；《食品安全法》第33、34条

第二十七条 【产品及其包装上的标识要求】产品或者其包装上的标识必须真实，并符合下列要求：

（一）有产品质量检验合格证明；

（二）有中文标明的产品名称、生产厂厂名和厂址；

（三）根据产品的特点和使用要求，需要标明产品规格、等级、所含主要成份的名称和含量的，用中文相应予以标明；需要事先让消费者知晓的，应当在外包装上标明，或者预先向消费者提供有关资料；

（四）限期使用的产品，应当在显著位置清晰地标明生产日期和安全使用期或者失效日期；

（五）使用不当，容易造成产品本身损坏或者可能危及人身、财产安全的产品，应当有警示标志或者中文警示说明。

裸装的食品和其他根据产品的特点难以附加标识的裸装产品，可以不附加产品标识。

注解

产品标识是指在产品上或包装上用于识别产品或其特征、特性所作的各种表述和指示的统称。产品标识可以用文字、符号、标号、标志、标记、数字、图案等表示。包括：产品质量检验合格证明，产品名称，规格，型号，生产厂厂名、厂址，标准编号，产品的成分名称、含量，生产日期、安全使用期、失效日期，警示标志、中文警示说明等。根据不同产品的特点和使用要求，产品标识可以标注在产品上，也可以标注在产品包装上。产品标识指示不当或者故意作出欺骗性标示，将会对消费者产生误导，损害消费者的利益；对涉及人体健康和人身、财产安全的产品标识不当，还可能造成危及人身、财产安全的严重后果。因此，生产者、销售者应当依法保证产品标识符合规定的要求。

安全使用期是指保证产品安全有效的使用，不致危害人体健康，人身、财产安全的期限。在现实生活中又称保质期。

失效日期是指产品失去原有特性和特征的时间界限。标注失效日期也必须具体到某年某月某日。

警示标志是指用以表示特定的含义，告诫、指示人们应当对某些不安全因素引起高度注意和警惕的图形，是一种按照国家标准或者社会公认的图案、标志组成的统一标识，它是产品标识或包装标识中引人注目的一种。现有的警示标志，如加油站上不准有明火的标志、不准吸烟的标志、高压电标志等。

警示说明是以文字形式警诫或者提醒消费者和使用者或者产品搬运者、仓储者在产品搬运、安装、运行、使用和维修中应当特别引起注意的问题或者事项。警示说明可以直接标注在产品上，也可以与产品使用说明写在一起，还可以表述为“注意事项……”。在中国销售的产品，必要时须用中文标明警示说明，即用标准化汉字标明。

应用

28. 在委托加工实施生产许可证管理的产品标识标注时，应注意哪些问题?

(1) 有证企业（委托方）委托另一同种产品有证企业（被委托方）进行生产，委托方负责全部产品销售的，企业可选择以下两种标注方式：①产品或其包装上应当标注委托方的名称、地址和被委托方的名称和生产许可证标记、编号；②产品或其包装上应当标注委托方的名称、地址以及生产许可证标记、编号。(2) 无证企业（委托方）委托有所委托产品生产许可证企业（被委托方）进行生产，委托方负责全部产品销售的，产品或其包装上应当标注委托方的名称、地址，以及被委托方名称和生产许可证标记、编号。(3) 任何企业不允许委托无证企业进行生产许可证制度管理产品的生产，一经发现，按无证产品查处。(4) 对采用以上标注方式的企业应持委托方和被委托方签署的有效合同及企业的生产许可证到所在省、自治区、直辖市有关机关备案同意后方可标注。省、自治区、直辖市有关机关应将备案情况报全国工业产品生产许可证办公室并及时跟踪和掌握企业变化情况。

29. 产品标识所显示的生产者不是产品的实际生产者的，消费者能否起诉要求销售者支付双倍赔偿?

产品标识为消费者认识和判断商品特征、价值、适当性和效用的基本依据，是消费者选择和判断是否进行产品消费的重要信息来源。依照《产品质量法》第5条的规定，销售者应确保产品标识内容的真实性，该内容为对消费者所负真实义务的最低标准。因此，产品标识所显示的生产者不是产品的实际生产者的，如果销售者对此是知情的，则其行为构成欺诈，消费者有权起诉要求销售者支付双倍赔偿。(《中华人民共和国最高人民法院公报》2013年第12期：苏某某与徐州某商业有限责任公司某超市分公司、徐州某商业有限责任公司侵犯消费者权益纠纷案)

配 套

《食品标识管理规定》第二章；《农产品包装和标识管理办法》第三章

第二十八条 【危险物品包装质量要求】易碎、易燃、易爆、有毒、有腐蚀性、有放射性等危险物品以及储运中不能倒置和其他有特殊要求的产品，其包装质量必须符合相应要求，依照国家有关规定作出警示标志或者中文警示说明，标明储运注意事项。

应 用

30. 特殊产品的包装应该符合怎样的要求?

(1) 特殊产品的包装质量应符合相应要求。即特殊产品的包装必须符合国家法律、国家标准、有关法规、规章以及生产者与采购方的合同的约定。

(2) 附有警示标志或相应的警示说明。

(3) 标明储运注意事项。储运事项是生产者在产品的包装上附着的，说明产品在储存或者运输过程中应当注意的有关事项的说明。这是在储运过程中保持产品质量而采取的一项措施，其具体要求依产品的特点而定，如在电视机的外包装上标明：小心轻放、防雨防潮。

第二十九条　【禁止生产国家明令淘汰的产品】生产者不得生产国家明令淘汰的产品。

注解

国家明令淘汰的产品是指国家有关行政机关通过颁发行政文件的形式，公开向社会声明，淘汰某项产品或产品的某项型号。

第三十条　【禁止伪造产地、伪造或者冒用他人的厂名、厂址】生产者不得伪造产地，不得伪造或者冒用他人的厂名、厂址。

应用

31. 伪造和冒用的区别是什么?

伪造的厂名、厂址是虚假的，可能根本不存在；而冒用他人的厂名、厂址，是直接假冒了客观上存在的生产者的厂名、厂址，这种行为既是对用户、消费者的欺骗，又是对被冒用者的名誉权的侵犯。

32. 伪造、冒用他人厂名、厂址的应负何种法律责任?

产品质量法规定了生产者、销售者不得伪造或者冒用他人厂名、厂址。上述行为属于对消费者进行欺骗的行为，同时冒用他人厂名也是侵犯名称权的行为。对伪造或者冒用他人厂名、厂址的行为，除了可能依法承担民事责任外，还应依法追究其行政责任。

配套

《反不正当竞争法》第6条；本法第53条

第三十一条　【禁止伪造或者冒用认证标志等质量标志】 生产者不得伪造或者冒用认证标志等质量标志。

应用

33. 如何使用产品质量认证标志？它与商标有何不同？

产品质量认证标志是认证机构为证明某个产品符合认证标准和技术要求的一种专用质量标志。其根本作用在于向产品购买者传递正确可靠的质量信息。而商标则是生产经营者在其商品或者服务项目上使用的，由文字、图形组合构成的，具有显著特征，便于识别商品或服务来源的专用标识，它具有识别功能，标示来源的功能，保证品质的功能以及广告宣传的功能，它与产品质量认证标志相比有着根本的区别。这表现为商标是企业专用的，只能使用在本企业或授权的产品上，不同企业生产的同一种产品各有不同的商标。而产品质量认证标志则不分产品品种，也不分生产厂家，只要是依法经过认证机构批准认证的产品，都使用同样的认证标志。

配套

《标准化法实施条例》第36条；《反不正当竞争法》第6、18条

第三十二条　【生产者的禁止行为】 生产者生产产品，不得掺杂、掺假，不得以假充真、以次充好，不得以不合格产品冒充合格产品。

注解

掺杂、掺假是指经营者以谋取利润为目的，故意在产品中掺入杂质或者做假。

以假充真是指一种属性完全不同的产品经过伪装冒充成另一种产品。

以次充好是指产品质量、性能达不到标准或者技术要求，但经营者却谎称产品完全符合标准或者技术要求，以此欺骗消费者。

配套

《刑法》第140条

第二节 销售者的产品质量责任和义务

第三十三条 【进货检查验收制度】销售者应当建立并执行进货检查验收制度，验明产品合格证明和其他标识。

注解

进货检查验收制度是指销售者对其进货的产品，根据法律、法规规定的要求，以及与生产者、供货者签订的合同约定，对产品的合格证明和其他标识、外观、数量、规格、等级以及产品的内在质量进行检查，分清双方责任以及避免在权利义务交换阶段互相推诿的一项制度。

第三十四条 【保持销售产品质量的义务】销售者应当采取措施，保持销售产品的质量。

第三十五条 【禁止销售的产品范围】销售者不得销售国家明令淘汰并停止销售的产品和失效、变质的产品。

注解

失效是指产品失去了原有的效力、作用。变质是指产品发生了本质性的物理、化学变化，失去产品应当具备的使用价值。

第三十六条 【销售产品的标识要求】销售者销售的产品的标识应当符合本法第二十七条的规定。

第三十七条 【禁止伪造产地、伪造或者冒用他人的厂名、厂址】销售者不得伪造产地，不得伪造或者冒用他人的厂名、厂址。

注解

伪造和冒用厂名、厂址不同。伪造的厂名、厂址是虚假的，可能根本不存在；而冒用他人的厂名、厂址，是直接假冒了客观上存在的生产者的厂名、厂址，这种行为是对用户、消费者的欺骗，又是对被冒用者的名誉权的侵犯。

第三十八条　【禁止伪造或者冒用认证标志等质量标志】销售者不得伪造或者冒用认证标志等质量标志。

第三十九条　【销售者的禁止行为】销售者销售产品，不得掺杂、掺假，不得以假充真、以次充好，不得以不合格产品冒充合格产品。

第四章　损害赔偿

第四十条　【销售者的损害赔偿责任】售出的产品有下列情形之一的，销售者应当负责修理、更换、退货；给购买产品的消费者造成损失的，销售者应当赔偿损失：

（一）不具备产品应当具备的使用性能而事先未作说明的；

（二）不符合在产品或者其包装上注明采用的产品标准的；

（三）不符合以产品说明、实物样品等方式表明的质量状况的。

销售者依照前款规定负责修理、更换、退货、赔偿损失后，属于生产者的责任或者属于向销售者提供产品的其他销售者（以下简称供货者）的责任的，销售者有权向生产者、供货者追偿。

销售者未按照第一款规定给予修理、更换、退货或者赔偿损失的，由市场监督管理部门责令改正。

生产者之间，销售者之间，生产者与销售者之间订立的买卖合同、承揽合同有不同约定的，合同当事人按照合同约定执行。

注解

产品自售出之日起十五日内，发生性能故障，消费者可以选择更换或者修理。更换时，销售者应当免费为消费者调换同型号同规格产品，然后依法向生产者、供货者追偿或者按照购销合同办理。

三包产品是指包修、包退、包换。经营者应依照国家规定和与消费者的约定，承担“三包”责任和其他责任。经营者对于实行“三包”的商品，如果质量不符合要求，便有予以免费修理、更换、退货的义务，即应当承担相应的民事责任；经营者如果不履行“三包”义务，则应承担赔偿的民事责任。

应用

34. 承担产品合同责任主要有哪些条件?

(1) 不具备产品应当具备的使用性能而事先未作说明的；(2) 不符合在产品或者其包装上注明采用的产品标准；(3) 不符合以产品说明、实物样品等方式表明的质量状况。

配套

《消费者权益保护法》第40、49条；《部分商品修理更换退货责任规定》

第四十一条　【人身、他人财产的损害赔偿责任】因产品存在缺陷造成人身、缺陷产品以外的其他财产（以下简称他人财产）损害的，生产者应当承担赔偿责任。

生产者能够证明有下列情形之一的，不承担赔偿责任：

（一）未将产品投入流通的；

（二）产品投入流通时，引起损害的缺陷尚不存在的；

（三）将产品投入流通时的科学技术水平尚不能发现缺陷的存在的。

注解

未将产品投入流通的是指生产者生产的产品虽然经过了加工制作，但是没有以任何形式对产品进行出售、出租、抵押、出质等。也就是说生产者针对产品没有做任何进行交易的行为，所以生产者对其造成的损害不承担任何责任。而投入流通是生产者承担责任的开始。

免除责任是指依照法律规定，当事人对于不履行合同或者造成的损害不承担民事责任。

应用

35. 生产者或者销售者的其他免责或者减轻责任事由主要有哪些?

除本条规定的三项免责事由外，以下情形，生产或者销售者得免除或者减轻责任：(1) 受害人对损害的产生具有故意或重大过失。产品责任的本质是侵权责任，根据《民法典》关于侵权损害赔偿的有关规定，如果生产者、销售者在产品责任诉讼，能够证明损害的产生是由受害人故意引起的，即受害人已经发现了产品缺陷并注意到有危险但仍然不合理地使用该产品而受伤，或故意使用产品而使自己受伤，那么生产者对此不负责赔偿；如果能证明损害的发生由受害人的重大过失而造成的，可以减轻赔偿责任。(2) 受害人非正常使用或者错误使用产品。一般的产品在包装上或产品上都会附有使用说明，这是生产者或销售者为防止损害后果的发生而尽到的注意行为，消费者应当按产品说明中指定的方法或通常认为适当的方法来使用产品。如果受害人以该产品原有用途以外的不可预见的方法使用产品或者因其使用方法明显错误而致伤害，则产品的生产者可以拒绝赔偿。(3) 产品的缺陷由他人造成。产品的缺陷并非在生产、销售环节产生，而是由第三人的过错引起，如果生产者、销售者没有过错，而只有第三人有过错；或者生产者、销售者只有轻微过失而第三人有故意或重大过失，则应由第三人单独或主要承担民事责任。(4) 受害人的同意。受害人同意是指受害人事前明确作出的自愿承担损害后果的意思表示。如果受害人的同意是在法律和社会道德所容许的范围之内，也可以成为免除民事责任的条件。(5) 受害人具有特殊敏感性或者过敏。一般来讲，食品、用品对大多数人不至于引起伤害，但因受害人自身异常的过敏性而引起疾病或不良反应，此时生产者可以以该项理由拒绝赔偿。(6) 超过诉讼时效。(7) 产品的缺陷是由于遵循政府的强制性规定而导致。为使产品符合国家法律、法规的强制要求而导致产品存在缺陷，则生产者、销售者可以以此为由不承担损害赔偿责任。

配套

《民法典》第 1202、1205、1206 条；本法第 46 条

第四十二条　【销售者的过错赔偿责任】 由于销售者的过错使产品存在缺陷，造成人身、他人财产损害的，销售者应当承担赔偿责任。

销售者不能指明缺陷产品的生产者也不能指明缺陷产品的供货者的，销售者应当承担赔偿责任。

注解

缺陷产品的生产者若不承担赔偿责任，需要证明的情形之一是，证明产品投入流通时，引起的损害缺陷尚不存在。也就是说如果生产者能够证明，产品的缺陷是由于销售者的过错造成的，那么将由销售者承担赔偿责任，而不是生产者。

应用

36. 如何理解销售者的过错?

销售者的过错包括两个方面：一方面是由于销售者积极的行为（作为）而使产品存在缺陷；另一方面是由于销售者不积极的行为（不作为）而使产品存在缺陷，比如在不适宜的条件下保存产品，结果造成产品缺陷。

配套

《消费者权益保护法》第48-52、54-56条

第四十三条　【受害者的选择赔偿权】因产品存在缺陷造成人身、他人财产损害的，受害人可以向产品的生产者要求赔偿，也可以向产品的销售者要求赔偿。属于产品的生产者的责任，产品的销售者赔偿的，产品的销售者有权向产品的生产者追偿。属于产品的销售者的责任，产品的生产者赔偿的，产品的生产者有权向产品的销售者追偿。

应用

37. 因运输者、仓储者等第三人的过错使产品存在缺陷，造成他人损害的，如何确定制造者、销售者、运输者、仓储者的民事责任?

如果产品制造者、销售者对损害都没有责任，而是由于产品的运输者、仓储者的责任造成的，也应先由产品制造者或销售者承担责任，产品制造者、销售者承担责任后，再向仓储者或运输者追偿。因为产品的制造者和销售者对产品瑕疵造成损害所承担的民事责任是无过错连带责任，除非他们能够证明损害是由于消费者故意违反使用规则造成的，才可免责。

38. 消费者主张因购买缺陷产品而导致财产损害，但未保留消费凭证的，如何认定买卖合同关系？

消费者主张因购买缺陷产品而导致财产损害，但未保留消费凭证的，人民法院应结合交易产品及金额、交易习惯、当事人的陈述、相关的物证、书证等证据，综合认定消费者与销售者之间是否存在买卖合同关系。在此基础上，依据民事诉讼证明标准和民事诉讼证据规则，合理划分消费者和销售者的举证责任。如果产品缺陷与损害结果之间在通常情形下存在关联性，可认定二者之间具有因果关系。(《最高人民法院公报》2020年第12期：刁某某诉某石化有限公司产品销售者责任纠纷案)

配套

《民法典》第1203、1204条

第四十四条　【人身伤害的赔偿范围】 因产品存在缺陷造成受害人人身伤害的，侵害人应当赔偿医疗费、治疗期间的护理费、因误工减少的收入等费用；造成残疾的，还应当支付残疾者生活自助具费、生活补助费、残疾赔偿金以及由其扶养的人所必需的生活费等费用；造成受害人死亡的，并应当支付丧葬费、死亡赔偿金以及由死者生前扶养的人所必需的生活费等费用。

因产品存在缺陷造成受害人财产损失的，侵害人应当恢复原状或者折价赔偿。受害人因此遭受其他重大损失的，侵害人应当赔偿损失。

应用

39. 人身损害的赔偿范围包括哪些内容？

(1) 医疗费。是指受害人在受伤接受治疗至伤愈停止医疗期间医疗损伤、残疾以及由此诱发的各种疾病的一切费用。包括诊断费、治疗费、化疗费、医药费、手术费、住院费等医疗人身伤害的费用。此项费用的赔偿一般应以所在地治疗医院的诊断证明、医药费、住院费等单据为凭。医疗费必须是治疗损害所引起的疾病开支。(2) 治疗期间的护理费。是指消费者或者其他受害人所受伤害的程度比较严重，造成生活不能自理时由专人护理所支付的费用。(3) 因误工减少的收入。是指因伤不能上班、不能参加劳动而得不到的收入。消费者或其他受害人的误工日期，应按其实际伤害程度、恢复情况并参照治疗医院的证明或者医疗、法医鉴定等认定。(4) 住院治疗的交通费和住宿费。是指去医院治疗时，受害人和护理人员所支付的合理的交通费和住宿费。(5) 伙食补助费和营养费。伙食补助费不应超过国家工作人员出差补助费的标准。

40. 缺陷产品导致人残疾，可以得到哪些赔偿?

(1) 残疾者生活自助具费。是指消费者或者其他受害人因使用缺陷产品而受损，身体的某个部位丧失了正常功能，为了能够恢复部分身体功能，因而购买必要的补偿性功能器具所支付的费用。(2) 残疾者生活补助费。受害人因使用缺陷产品而致残，身体丧失部分功能，跟正常人相比，他们的劳动能力较差，收入来源有限，甚至在严重的情况下，受害人丧失了谋生的能力。为了使其在社会上生存，法律给予其一个制度保障。(3) 残疾赔偿金。是指受害人因使用缺陷产品而致损，由责任人向其支付的一定费用。(4) 由其扶养的人所必需的生活费用。是指由残疾人扶养的、没有劳动能力又没有生活来源的亲属的日常生活费用，包括其扶养的配偶、赡养的老人、抚养的未成年子女以及兄弟姐妹等人所必需的生活费用。(5) 与一般伤害相同的赔偿费用。包括医疗费、治疗期间的护理费，因误工减少的收入、交通费、住宿费等。

41. 精神损害赔偿是否在赔偿范围之列?

精神损害赔偿的方式主要包括赔偿精神障碍赔偿金、死亡赔偿金和残疾赔偿金。受害人因使用有缺陷的产品，而从一个健全、正常的人变得缺少某种功能，其痛苦是巨大的，法律责令责任人支付精神障碍赔偿金，以减轻这种痛苦；死亡赔偿金主要是弥补受害人死亡而给其亲属造成的痛苦；残疾赔偿金也是为了弥补受害人及其近亲属的精神痛苦而设立的。

42. 因产品存在缺陷造成受害人人身伤害，侵害人承担相应的赔偿责任时，如受害人提出的赔偿计算标准与现行的赔偿计算标准不同，应如何计算?

因产品存在缺陷造成受害人人身伤害的，侵害人应当承担相应的赔偿责任。在诉讼中，受害人提出的赔偿计算标准与现行的赔偿计算标准不同时，若受害人的计算标准符合法律规定，那么，应尊重受害人对自己权利的处分，按照受害人提出的计算标准计算。

配套

《最高人民法院关于审理人身损害赔偿案件适用法律若干问题的解释》；《最高人民法院关于确定民事侵权精神损害赔偿责任若干问题的解释》；《民法典》第 1207 条

第四十五条　【诉讼时效期间】因产品存在缺陷造成损害要求赔偿的诉讼时效期间为二年，自当事人知道或者应当知道其权益受到损害时起计算。

因产品存在缺陷造成损害要求赔偿的请求权，在造成损害的缺陷产品交付最初消费者满十年丧失；但是，尚未超过明示的安全使用期的除外。

注解

一般缺陷产品的损害赔偿请求权在产品最初交付给消费者后满十年丧失，除非产品注明的安全使用期超过十年。也就是说，缺陷产品的赔偿请求计算是从产品交付最初消费者开始，到十年期满为止。过了这个期限就不再予以保护。

配套

《民法典》第 188 条

第四十六条　【缺陷的含义】本法所称缺陷，是指产品存在危及人身、他人财产安全的不合理的危险；产品有保障人体健康和人身、财产安全的国家标准、行业标准的，是指不符合该标准。

注解

缺陷包括警示上的缺陷和设计上的缺陷。警示上的缺陷是指生产者或者销售者未告诫消费者适当存在的危险性。设计上的缺陷是指设计时对产品的安全性考虑不周，不符合使用安全的需要。

第四十七条　【纠纷解决方式】因产品质量发生民事纠纷时，当事人可以通过协商或者调解解决。当事人不愿通过协商、调解解决或者协商、调解不成的，可以根据当事人各方的协议向仲裁机构申请仲裁；当事人各方没有达成仲裁协议或者仲裁协议无效的，可以直接向人民法院起诉。

应 用

43. 市场监督管理部门如何调解产品质量纠纷？

调解可以采取现场调解方式，也可以采取互联网、电话、音频、视频等非现场调解方式。采取现场调解方式的，市场监督管理部门或者其委托单位应当提前告知投诉人和被投诉人调解的时间、地点、调解人员等。调解由市场监督管理部门或者其委托单位工作人员主持，并可以根据需要邀请有关人员协助。调解人员是投诉人或者被投诉人的近亲属或者有其他利害关系，可能影响公正处理投诉的，应当回避。投诉人或者被投诉人对调解人员提出回避申请的，市场监督管理部门应当中止调解，并作出是否回避的决定。需要进行检定、检验、检测、鉴定的，由投诉人和被投诉人协商一致，共同委托具备相应条件的技术机构承担。除法律、法规另有规定的外，检定、检验、检测、鉴定所需费用由投诉人和被投诉人协商一致承担。检定、检验、检测、鉴定所需时间不计算在调解期限内。

经现场调解达成调解协议的，市场监督管理部门应当制作调解书，但调解协议已经即时履行或者双方同意不制作调解书的除外。调解书由投诉人和被投诉人双方签字或者盖章，并加盖市场监督管理部门印章，交投诉人和被投诉人各执一份，市场监督管理部门留存一份归档。未制作调解书的，市场监督管理部门应当做好调解记录备查。

44. 如何确定产品质量纠纷的当事人？

商品买卖合同瑕疵担保责任由销售者承担，销售者即是产品的瑕疵担保诉讼中的被告。与之相对的，购买瑕疵产品的消费者即是原告。

在产品责任诉讼中，生产者和销售者都可以成为被告，受害人无须证明产品的制造者或销售者对此主观上具有过错，只需选择合适的被告即可，产品的制造者或销售者除法定抗辩事由之外不能以自己无过错为由主张免责。

除此之外，运输者或仓储者若对缺陷产品负有责任，则也可以成为产品责任的当事人，由产品制造者或销售者将其追加为被告。而产品责任的原告是指因产品存在缺陷而导致其人身、财产损害的受害人，一般是自然人，特定情况下也有法人。

配套

《市场监督管理投诉举报处理暂行办法》第16-22条；《最高人民法院关于产品侵权案件的受害人能否以产品的商标所有人为被告提起民事诉讼的批复》

第四十八条　【仲裁机构或者人民法院对产品质量检验的规定】 仲裁机构或者人民法院可以委托本法第十九条规定的产品质量检验机构，对有关产品质量进行检验。

注解

国家根据产品质量检验的需要，设立产品质量检验（测试）机构，承担产品质量检验（测试）任务。产品质量检验机构必须具备相应的监测能力，并经省级以上人民政府市场监督管理部门或者其授权的部门考核合格后，方可承担产品质量检验工作。

第五章　罚　　则

第四十九条　【生产、销售不符合安全标准的产品的行政处罚、刑事责任】 生产、销售不符合保障人体健康和人身、财产安全的国家标准、行业标准的产品的，责令停止生产、销售，没收违法生产、销售的产品，并处违法生产、销售产品（包括已售出和未售出的产品，下同）货值金额等值以上三倍以下的罚款；有违法所得的，并处没收违法所得；情节严重的，吊销营业执照；构成犯罪的，依法追究刑事责任。

配套

《最高人民法院、最高人民检察院关于办理生产、销售伪劣商品刑事案件具体应用法律若干问题的解释》；《刑法》第140-150条

第五十条　【假冒产品的行政处罚、刑事责任】在产品中掺杂、掺假，以假充真，以次充好，或者以不合格产品冒充合格产品的，责令停止生产、销售，没收违法生产、销售的产品，并处违法生产、销售产品货值金额百分之五十以上三倍以下的罚款；有违法所得的，并处没收违法所得；情节严重的，吊销营业执照；构成犯罪的，依法追究刑事责任。

配套

《刑法》第140条

第五十一条　【生产、销售淘汰产品的行政处罚规定】生产国家明令淘汰的产品的，销售国家明令淘汰并停止销售的产品的，责令停止生产、销售，没收违法生产、销售的产品，并处违法生产、销售产品货值金额等值以下的罚款；有违法所得的，并处没收违法所得；情节严重的，吊销营业执照。

第五十二条　【销售失效、变质的产品的行政处罚、刑事责任】销售失效、变质的产品的，责令停止销售，没收违法销售的产品，并处违法销售产品货值金额二倍以下的罚款；有违法所得的，并处没收违法所得；情节严重的，吊销营业执照；构成犯罪的，依法追究刑事责任。

第五十三条　【伪造、冒用产品产地、厂名、厂址、标志的行政处罚规定】伪造产品产地的，伪造或者冒用他人厂名、厂址的，伪造或者冒用认证标志等质量标志的，责令改正，没收违法生产、销售的产品，并处违法生产、销售产品货值金额等值以下的罚款；有违法所得的，并处没收违法所得；情节严重的，吊销营业执照。

配套

《产品防伪监督管理办法》

第五十四条　【不符合产品包装、标识要求的行政处罚规定】产品标识不符合本法第二十七条规定的，责令改正；有包装的产品标识不符合本法第二十七条第（四）项、第（五）项规定，情节严重的，责令停止生产、销售，并处违法生产、销售产品货值金额百分之三十以下的罚款；有违法所得的，并处没收违法所得。

应用

45. 如何对“三无”产品定性处罚？

生产、销售“三无”产品违反了本法第27条、第36条的规定，市场监督管理部门可以依照本条的规定，责令当事人改正。市场监督管理部门也可将“三无”产品送法定产品质量检验机构对其产品的质量进行检验，如检验机构认为为不合格产品，应依据本法的有关规定，进行处罚。

配套

《国家工商行政管理总局关于“三无”产品定性处罚问题的答复》

第五十五条　【销售者的从轻或者减轻处罚情节】销售者销售本法第四十九条至第五十三条规定禁止销售的产品，有充分证据证明其不知道该产品为禁止销售的产品并如实说明其进货来源的，可以从轻或者减轻处罚。

第五十六条　【违反依法接受产品质量监督检查义务的行政处罚规定】拒绝接受依法进行的产品质量监督检查的，给予警告，责令改正；拒不改正的，责令停业整顿；情节特别严重的，吊销营业执照。

第五十七条　【产品质量中介机构的行政处罚、刑事责任规定】产品质量检验机构、认证机构伪造检验结果或者出具虚假证明的，责令改正，对单位处五万元以上十万元以下的罚款，对直接负责的主管人员和其他直接责任人员处一万元以上五万元以下的罚款；有违法所得的，并处没收违法所得；情节严重的，取消其检验资格、认证资格；构成犯罪的，依法追究刑事责任。

产品质量检验机构、认证机构出具的检验结果或者证明不实，造成损失的，应当承担相应的赔偿责任；造成重大损失的，撤销其检验资格、认证资格。

产品质量认证机构违反本法第二十一条第二款的规定，对不符合认证标准而使用认证标志的产品，未依法要求其改正或者取消其使用认证标志资格的，对因产品不符合认证标准给消费者造成的损失，与产品的生产者、销售者承担连带责任；情节严重的，撤销其认证资格。

注 解

认证机构出具虚假的认证结论，或者出具认证结论严重失实的，撤销批准文件，并予以公布；对直接负责的主管人员和负有直接责任的认证人员，撤销其执业资格；构成犯罪的依法追究刑事责任；造成损害的，认证机构应当承担相应的赔偿责任。指定的认证机构有上述违法行为的，同时撤销指定。

配 套

《刑法》第 229 条；《市场监督管理执法监督暂行规定》

第五十八条　【社会团体、社会中介机构的连带赔偿责任】社会团体、社会中介机构对产品质量作出承诺、保证，而该产品又不符合其承诺、保证的质量要求，给消费者造成损失的，与产品的生产者、销售者承担连带责任。

第五十九条　【虚假广告的责任承担】在广告中对产品质量作虚假宣传，欺骗和误导消费者的，依照《中华人民共和国广告法》的规定追究法律责任。

配套

《广告法》第55-70条

第六十条　【生产伪劣产品的材料、包装、工具的没收】对生产者专门用于生产本法第四十九条、第五十一条所列的产品或者以假充真的产品的原辅材料、包装物、生产工具，应当予以没收。

配套

《市场监督管理行政处罚程序规定》

第六十一条　【运输、保管、仓储部门的责任承担】知道或者应当知道属于本法规定禁止生产、销售的产品而为其提供运输、保管、仓储等便利条件的，或者为以假充真的产品提供制假生产技术的，没收全部运输、保管、仓储或者提供制假生产技术的收入，并处违法收入百分之五十以上三倍以下的罚款；构成犯罪的，依法追究刑事责任。

注解

本条中这种行为构成犯罪的，依法追究刑事责任。这种行为可能构成"传授犯罪方法罪"和"侵犯商业秘密罪"。传授犯罪方法罪是指以语言、文字、动作、图像或者其他方法，故意将实施某种犯罪方法、技能、经验传授给他人的行为；商业秘密是指不为公众所知悉，能为权利人带来经济利益，具有实用性并经权利人采取保密措施的技术信息和经营信息。

配套

《刑法》第219、295条

第六十二条　【服务业经营者的责任承担】服务业的经营者将本法第四十九条至第五十二条规定禁止销售的产品用于经营性服务的，责令停止使用；对知道或者应当知道所使用的产品属于本法规定禁止销售的产品的，按照违法使用的产品（包括已使用和尚未使用的产品）的货值金额，依照本法对销售者的处罚规定处罚。

应用

46. 将法律禁止销售的产品用于经营性服务的应承担什么责任?

要承担的责任有以下几种:(1)停止使用。即应当依照行政机关的决定,不得继续在服务中使用这些禁止销售的产品。(2)对知道或者应当知道所使用的产品属于《产品质量法》规定禁止销售的产品的,按照违法使用(包括已使用和尚未使用的产品)的货值金额,依照《产品质量法》对销售者的处罚规定处罚。

第六十三条　【隐匿、转移、变卖、损毁被依法查封、扣押的物品的行政责任】隐匿、转移、变卖、损毁被市场监督管理部门查封、扣押的物品的,处被隐匿、转移、变卖、损毁物品货值金额等值以上三倍以下的罚款;有违法所得的,并处没收违法所得。

第六十四条　【民事赔偿责任优先原则】违反本法规定,应当承担民事赔偿责任和缴纳罚款、罚金,其财产不足以同时支付时,先承担民事赔偿责任。

注解

民事赔偿、罚款、罚金分别代表着各种不同的法律责任。其中,民事赔偿是民事法律责任的一种,是指如果民事主体违反了民事义务或者侵犯了他人的民事权利,使他人的人身健康、财产安全受到了损害,则由加害的一方当事人向另一方当事人支付一定数量的费用,它是民法上的保护民事权利的重要措施,也是民事责任的重要组成部分;而罚款是对违反法律法规,不履行法定义务的当事人的一种经济上的处罚,作为一种财产处罚,它使当事人在经济上受到损失,从而达到改正其违法行为的目的,它是目前行政处罚中配套最广的一种处罚形式;所谓罚金,是人民法院强制触犯刑律、构成犯罪的行为人向国家缴纳一定数量的金钱的刑罚方式。三种法律责任形式都与支付一定费用有关,但代表的性质却截然不同。

在违法行为发生后,消费者的人身、财产遭受一定的损失,此时,当务之急是对这种损失予以弥补,使消费者的受损程度减轻到最轻状态。至于追究刑事责任、行政责任，主要体现的是对违法行为人的惩罚和教育，这应当在弥补消费者的损失之后，而且，相对于行政执法部门、司法部门，消费者始终处于弱势地位，如果其损失得不到及时有效的赔偿，则违背了法律公平的要旨。因此，产品质量违法行为发生后，违法行为人同时承担民事赔偿、罚款、罚金，其财产不足以同时支付的，首先应当赔偿受害人的损失，其财产还有剩余的情况下，再用剩余的财产缴纳罚款、罚金。

第六十五条　【国家工作人员的责任承担】各级人民政府工作人员和其他国家机关工作人员有下列情形之一的，依法给予行政处分；构成犯罪的，依法追究刑事责任：

（一）包庇、放纵产品生产、销售中违反本法规定行为的；

（二）向从事违反本法规定的生产、销售活动的当事人通风报信，帮助其逃避查处的；

（三）阻挠、干预市场监督管理部门依法对产品生产、销售中违反本法规定的行为进行查处，造成严重后果的。

注解

与本条相关的罪名是“滥用职权罪”，是指国家机关工作人员滥用职权，致使公共财产、国家和人民利益遭受重大损失的行为。

配套

《刑法》第397、414、417条

第六十六条　【质检部门的检验责任承担】市场监督管理部门在产品质量监督抽查中超过规定的数量索取样品或者向被检查人收取检验费用的，由上级市场监督管理部门或者监察机关责令退还；情节严重的，对直接负责的主管人员和其他直接责任人员依法给予行政处分。

配套

《产品质量监督抽查管理暂行办法》第14条

第六十七条　【国家机关推荐产品的责任承担】市场监督管理部门或者其他国家机关违反本法第二十五条的规定，向社会推荐生产者的产品或者以监制、监销等方式参与产品经营活动的，由其上级机关或者监察机关责令改正，消除影响，有违法收入的予以没收；情节严重的，对直接负责的主管人员和其他直接责任人员依法给予行政处分。

产品质量检验机构有前款所列违法行为的，由市场监督管理部门责令改正，消除影响，有违法收入的予以没收，可以并处违法收入一倍以下的罚款；情节严重的，撤销其质量检验资格。

第六十八条　【产品监管部门工作人员的违法行为的责任承担】市场监督管理部门的工作人员滥用职权、玩忽职守、徇私舞弊，构成犯罪的，依法追究刑事责任；尚不构成犯罪的，依法给予行政处分。

注解

本条中尚不构成犯罪的，给予行政处分，是通过给予警告、记过等方式使其认识到自己的错误，并改正错误。

第六十九条　【妨碍监管公务的行政责任】以暴力、威胁方法阻碍市场监督管理部门的工作人员依法执行职务的，依法追究刑事责任；拒绝、阻碍未使用暴力、威胁方法的，由公安机关依照治安管理处罚法的规定处罚。

注解

本条涉及的刑事责任罪名是妨害公务罪，是指以暴力、威胁方法阻碍国家机关工作人员依法执行职务的行为。行为所针对的对象具体到产品质量领域，是市场监督管理部门的工作人员，行为的内容是阻碍他们依法执行职务的行为。

配套

《刑法》第 277 条

第七十条　【监管部门的行政处罚权限】本法第四十九条至第五十七条、第六十条至第六十三条规定的行政处罚由市场监督管理部门决定。法律、行政法规对行使行政处罚权的机关另有规定的，依照有关法律、行政法规的规定执行。

第七十一条　【没收产品的处理】对依照本法规定没收的产品，依照国家有关规定进行销毁或者采取其他方式处理。

第七十二条　【货值金额的计算】本法第四十九条至第五十四条、第六十二条、第六十三条所规定的货值金额以违法生产、销售产品的标价计算；没有标价的，按照同类产品的市场价格计算。

注 解

货值金额是指产品的货币收入；违法所得又称违法获利，是指因从事某种《产品质量法》所禁止的行为而获取的收入。在此注意，在认定违法产品的市场平均价格时，任何过高或过低的做法都是不公平的。

第六章　附　　则

第七十三条　【军工产品质量监督管理办法另行制定】军工产品质量监督管理办法，由国务院、中央军事委员会另行制定。

因核设施、核产品造成损害的赔偿责任，法律、行政法规另有规定的，依照其规定。

配 套

《武器装备质量管理条例》；《民用核安全设备监督管理条例》

第七十四条　【施行日期】本法自 1993 年 9 月 1 日起施行。

配 套 法 规

1. 消费者权益保护

中华人民共和国民法典（节录）

（2020年5月28日第十三届全国人民代表大会第三次会议通过　2020年5月28日中华人民共和国主席令第45号公布　自2021年1月1日起施行）

……

第四百九十六条　【格式条款的订立要求；说明义务】格式条款是当事人为了重复使用而预先拟定，并在订立合同时未与对方协商的条款。

采用格式条款订立合同的，提供格式条款的一方应当遵循公平原则确定当事人之间的权利和义务，并采取合理的方式提示对方注意免除或者减轻其责任等与对方有重大利害关系的条款，按照对方的要求，对该条款予以说明。提供格式条款的一方未履行提示或者说明义务，致使对方没有注意或者理解与其有重大利害关系的条款的，对方可以主张该条款不成为合同的内容。

……

第五百零九条　【合同履行的原则】当事人应当按照约定全面履行自己的义务。

当事人应当遵循诚信原则，根据合同的性质、目的和交易习惯履行通知、协助、保密等义务。

当事人在履行合同过程中，应当避免浪费资源、污染环境和破坏生态。

……

第五百七十七条　【违约责任的种类】当事人一方不履行合同义务或者履行合同义务不符合约定的，应当承担继续履行、采取补救措施或者赔偿损失等违约责任。

……

第二分编　典型合同

第九章　买卖合同

第五百九十五条　【买卖合同的定义】买卖合同是出卖人转移标的物的所有权于买受人，买受人支付价款的合同。

第五百九十六条　【买卖合同的内容】买卖合同的内容一般包括标的物的名称、数量、质量、价款、履行期限、履行地点和方式、包装方式、检验标准和方法、结算方式、合同使用的文字及其效力等条款。

第五百九十七条　【无权处分的违约责任；特别法上禁止或限制转让标的物的优先适用】因出卖人未取得处分权致使标的物所有权不能转移的，买受人可以解除合同并请求出卖人承担违约责任。

法律、行政法规禁止或者限制转让的标的物，依照其规定。

第五百九十八条　【标的物所有权转移：交付】出卖人应当履行向买受人交付标的物或者交付提取标的物的单证，并转移标的物所有权的义务。

第五百九十九条　【出卖人义务：交付单证、交付资料】出卖人应当按照约定或者交易习惯向买受人交付提取标的物单证以外的有关单证和资料。

第六百条　【买卖合同知识产权保留条款】出卖具有知识产权的标的物的，除法律另有规定或者当事人另有约定外，该标的物的知识产权不属于买受人。

第六百零一条　【出卖人义务：交付期间】出卖人应当按照约定的时间交付标的物。约定交付期限的，出卖人可以在该交付期限内的任何时间交付。

第六百零二条　【标的物的交付期限的确定】当事人没有约定标的物的交付期限或者约定不明确的，适用本法第五百一十条、第五百一十一条第四项的规定。

第六百零三条　【买卖合同标的物的交付地点】出卖人应当按照约定的地点交付标的物。

当事人没有约定交付地点或者约定不明确，依据本法第五百一十条的规定仍不能确定的，适用下列规定：

（一）标的物需要运输的，出卖人应当将标的物交付给第一承运人以运交给买受人；

（二）标的物不需要运输，出卖人和买受人订立合同时知道标的物在某一地点的，出卖人应当在该地点交付标的物；不知道标的物在某一地点的，应当在出卖人订立合同时的营业地交付标的物。

第六百零四条　【标的物的风险承担】标的物毁损、灭失的风险，在标的物交付之前由出卖人承担，交付之后由买受人承担，但是法律另有规定或者当事人另有约定的除外。

第六百零五条　【因买受人交付期限违约标的物意外灭失风险负担】因买受人的原因致使标的物未按照约定的期限交付的，买受人应当自违反约定时起承担标的物毁损、灭失的风险。

第六百零六条　【在途标的物买卖合同的风险转移】出卖人出卖交由承运人运输的在途标的物，除当事人另有约定外，毁损、灭失的风险自合同成立时起由买受人承担。

第六百零七条　【当事人是否约定交付地点的风险转移规则】

出卖人按照约定将标的物运送至买受人指定地点并交付给承运人后，标的物毁损、灭失的风险由买受人承担。

当事人没有约定交付地点或者约定不明确，依据本法第六百零三条第二款第一项的规定标的物需要运输的，出卖人将标的物交付给第一承运人后，标的物毁损、灭失的风险由买受人承担。

第六百零八条　【买受人不履行接受标的物义务的风险负担】出卖人按照约定或者依据本法第六百零三条第二款第二项的规定将标的物置于交付地点，买受人违反约定没有收取的，标的物毁损、灭失的风险自违反约定时起由买受人承担。

第六百零九条　【未交付单证、资料的风险转移】出卖人按照约定未交付有关标的物的单证和资料的，不影响标的物毁损、灭失风险的转移。

第六百一十条　【根本违约】因标的物不符合质量要求，致使不能实现合同目的的，买受人可以拒绝接受标的物或者解除合同。买受人拒绝接受标的物或者解除合同的，标的物毁损、灭失的风险由出卖人承担。

第六百一十一条　【买受人承担标的物损毁、灭失的风险不影响出卖人承担违约责任】标的物毁损、灭失的风险由买受人承担的，不影响因出卖人履行义务不符合约定，买受人请求其承担违约责任的权利。

第六百一十二条　【出卖人的权利瑕疵担保义务】出卖人就交付的标的物，负有保证第三人对该标的物不享有任何权利的义务，但是法律另有规定的除外。

第六百一十三条　【权利瑕疵担保责任之例外】买受人订立合同时知道或者应当知道第三人对买卖的标的物享有权利的，出卖人不承担前条规定的义务。

第六百一十四条　【买受人有确切证据证明标的物存在权利瑕疵的处理】买受人有确切证据证明第三人对标的物享有权利的，可以中止支付相应的价款，但是出卖人提供适当担保的除外。

第六百一十五条 【出卖人的质量瑕疵担保义务】出卖人应当按照约定的质量要求交付标的物。出卖人提供有关标的物质量说明的，交付的标的物应当符合该说明的质量要求。

第六百一十六条 【标的物质量要求没有约定或约定不明时的认定规则】当事人对标的物的质量要求没有约定或者约定不明确，依据本法第五百一十条的规定仍不能确定的，适用本法第五百一十一条第一项的规定。

第六百一十七条 【出卖人违反质量瑕疵担保义务的违约责任】出卖人交付的标的物不符合质量要求的，买受人可以依据本法第五百八十二条至第五百八十四条的规定请求承担违约责任。

第六百一十八条 【故意或重大过失不告知瑕疵的责任承担】当事人约定减轻或者免除出卖人对标的物瑕疵承担的责任，因出卖人故意或者重大过失不告知买受人标的物瑕疵的，出卖人无权主张减轻或者免除责任。

第六百一十九条 【标的物的包装方式】出卖人应当按照约定的包装方式交付标的物。对包装方式没有约定或者约定不明确，依据本法第五百一十条的规定仍不能确定的，应当按照通用的方式包装；没有通用方式的，应当采取足以保护标的物且有利于节约资源、保护生态环境的包装方式。

第六百二十条 【买受人的及时检验义务】买受人收到标的物时应当在约定的检验期限内检验。没有约定检验期限的，应当及时检验。

第六百二十一条 【当事人约定检验期限】当事人约定检验期限的，买受人应当在检验期限内将标的物的数量或者质量不符合约定的情形通知出卖人。买受人怠于通知的，视为标的物的数量或者质量符合约定。

当事人没有约定检验期限的，买受人应当在发现或者应当发现标的物的数量或者质量不符合约定的合理期限内通知出卖人。买受人在合理期限内未通知或者自收到标的物之日起二年内未通知出卖人的，视为标的物的数量或者质量符合约定；但是，对标的物有质量保证期的，适用质量保证期，不适用该二年的规定。

出卖人知道或者应当知道提供的标的物不符合约定的，买受人不受前两款规定的通知时间的限制。

第六百二十二条　【检验期限或质量保证期过短的处理】当事人约定的检验期限过短，根据标的物的性质和交易习惯，买受人在检验期限内难以完成全面检验的，该期限仅视为买受人对标的物的外观瑕疵提出异议的期限。

约定的检验期限或者质量保证期短于法律、行政法规规定期限的，应当以法律、行政法规规定的期限为准。

第六百二十三条　【标的物数量和外观瑕疵检验】当事人对检验期限未作约定，买受人签收的送货单、确认单等载明标的物数量、型号、规格的，推定买受人已经对数量和外观瑕疵进行检验，但是有相关证据足以推翻的除外。

第六百二十四条　【向第三人履行情形的检验标准】出卖人依照买受人的指示向第三人交付标的物，出卖人和买受人约定的检验标准与买受人和第三人约定的检验标准不一致的，以出卖人和买受人约定的检验标准为准。

第六百二十五条　【法定或约定情形下出卖人的回收义务】依照法律、行政法规的规定或者按照当事人的约定，标的物在有效使用年限届满后应予回收的，出卖人负有自行或者委托第三人对标的物予以回收的义务。

第六百二十六条　【买受人应支付价款的数额认定】买受人应当按照约定的数额和支付方式支付价款。对价款的数额和支付方式没有约定或者约定不明确的，适用本法第五百一十条、第五百一十一条第二项和第五项的规定。

第六百二十七条　【买受人支付价款地点】买受人应当按照约定的地点支付价款。对支付地点没有约定或者约定不明确，依据本法第五百一十条的规定仍不能确定的，买受人应当在出卖人的营业地支付；但是，约定支付价款以交付标的物或者交付提取标的物单证为条件的，在交付标的物或者交付提取标的物单证的所在地支付。

第六百二十八条　【买受人支付价款的时间】买受人应当按照约定的时间支付价款。对支付时间没有约定或者约定不明确，依据本法第五百一十条的规定仍不能确定的，买受人应当在收到标的物或者提取标的物单证的同时支付。

第六百二十九条　【出卖人多交标的物的处理】出卖人多交标的物的，买受人可以接收或者拒绝接收多交的部分。买受人接收多交部分的，按照约定的价格支付价款；买受人拒绝接收多交部分的，应当及时通知出卖人。

第六百三十条　【买卖合同标的物孳息的归属】标的物在交付之前产生的孳息，归出卖人所有；交付之后产生的孳息，归买受人所有。但是，当事人另有约定的除外。

第六百三十一条　【标的物的主物、从物不符约定解除合同的效力】因标的物的主物不符合约定而解除合同的，解除合同的效力及于从物。因标的物的从物不符合约定被解除的，解除的效力不及于主物。

第六百三十二条　【数物买卖合同的解除】标的物为数物，其中一物不符合约定的，买受人可以就该物解除。但是，该物与他物分离使标的物的价值显受损害的，买受人可以就数物解除合同。

第六百三十三条　【分批交付标的物的情况下解除合同的情形】出卖人分批交付标的物的，出卖人对其中一批标的物不交付或者交付不符合约定，致使该批标的物不能实现合同目的的，买受人可以就该批标的物解除。

出卖人不交付其中一批标的物或者交付不符合约定，致使之后其他各批标的物的交付不能实现合同目的的，买受人可以就该批以及之后其他各批标的物解除。

买受人如果就其中一批标的物解除，该批标的物与其他各批标的物相互依存的，可以就已经交付和未交付的各批标的物解除。

第六百三十四条 【分期付款买卖合同出卖人的法定解除权】 分期付款的买受人未支付到期价款的数额达到全部价款的五分之一，经催告后在合理期限内仍未支付到期价款的，出卖人可以请求买受人支付全部价款或者解除合同。

出卖人解除合同的，可以向买受人请求支付该标的物的使用费。

第六百三十五条 【凭样品买卖合同】 凭样品买卖的当事人应当封存样品，并可以对样品质量予以说明。出卖人交付的标的物应当与样品及其说明的质量相同。

第六百三十六条 【凭样品买卖合同样品存在隐蔽瑕疵的处理】 凭样品买卖的买受人不知道样品有隐蔽瑕疵的，即使交付的标的物与样品相同，出卖人交付的标的物的质量仍然应当符合同种物的通常标准。

第六百三十七条 【试用买卖合同】 试用买卖的当事人可以约定标的物的试用期限。对试用期限没有约定或者约定不明确，依据本法第五百一十条的规定仍不能确定的，由出卖人确定。

第六百三十八条 【试用买卖合同买受人对标的物购买选择权】 试用买卖的买受人在试用期内可以购买标的物，也可以拒绝购买。试用期限届满，买受人对是否购买标的物未作表示的，视为购买。

试用买卖的买受人在试用期内已经支付部分价款或者对标的物实施出卖、出租、设立担保物权等行为的，视为同意购买。

第六百三十九条 【试用买卖中标的物使用费的承担】 试用买卖的当事人对标的物使用费没有约定或者约定不明确的，出卖人无权请求买受人支付。

第六百四十条 【试用买卖中的风险承担】 标的物在试用期内毁损、灭失的风险由出卖人承担。

第六百四十一条 【标的物所有权保留条款】 当事人可以在买卖合同中约定买受人未履行支付价款或者其他义务的，标的物的所有权属于出卖人。

出卖人对标的物保留的所有权，未经登记，不得对抗善意第三人。

第六百四十二条 【所有权保留中出卖人的取回权】当事人约定出卖人保留合同标的物的所有权，在标的物所有权转移前，买受人有下列情形之一，造成出卖人损害的，除当事人另有约定外，出卖人有权取回标的物：

（一）未按照约定支付价款，经催告后在合理期限内仍未支付；

（二）未按照约定完成特定条件；

（三）将标的物出卖、出质或者作出其他不当处分。

出卖人可以与买受人协商取回标的物；协商不成的，可以参照适用担保物权的实现程序。

第六百四十三条 【已取回标的物的回赎与再出卖】出卖人依据前条第一款的规定取回标的物后，买受人在双方约定或者出卖人指定的合理回赎期限内，消除出卖人取回标的物的事由的，可以请求回赎标的物。

买受人在回赎期限内没有回赎标的物，出卖人可以以合理价格将标的物出卖给第三人，出卖所得价款扣除买受人未支付的价款以及必要费用后仍有剩余的，应当返还买受人；不足部分由买受人清偿。

第六百四十四条 【招标投标买卖合同】招标投标买卖的当事人的权利和义务以及招标投标程序等，依照有关法律、行政法规的规定。

第六百四十五条 【拍卖合同】拍卖的当事人的权利和义务以及拍卖程序等，依照有关法律、行政法规的规定。

第六百四十六条 【买卖合同准用于有偿合同】法律对其他有偿合同有规定的，依照其规定；没有规定的，参照适用买卖合同的有关规定。

第六百四十七条 【互易合同参照买卖合同的规定】当事人约定易货交易，转移标的物的所有权的，参照适用买卖合同的有关规定。

……

第六百五十七条　【赠与合同的概念】赠与合同是赠与人将自己的财产无偿给予受赠人，受赠人表示接受赠与的合同。

……

第六百六十二条　【赠与财产存在瑕疵的责任】赠与的财产有瑕疵的，赠与人不承担责任。附义务的赠与，赠与的财产有瑕疵的，赠与人在附义务的限度内承担与出卖人相同的责任。

赠与人故意不告知瑕疵或者保证无瑕疵，造成受赠人损失的，应当承担赔偿责任。

……

中华人民共和国食品安全法（节录）

（2009年2月28日第十一届全国人民代表大会常务委员会第七次会议通过　2015年4月24日第十二届全国人民代表大会常务委员会第十四次会议修订　根据2018年12月29日第十三届全国人民代表大会常务委员会第七次会议《关于修改〈中华人民共和国产品质量法〉等五部法律的决定》第一次修正　根据2021年4月29日第十三届全国人民代表大会常务委员会第二十八次会议《关于修改〈中华人民共和国道路交通安全法〉等八部法律的决定》第二次修正）

……

第四章　食品生产经营

第一节　一般规定

第三十三条　【食品生产经营要求】　食品生产经营应当符合

食品安全标准，并符合下列要求：

（一）具有与生产经营的食品品种、数量相适应的食品原料处理和食品加工、包装、贮存等场所，保持该场所环境整洁，并与有毒、有害场所以及其他污染源保持规定的距离；

（二）具有与生产经营的食品品种、数量相适应的生产经营设备或者设施，有相应的消毒、更衣、盥洗、采光、照明、通风、防腐、防尘、防蝇、防鼠、防虫、洗涤以及处理废水、存放垃圾和废弃物的设备或者设施；

（三）有专职或者兼职的食品安全专业技术人员、食品安全管理人员和保证食品安全的规章制度；

（四）具有合理的设备布局和工艺流程，防止待加工食品与直接入口食品、原料与成品交叉污染，避免食品接触有毒物、不洁物；

（五）餐具、饮具和盛放直接入口食品的容器，使用前应当洗净、消毒，炊具、用具用后应当洗净，保持清洁；

（六）贮存、运输和装卸食品的容器、工具和设备应当安全、无害，保持清洁，防止食品污染，并符合保证食品安全所需的温度、湿度等特殊要求，不得将食品与有毒、有害物品一同贮存、运输；

（七）直接入口的食品应当使用无毒、清洁的包装材料、餐具、饮具和容器；

（八）食品生产经营人员应当保持个人卫生，生产经营食品时，应当将手洗净，穿戴清洁的工作衣、帽等；销售无包装的直接入口食品时，应当使用无毒、清洁的容器、售货工具和设备；

（九）用水应当符合国家规定的生活饮用水卫生标准；

（十）使用的洗涤剂、消毒剂应当对人体安全、无害；

（十一）法律、法规规定的其他要求。

非食品生产经营者从事食品贮存、运输和装卸的，应当符合前款第六项的规定。

第三十四条　【禁止生产经营的食品、食品添加剂、食品相关产品】禁止生产经营下列食品、食品添加剂、食品相关产品：

（一）用非食品原料生产的食品或者添加食品添加剂以外的化学物质和其他可能危害人体健康物质的食品，或者用回收食品作为原料生产的食品；

（二）致病性微生物，农药残留、兽药残留、生物毒素、重金属等污染物质以及其他危害人体健康的物质含量超过食品安全标准限量的食品、食品添加剂、食品相关产品；

（三）用超过保质期的食品原料、食品添加剂生产的食品、食品添加剂；

（四）超范围、超限量使用食品添加剂的食品；

（五）营养成分不符合食品安全标准的专供婴幼儿和其他特定人群的主辅食品；

（六）腐败变质、油脂酸败、霉变生虫、污秽不洁、混有异物、掺假掺杂或者感官性状异常的食品、食品添加剂；

（七）病死、毒死或者死因不明的禽、畜、兽、水产动物肉类及其制品；

（八）未按规定进行检疫或者检疫不合格的肉类，或者未经检验或者检验不合格的肉类制品；

（九）被包装材料、容器、运输工具等污染的食品、食品添加剂；

（十）标注虚假生产日期、保质期或者超过保质期的食品、食品添加剂；

（十一）无标签的预包装食品、食品添加剂；

（十二）国家为防病等特殊需要明令禁止生产经营的食品；

（十三）其他不符合法律、法规或者食品安全标准的食品、食品添加剂、食品相关产品。

第三十五条　【食品生产经营许可】国家对食品生产经营实行许可制度。从事食品生产、食品销售、餐饮服务，应当依法取得许可。但是，销售食用农产品和仅销售预包装食品的，不需要取得许可。仅销售预包装食品的，应当报所在地县级以上地方人民政府食品安全监督管理部门备案。

县级以上地方人民政府食品安全监督管理部门应当依照《中华人民共和国行政许可法》的规定，审核申请人提交的本法第三十三条第一款第一项至第四项规定要求的相关资料，必要时对申请人的生产经营场所进行现场核查；对符合规定条件的，准予许可；对不符合规定条件的，不予许可并书面说明理由。

第三十六条　【对食品生产加工小作坊和食品摊贩等的管理】食品生产加工小作坊和食品摊贩等从事食品生产经营活动，应当符合本法规定的与其生产经营规模、条件相适应的食品安全要求，保证所生产经营的食品卫生、无毒、无害，食品安全监督管理部门应当对其加强监督管理。

县级以上地方人民政府应当对食品生产加工小作坊、食品摊贩等进行综合治理，加强服务和统一规划，改善其生产经营环境，鼓励和支持其改进生产经营条件，进入集中交易市场、店铺等固定场所经营，或者在指定的临时经营区域、时段经营。

食品生产加工小作坊和食品摊贩等的具体管理办法由省、自治区、直辖市制定。

第三十七条　【利用新的食品原料从事食品生产等的安全性评估】利用新的食品原料生产食品，或者生产食品添加剂新品种、食品相关产品新品种，应当向国务院卫生行政部门提交相关产品的安全性评估材料。国务院卫生行政部门应当自收到申请之日起六十日内组织审查；对符合食品安全要求的，准予许可并公布；对不符合食品安全要求的，不予许可并书面说明理由。

第三十八条　【食品中不得添加药品】生产经营的食品中不得添加药品，但是可以添加按照传统既是食品又是中药材的物质。按照传统既是食品又是中药材的物质目录由国务院卫生行政部门会同国务院食品安全监督管理部门制定、公布。

第三十九条　【食品添加剂生产许可】国家对食品添加剂生产实行许可制度。从事食品添加剂生产，应当具有与所生产食品添加剂品种相适应的场所、生产设备或者设施、专业技术人员和管理制度，并依照本法第三十五条第二款规定的程序，取得食品添加剂生产许可。

生产食品添加剂应当符合法律、法规和食品安全国家标准。

第四十条　【食品添加剂允许使用的条件和使用要求】 食品添加剂应当在技术上确有必要且经过风险评估证明安全可靠，方可列入允许使用的范围；有关食品安全国家标准应当根据技术必要性和食品安全风险评估结果及时修订。

食品生产经营者应当按照食品安全国家标准使用食品添加剂。

第四十一条　【食品相关产品的生产要求】 生产食品相关产品应当符合法律、法规和食品安全国家标准。对直接接触食品的包装材料等具有较高风险的食品相关产品，按照国家有关工业产品生产许可证管理的规定实施生产许可。食品安全监督管理部门应当加强对食品相关产品生产活动的监督管理。

第四十二条　【食品安全全程追溯制度】 国家建立食品安全全程追溯制度。

食品生产经营者应当依照本法的规定，建立食品安全追溯体系，保证食品可追溯。国家鼓励食品生产经营者采用信息化手段采集、留存生产经营信息，建立食品安全追溯体系。

国务院食品安全监督管理部门会同国务院农业行政等有关部门建立食品安全全程追溯协作机制。

第四十三条　【食品规模化生产和食品安全责任保险】 地方各级人民政府应当采取措施鼓励食品规模化生产和连锁经营、配送。

国家鼓励食品生产经营企业参加食品安全责任保险。

第二节　生产经营过程控制

第四十四条　【食品生产经营企业食品安全管理制度】 食品生产经营企业应当建立健全食品安全管理制度，对职工进行食品安全知识培训，加强食品检验工作，依法从事生产经营活动。

食品生产经营企业的主要负责人应当落实企业食品安全管理制度，对本企业的食品安全工作全面负责。

食品生产经营企业应当配备食品安全管理人员，加强对其培训和考核。经考核不具备食品安全管理能力的，不得上岗。食品安全监督管理部门应当对企业食品安全管理人员随机进行监督抽查考核并公布考核情况。监督抽查考核不得收取费用。

第四十五条 【食品从业人员健康管理】食品生产经营者应当建立并执行从业人员健康管理制度。患有国务院卫生行政部门规定的有碍食品安全疾病的人员，不得从事接触直接入口食品的工作。

从事接触直接入口食品工作的食品生产经营人员应当每年进行健康检查，取得健康证明后方可上岗工作。

第四十六条 【食品生产企业制定并实施食品安全管理控制要求】食品生产企业应当就下列事项制定并实施控制要求，保证所生产的食品符合食品安全标准：

（一）原料采购、原料验收、投料等原料控制；

（二）生产工序、设备、贮存、包装等生产关键环节控制；

（三）原料检验、半成品检验、成品出厂检验等检验控制；

（四）运输和交付控制。

第四十七条 【食品生产经营者的自查制度】食品生产经营者应当建立食品安全自查制度，定期对食品安全状况进行检查评价。生产经营条件发生变化，不再符合食品安全要求的，食品生产经营者应当立即采取整改措施；有发生食品安全事故潜在风险的，应当立即停止食品生产经营活动，并向所在地县级人民政府食品安全监督管理部门报告。

第四十八条 【鼓励食品企业提高食品安全管理水平】国家鼓励食品生产经营企业符合良好生产规范要求，实施危害分析与关键控制点体系，提高食品安全管理水平。

对通过良好生产规范、危害分析与关键控制点体系认证的食品生产经营企业，认证机构应当依法实施跟踪调查；对不再符合认证要求的企业，应当依法撤销认证，及时向县级以上人民政府食品安全监督管理部门通报，并向社会公布。认证机构实施跟踪调查不得收取费用。

第四十九条　【农业投入品的使用管理】食用农产品生产者应当按照食品安全标准和国家有关规定使用农药、肥料、兽药、饲料和饲料添加剂等农业投入品，严格执行农业投入品使用安全间隔期或者休药期的规定，不得使用国家明令禁止的农业投入品。禁止将剧毒、高毒农药用于蔬菜、瓜果、茶叶和中草药材等国家规定的农作物。

食用农产品的生产企业和农民专业合作经济组织应当建立农业投入品使用记录制度。

县级以上人民政府农业行政部门应当加强对农业投入品使用的监督管理和指导，建立健全农业投入品安全使用制度。

第五十条　【食品生产者进货查验记录制度】食品生产者采购食品原料、食品添加剂、食品相关产品，应当查验供货者的许可证和产品合格证明；对无法提供合格证明的食品原料，应当按照食品安全标准进行检验；不得采购或者使用不符合食品安全标准的食品原料、食品添加剂、食品相关产品。

食品生产企业应当建立食品原料、食品添加剂、食品相关产品进货查验记录制度，如实记录食品原料、食品添加剂、食品相关产品的名称、规格、数量、生产日期或者生产批号、保质期、进货日期以及供货者名称、地址、联系方式等内容，并保存相关凭证。记录和凭证保存期限不得少于产品保质期满后六个月；没有明确保质期的，保存期限不得少于二年。

第五十一条　【食品出厂检验记录制度】食品生产企业应当建立食品出厂检验记录制度，查验出厂食品的检验合格证和安全状况，如实记录食品的名称、规格、数量、生产日期或者生产批号、保质期、检验合格证号、销售日期以及购货者名称、地址、联系方式等内容，并保存相关凭证。记录和凭证保存期限应当符合本法第五十条第二款的规定。

第五十二条 【食品质量检验】食品、食品添加剂、食品相关产品的生产者，应当按照食品安全标准对所生产的食品、食品添加剂、食品相关产品进行检验，检验合格后方可出厂或者销售。

第五十三条 【食品经营者进货查验记录制度】食品经营者采购食品，应当查验供货者的许可证和食品出厂检验合格证或者其他合格证明（以下称合格证明文件）。

食品经营企业应当建立食品进货查验记录制度，如实记录食品的名称、规格、数量、生产日期或者生产批号、保质期、进货日期以及供货者名称、地址、联系方式等内容，并保存相关凭证。记录和凭证保存期限应当符合本法第五十条第二款的规定。

实行统一配送经营方式的食品经营企业，可以由企业总部统一查验供货者的许可证和食品合格证明文件，进行食品进货查验记录。

从事食品批发业务的经营企业应当建立食品销售记录制度，如实记录批发食品的名称、规格、数量、生产日期或者生产批号、保质期、销售日期以及购货者名称、地址、联系方式等内容，并保存相关凭证。记录和凭证保存期限应当符合本法第五十条第二款的规定。

第五十四条 【食品经营者贮存食品的要求】食品经营者应当按照保证食品安全的要求贮存食品，定期检查库存食品，及时清理变质或者超过保质期的食品。

食品经营者贮存散装食品，应当在贮存位置标明食品的名称、生产日期或者生产批号、保质期、生产者名称及联系方式等内容。

第五十五条 【餐饮服务提供者原料控制要求】餐饮服务提供者应当制定并实施原料控制要求，不得采购不符合食品安全标准的食品原料。倡导餐饮服务提供者公开加工过程，公示食品原料及其来源等信息。

餐饮服务提供者在加工过程中应当检查待加工的食品及原料，发现有本法第三十四条第六项规定情形的，不得加工或者使用。

第五十六条　【餐饮服务提供者的食品安全管理】餐饮服务提供者应当定期维护食品加工、贮存、陈列等设施、设备；定期清洗、校验保温设施及冷藏、冷冻设施。

餐饮服务提供者应当按照要求对餐具、饮具进行清洗消毒，不得使用未经清洗消毒的餐具、饮具；餐饮服务提供者委托清洗消毒餐具、饮具的，应当委托符合本法规定条件的餐具、饮具集中消毒服务单位。

第五十七条　【集中用餐单位食品安全管理】学校、托幼机构、养老机构、建筑工地等集中用餐单位的食堂应当严格遵守法律、法规和食品安全标准；从供餐单位订餐的，应当从取得食品生产经营许可的企业订购，并按照要求对订购的食品进行查验。供餐单位应当严格遵守法律、法规和食品安全标准，当餐加工，确保食品安全。

学校、托幼机构、养老机构、建筑工地等集中用餐单位的主管部门应当加强对集中用餐单位的食品安全教育和日常管理，降低食品安全风险，及时消除食品安全隐患。

第五十八条　【餐饮具集中消毒服务单位食品安全责任】餐具、饮具集中消毒服务单位应当具备相应的作业场所、清洗消毒设备或者设施，用水和使用的洗涤剂、消毒剂应当符合相关食品安全国家标准和其他国家标准、卫生规范。

餐具、饮具集中消毒服务单位应当对消毒餐具、饮具进行逐批检验，检验合格后方可出厂，并应当随附消毒合格证明。消毒后的餐具、饮具应当在独立包装上标注单位名称、地址、联系方式、消毒日期以及使用期限等内容。

第五十九条　【食品添加剂生产者出厂检验记录制度】食品添加剂生产者应当建立食品添加剂出厂检验记录制度，查验出厂产品的检验合格证和安全状况，如实记录食品添加剂的名称、规格、数量、生产日期或者生产批号、保质期、检验合格证号、销售日期以及购货者名称、地址、联系方式等相关内容，并保存相关凭证。记录和凭证保存期限应当符合本法第五十条第二款的规定。

第六十条　【食品添加剂经营者进货查验记录制度】食品添加剂经营者采购食品添加剂，应当依法查验供货者的许可证和产品合格证明文件，如实记录食品添加剂的名称、规格、数量、生产日期或者生产批号、保质期、进货日期以及供货者名称、地址、联系方式等内容，并保存相关凭证。记录和凭证保存期限应当符合本法第五十条第二款的规定。

第六十一条　【集中交易市场的开办者、柜台出租者和展销会举办者的食品安全责任】集中交易市场的开办者、柜台出租者和展销会举办者，应当依法审查入场食品经营者的许可证，明确其食品安全管理责任，定期对其经营环境和条件进行检查，发现其有违反本法规定行为的，应当及时制止并立即报告所在地县级人民政府食品安全监督管理部门。

第六十二条　【网络食品交易第三方平台提供者的义务】网络食品交易第三方平台提供者应当对入网食品经营者进行实名登记，明确其食品安全管理责任；依法应当取得许可证的，还应当审查其许可证。

网络食品交易第三方平台提供者发现入网食品经营者有违反本法规定行为的，应当及时制止并立即报告所在地县级人民政府食品安全监督管理部门；发现严重违法行为的，应当立即停止提供网络交易平台服务。

第六十三条　【食品召回制度】国家建立食品召回制度。食品生产者发现其生产的食品不符合食品安全标准或者有证据证明可能危害人体健康的，应当立即停止生产，召回已经上市销售的食品，通知相关生产经营者和消费者，并记录召回和通知情况。

食品经营者发现其经营的食品有前款规定情形的，应当立即停止经营，通知相关生产经营者和消费者，并记录停止经营和通知情况。食品生产者认为应当召回的，应当立即召回。由于食品经营者的原因造成其经营的食品有前款规定情形的，食品经营者应当召回。

食品生产经营者应当对召回的食品采取无害化处理、销毁等措施，防止其再次流入市场。但是，对因标签、标志或者说明书不符合食品安全标准而被召回的食品，食品生产者在采取补救措施且能保证食品安全的情况下可以继续销售；销售时应当向消费者明示补救措施。

食品生产经营者应当将食品召回和处理情况向所在地县级人民政府食品安全监督管理部门报告；需要对召回的食品进行无害化处理、销毁的，应当提前报告时间、地点。食品安全监督管理部门认为必要的，可以实施现场监督。

食品生产经营者未依照本条规定召回或者停止经营的，县级以上人民政府食品安全监督管理部门可以责令其召回或者停止经营。

第六十四条　【食用农产品批发市场对进场销售的食用农产品抽样检验】食用农产品批发市场应当配备检验设备和检验人员或者委托符合本法规定的食品检验机构，对进入该批发市场销售的食用农产品进行抽样检验；发现不符合食品安全标准的，应当要求销售者立即停止销售，并向食品安全监督管理部门报告。

第六十五条　【食用农产品进货查验记录制度】食用农产品销售者应当建立食用农产品进货查验记录制度，如实记录食用农产品的名称、数量、进货日期以及供货者名称、地址、联系方式等内容，并保存相关凭证。记录和凭证保存期限不得少于六个月。

第六十六条　【食用农产品使用食品添加剂和食品相关产品应当符合食品安全国家标准】进入市场销售的食用农产品在包装、保鲜、贮存、运输中使用保鲜剂、防腐剂等食品添加剂和包装材料等食品相关产品，应当符合食品安全国家标准。

第三节　标签、说明书和广告

第六十七条　【预包装食品标签】预包装食品的包装上应当有标签。标签应当标明下列事项：

（一）名称、规格、净含量、生产日期；

（二）成分或者配料表；

（三）生产者的名称、地址、联系方式；

（四）保质期；

（五）产品标准代号；

（六）贮存条件；

（七）所使用的食品添加剂在国家标准中的通用名称；

（八）生产许可证编号；

（九）法律、法规或者食品安全标准规定应当标明的其他事项。

专供婴幼儿和其他特定人群的主辅食品，其标签还应当标明主要营养成分及其含量。

食品安全国家标准对标签标注事项另有规定的，从其规定。

第六十八条　【散装食品的标注要求】食品经营者销售散装食品，应当在散装食品的容器、外包装上标明食品的名称、生产日期或者生产批号、保质期以及生产经营者名称、地址、联系方式等内容。

第六十九条　【转基因食品的显著标示】生产经营转基因食品应当按照规定显著标示。

第七十条　【食品添加剂的标签、说明书和包装】食品添加剂应当有标签、说明书和包装。标签、说明书应当载明本法第六十七条第一款第一项至第六项、第八项、第九项规定的事项，以及食品添加剂的使用范围、用量、使用方法，并在标签上载明“食品添加剂”字样。

第七十一条　【标签、说明书的真实性要求】食品和食品添加剂的标签、说明书，不得含有虚假内容，不得涉及疾病预防、治疗功能。生产经营者对其提供的标签、说明书的内容负责。

食品和食品添加剂的标签、说明书应当清楚、明显，生产日期、保质期等事项应当显著标注，容易辨识。

食品和食品添加剂与其标签、说明书的内容不符的，不得上市销售。

第七十二条　【预包装食品的销售要求】食品经营者应当按照食品标签标示的警示标志、警示说明或者注意事项的要求销售食品。

第七十三条　【食品广告要求】食品广告的内容应当真实合法，不得含有虚假内容，不得涉及疾病预防、治疗功能。食品生产经营者对食品广告内容的真实性、合法性负责。

县级以上人民政府食品安全监督管理部门和其他有关部门以及食品检验机构、食品行业协会不得以广告或者其他形式向消费者推荐食品。消费者组织不得以收取费用或者其他牟取利益的方式向消费者推荐食品。

第四节　特 殊 食 品

第七十四条　【特殊食品监督管理原则】国家对保健食品、特殊医学用途配方食品和婴幼儿配方食品等特殊食品实行严格监督管理。

第七十五条　【保健食品原料和功能目录】保健食品声称保健功能，应当具有科学依据，不得对人体产生急性、亚急性或者慢性危害。

保健食品原料目录和允许保健食品声称的保健功能目录，由国务院食品安全监督管理部门会同国务院卫生行政部门、国家中医药管理部门制定、调整并公布。

保健食品原料目录应当包括原料名称、用量及其对应的功效；列入保健食品原料目录的原料只能用于保健食品生产，不得用于其他食品生产。

第七十六条　【保健食品的注册和备案制度】使用保健食品原料目录以外原料的保健食品和首次进口的保健食品应当经国务院食品安全监督管理部门注册。但是，首次进口的保健食品中属于补充维生素、矿物质等营养物质的，应当报国务院食品安全监督管理部门备案。其他保健食品应当报省、自治区、直辖市人民政府食品安全监督管理部门备案。

进口的保健食品应当是出口国（地区）主管部门准许上市销售的产品。

第七十七条　【保健食品注册和备案的具体要求】依法应当注册的保健食品，注册时应当提交保健食品的研发报告、产品配方、生产工艺、安全性和保健功能评价、标签、说明书等材料及样品，并提供相关证明文件。国务院食品安全监督管理部门经组织技术审评，对符合安全和功能声称要求的，准予注册；对不符合要求的，不予注册并书面说明理由。对使用保健食品原料目录以外原料的保健食品作出准予注册决定的，应当及时将该原料纳入保健食品原料目录。

依法应当备案的保健食品，备案时应当提交产品配方、生产工艺、标签、说明书以及表明产品安全性和保健功能的材料。

第七十八条　【保健食品的标签、说明书】保健食品的标签、说明书不得涉及疾病预防、治疗功能，内容应当真实，与注册或者备案的内容相一致，载明适宜人群、不适宜人群、功效成分或者标志性成分及其含量等，并声明“本品不能代替药物”。保健食品的功能和成分应当与标签、说明书相一致。

第七十九条　【保健食品广告】保健食品广告除应当符合本法第七十三条第一款的规定外，还应当声明“本品不能代替药物”；其内容应当经生产企业所在地省、自治区、直辖市人民政府食品安全监督管理部门审查批准，取得保健食品广告批准文件。省、自治区、直辖市人民政府食品安全监督管理部门应当公布并及时更新已经批准的保健食品广告目录以及批准的广告内容。

第八十条　【特殊医学用途配方食品】特殊医学用途配方食品应当经国务院食品安全监督管理部门注册。注册时，应当提交产品配方、生产工艺、标签、说明书以及表明产品安全性、营养充足性和特殊医学用途临床效果的材料。

特殊医学用途配方食品广告适用《中华人民共和国广告法》和其他法律、行政法规关于药品广告管理的规定。

第八十一条　【婴幼儿配方食品的管理】婴幼儿配方食品生产企业应当实施从原料进厂到成品出厂的全过程质量控制，对出厂的婴幼儿配方食品实施逐批检验，保证食品安全。

生产婴幼儿配方食品使用的生鲜乳、辅料等食品原料、食品添加剂等，应当符合法律、行政法规的规定和食品安全国家标准，保证婴幼儿生长发育所需的营养成分。

婴幼儿配方食品生产企业应当将食品原料、食品添加剂、产品配方及标签等事项向省、自治区、直辖市人民政府食品安全监督管理部门备案。

婴幼儿配方乳粉的产品配方应当经国务院食品安全监督管理部门注册。注册时，应当提交配方研发报告和其他表明配方科学性、安全性的材料。

不得以分装方式生产婴幼儿配方乳粉，同一企业不得用同一配方生产不同品牌的婴幼儿配方乳粉。

第八十二条　【注册、备案材料确保真实】保健食品、特殊医学用途配方食品、婴幼儿配方乳粉的注册人或者备案人应当对其提交材料的真实性负责。

省级以上人民政府食品安全监督管理部门应当及时公布注册或者备案的保健食品、特殊医学用途配方食品、婴幼儿配方乳粉目录，并对注册或者备案中获知的企业商业秘密予以保密。

保健食品、特殊医学用途配方食品、婴幼儿配方乳粉生产企业应当按照注册或者备案的产品配方、生产工艺等技术要求组织生产。

第八十三条　【特殊食品生产质量管理体系】生产保健食品，特殊医学用途配方食品、婴幼儿配方食品和其他专供特定人群的主辅食品的企业，应当按照良好生产规范的要求建立与所生产食品相适应的生产质量管理体系，定期对该体系的运行情况进行自查，保证其有效运行，并向所在地县级人民政府食品安全监督管理部门提交自查报告。

第五章　食品检验

第八十四条　【食品检验机构】食品检验机构按照国家有关认证认可的规定取得资质认定后，方可从事食品检验活动。但是，法律另有规定的除外。

食品检验机构的资质认定条件和检验规范，由国务院食品安全监督管理部门规定。

符合本法规定的食品检验机构出具的检验报告具有同等效力。

县级以上人民政府应当整合食品检验资源，实现资源共享。

第八十五条　【食品检验人】食品检验由食品检验机构指定的检验人独立进行。

检验人应当依照有关法律、法规的规定，并按照食品安全标准和检验规范对食品进行检验，尊重科学，恪守职业道德，保证出具的检验数据和结论客观、公正，不得出具虚假检验报告。

第八十六条　【食品检验机构与检验人共同负责制】食品检验实行食品检验机构与检验人负责制。食品检验报告应当加盖食品检验机构公章，并有检验人的签名或者盖章。食品检验机构和检验人对出具的食品检验报告负责。

第八十七条　【监督抽检】县级以上人民政府食品安全监督管理部门应当对食品进行定期或者不定期的抽样检验，并依据有关规定公布检验结果，不得免检。进行抽样检验，应当购买抽取的样品，委托符合本法规定的食品检验机构进行检验，并支付相关费用；不得向食品生产经营者收取检验费和其他费用。

第八十八条　【复检】对依照本法规定实施的检验结论有异议的，食品生产经营者可以自收到检验结论之日起七个工作日内向实施抽样检验的食品安全监督管理部门或者其上一级食品安全监督管理部门提出复检申请，由受理复检申请的食品安全监督管理部门在公布的复检机构名录中随机确定复检机构进行复检。复检机构出具的复检结论为最终检验结论。复检机构与初检机构不得为同一机构。复检机构名录由国务院认证认可监督管理、食品安全监督管理、卫生行政、农业行政等部门共同公布。

采用国家规定的快速检测方法对食用农产品进行抽查检测，被抽查人对检测结果有异议的，可以自收到检测结果时起四小时内申请复检。复检不得采用快速检测方法。

第八十九条　【自行检验和委托检验】食品生产企业可以自行对所生产的食品进行检验，也可以委托符合本法规定的食品检验机构进行检验。

食品行业协会和消费者协会等组织、消费者需要委托食品检验机构对食品进行检验的，应当委托符合本法规定的食品检验机构进行。

第九十条　【食品添加剂的检验】食品添加剂的检验，适用本法有关食品检验的规定。

……

第九章　法律责任

第一百二十二条　【未经许可从事食品生产经营活动等的法律责任】违反本法规定，未取得食品生产经营许可从事食品生产经营活动，或者未取得食品添加剂生产许可从事食品添加剂生产活动的，由县级以上人民政府食品安全监督管理部门没收违法所得和违法生产经营的食品、食品添加剂以及用于违法生产经营的工具、设备、原料等物品；违法生产经营的食品、食品添加剂货值金额不足一万元的，并处五万元以上十万元以下罚款；货值金额一万元以上的，并处货值金额十倍以上二十倍以下罚款。

明知从事前款规定的违法行为，仍为其提供生产经营场所或者其他条件的，由县级以上人民政府食品安全监督管理部门责令停止违法行为，没收违法所得，并处五万元以上十万元以下罚款；使消费者的合法权益受到损害的，应当与食品、食品添加剂生产经营者承担连带责任。

第一百二十三条　【八类最严重违法食品生产经营行为的法律责任】 违反本法规定，有下列情形之一，尚不构成犯罪的，由县级以上人民政府食品安全监督管理部门没收违法所得和违法生产经营的食品，并可以没收用于违法生产经营的工具、设备、原料等物品；违法生产经营的食品货值金额不足一万元的，并处十万元以上十五万元以下罚款；货值金额一万元以上的，并处货值金额十五倍以上三十倍以下罚款；情节严重的，吊销许可证，并可以由公安机关对其直接负责的主管人员和其他直接责任人员处五日以上十五日以下拘留：

（一）用非食品原料生产食品、在食品中添加食品添加剂以外的化学物质和其他可能危害人体健康的物质，或者用回收食品作为原料生产食品，或者经营上述食品；

（二）生产经营营养成分不符合食品安全标准的专供婴幼儿和其他特定人群的主辅食品；

（三）经营病死、毒死或者死因不明的禽、畜、兽、水产动物肉类，或者生产经营其制品；

（四）经营未按规定进行检疫或者检疫不合格的肉类，或者生产经营未经检验或者检验不合格的肉类制品；

（五）生产经营国家为防病等特殊需要明令禁止生产经营的食品；

（六）生产经营添加药品的食品。

明知从事前款规定的违法行为，仍为其提供生产经营场所或者其他条件的，由县级以上人民政府食品安全监督管理部门责令停止违法行为，没收违法所得，并处十万元以上二十万元以下罚款；使消费者的合法权益受到损害的，应当与食品生产经营者承担连带责任。

违法使用剧毒、高毒农药的，除依照有关法律、法规规定给予处罚外，可以由公安机关依照第一款规定给予拘留。

第一百二十四条　【十一类违法生产经营行为的法律责任】违反本法规定，有下列情形之一，尚不构成犯罪的，由县级以上人民政府食品安全监督管理部门没收违法所得和违法生产经营的食品、食品添加剂，并可以没收用于违法生产经营的工具、设备、原料等物品；违法生产经营的食品、食品添加剂货值金额不足一万元的，并处五万元以上十万元以下罚款；货值金额一万元以上的，并处货值金额十倍以上二十倍以下罚款；情节严重的，吊销许可证：

（一）生产经营致病性微生物，农药残留、兽药残留、生物毒素、重金属等污染物质以及其他危害人体健康的物质含量超过食品安全标准限量的食品、食品添加剂；

（二）用超过保质期的食品原料、食品添加剂生产食品、食品添加剂，或者经营上述食品、食品添加剂；

（三）生产经营超范围、超限量使用食品添加剂的食品；

（四）生产经营腐败变质、油脂酸败、霉变生虫、污秽不洁、混有异物、掺假掺杂或者感官性状异常的食品、食品添加剂；

（五）生产经营标注虚假生产日期、保质期或者超过保质期的食品、食品添加剂；

（六）生产经营未按规定注册的保健食品、特殊医学用途配方食品、婴幼儿配方乳粉，或者未按注册的产品配方、生产工艺等技术要求组织生产；

（七）以分装方式生产婴幼儿配方乳粉，或者同一企业以同一配方生产不同品牌的婴幼儿配方乳粉；

（八）利用新的食品原料生产食品，或者生产食品添加剂新品种，未通过安全性评估；

（九）食品生产经营者在食品安全监督管理部门责令其召回或者停止经营后，仍拒不召回或者停止经营。

除前款和本法第一百二十三条、第一百二十五条规定的情形外，生产经营不符合法律、法规或者食品安全标准的食品、食品添加剂的，依照前款规定给予处罚。

生产食品相关产品新品种，未通过安全性评估，或者生产不符合食品安全标准的食品相关产品的，由县级以上人民政府食品安全监督管理部门依照第一款规定给予处罚。

第一百二十五条　【四类违法生产经营行为的法律责任】违反本法规定，有下列情形之一的，由县级以上人民政府食品安全监督管理部门没收违法所得和违法生产经营的食品、食品添加剂，并可以没收用于违法生产经营的工具、设备、原料等物品；违法生产经营的食品、食品添加剂货值金额不足一万元的，并处五千元以上五万元以下罚款；货值金额一万元以上的，并处货值金额五倍以上十倍以下罚款；情节严重的，责令停产停业，直至吊销许可证：

（一）生产经营被包装材料、容器、运输工具等污染的食品、食品添加剂；

（二）生产经营无标签的预包装食品、食品添加剂或者标签、说明书不符合本法规定的食品、食品添加剂；

（三）生产经营转基因食品未按规定进行标示；

（四）食品生产经营者采购或者使用不符合食品安全标准的食品原料、食品添加剂、食品相关产品。

生产经营的食品、食品添加剂的标签、说明书存在瑕疵但不影响食品安全且不会对消费者造成误导的，由县级以上人民政府食品安全监督管理部门责令改正；拒不改正的，处二千元以下罚款。

第一百二十六条　【十六类生产经营过程中违法行为所应承担的法律责任】违反本法规定，有下列情形之一的，由县级以上人民政府食品安全监督管理部门责令改正，给予警告；拒不改正的，处五千元以上五万元以下罚款；情节严重的，责令停产停业，直至吊销许可证：

（一）食品、食品添加剂生产者未按规定对采购的食品原料和生产的食品、食品添加剂进行检验；

（二）食品生产经营企业未按规定建立食品安全管理制度，或者未按规定配备或者培训、考核食品安全管理人员；

（三）食品、食品添加剂生产经营者进货时未查验许可证和相关证明文件，或者未按规定建立并遵守进货查验记录、出厂检验记录和销售记录制度；

（四）食品生产经营企业未制定食品安全事故处置方案；

（五）餐具、饮具和盛放直接入口食品的容器，使用前未经洗净、消毒或者清洗消毒不合格，或者餐饮服务设施、设备未按规定定期维护、清洗、校验；

（六）食品生产经营者安排未取得健康证明或者患有国务院卫生行政部门规定的有碍食品安全疾病的人员从事接触直接入口食品的工作；

（七）食品经营者未按规定要求销售食品；

（八）保健食品生产企业未按规定向食品安全监督管理部门备案，或者未按备案的产品配方、生产工艺等技术要求组织生产；

（九）婴幼儿配方食品生产企业未将食品原料、食品添加剂、产品配方、标签等向食品安全监督管理部门备案；

（十）特殊食品生产企业未按规定建立生产质量管理体系并有效运行，或者未定期提交自查报告；

（十一）食品生产经营者未定期对食品安全状况进行检查评价，或者生产经营条件发生变化，未按规定处理；

（十二）学校、托幼机构、养老机构、建筑工地等集中用餐单位未按规定履行食品安全管理责任；

（十三）食品生产企业、餐饮服务提供者未按规定制定、实施生产经营过程控制要求。

餐具、饮具集中消毒服务单位违反本法规定用水，使用洗涤剂、消毒剂，或者出厂的餐具、饮具未按规定检验合格并随附消毒合格证明，或者未按规定在独立包装上标注相关内容的，由县级以上人民政府卫生行政部门依照前款规定给予处罚。

食品相关产品生产者未按规定对生产的食品相关产品进行检验的，由县级以上人民政府食品安全监督管理部门依照第一款规定给予处罚。

食用农产品销售者违反本法第六十五条规定的，由县级以上人民政府食品安全监督管理部门依照第一款规定给予处罚。

第一百二十七条　【对食品生产加工小作坊、食品摊贩等的违法行为的处罚】 对食品生产加工小作坊、食品摊贩等的违法行为的处罚，依照省、自治区、直辖市制定的具体管理办法执行。

第一百二十八条　【事故单位违法行为所应承担的法律责任】 违反本法规定，事故单位在发生食品安全事故后未进行处置、报告的，由有关主管部门按照各自职责分工责令改正，给予警告；隐匿、伪造、毁灭有关证据的，责令停产停业，没收违法所得，并处十万元以上五十万元以下罚款；造成严重后果的，吊销许可证。

第一百二十九条　【进出口违法行为所应承担的法律责任】 违反本法规定，有下列情形之一的，由出入境检验检疫机构依照本法第一百二十四条的规定给予处罚：

（一）提供虚假材料，进口不符合我国食品安全国家标准的食品、食品添加剂、食品相关产品；

（二）进口尚无食品安全国家标准的食品，未提交所执行的标准并经国务院卫生行政部门审查，或者进口利用新的食品原料生产的食品或者进口食品添加剂新品种、食品相关产品新品种，未通过安全性评估；

（三）未遵守本法的规定出口食品；

（四）进口商在有关主管部门责令其依照本法规定召回进口的食品后，仍拒不召回。

违反本法规定，进口商未建立并遵守食品、食品添加剂进口和销售记录制度、境外出口商或者生产企业审核制度的，由出入境检验检疫机构依照本法第一百二十六条的规定给予处罚。

第一百三十条　【集中交易市场违法行为所应承担的法律责

任】违反本法规定，集中交易市场的开办者、柜台出租者、展销会的举办者允许未依法取得许可的食品经营者进入市场销售食品，或者未履行检查、报告等义务的，由县级以上人民政府食品安全监督管理部门责令改正，没收违法所得，并处五万元以上二十万元以下罚款；造成严重后果的，责令停业，直至由原发证部门吊销许可证；使消费者的合法权益受到损害的，应当与食品经营者承担连带责任。

食用农产品批发市场违反本法第六十四条规定的，依照前款规定承担责任。

第一百三十一条　【网络食品交易违法行为所应承担的法律责任】违反本法规定，网络食品交易第三方平台提供者未对入网食品经营者进行实名登记、审查许可证，或者未履行报告、停止提供网络交易平台服务等义务的，由县级以上人民政府食品安全监督管理部门责令改正，没收违法所得，并处五万元以上二十万元以下罚款；造成严重后果的，责令停业，直至由原发证部门吊销许可证；使消费者的合法权益受到损害的，应当与食品经营者承担连带责任。

消费者通过网络食品交易第三方平台购买食品，其合法权益受到损害的，可以向入网食品经营者或者食品生产者要求赔偿。网络食品交易第三方平台提供者不能提供入网食品经营者的真实名称、地址和有效联系方式的，由网络食品交易第三方平台提供者赔偿。网络食品交易第三方平台提供者赔偿后，有权向入网食品经营者或者食品生产者追偿。网络食品交易第三方平台提供者作出更有利于消费者承诺的，应当履行其承诺。

第一百三十二条　【进行食品贮存、运输和装卸违法行为所应承担的法律责任】违反本法规定，未按要求进行食品贮存、运输和装卸的，由县级以上人民政府食品安全监督管理等部门按照各自职责分工责令改正，给予警告；拒不改正的，责令停产停业，并处一万元以上五万元以下罚款；情节严重的，吊销许可证。

第一百三十三条 【拒绝、阻挠、干涉依法开展食品安全工作、打击报复举报人的法律责任】违反本法规定，拒绝、阻挠、干涉有关部门、机构及其工作人员依法开展食品安全监督检查、事故调查处理、风险监测和风险评估的，由有关主管部门按照各自职责分工责令停产停业，并处二千元以上五万元以下罚款；情节严重的，吊销许可证；构成违反治安管理行为的，由公安机关依法给予治安管理处罚。

违反本法规定，对举报人以解除、变更劳动合同或者其他方式打击报复的，应当依照有关法律的规定承担责任。

第一百三十四条 【屡次违法可以增加处罚】食品生产经营者在一年内累计三次因违反本法规定受到责令停产停业、吊销许可证以外处罚的，由食品安全监督管理部门责令停产停业，直至吊销许可证。

第一百三十五条 【严重违法犯罪者的从业禁止】被吊销许可证的食品生产经营者及其法定代表人、直接负责的主管人员和其他直接责任人员自处罚决定作出之日起五年内不得申请食品生产经营许可，或者从事食品生产经营管理工作、担任食品生产经营企业食品安全管理人员。

因食品安全犯罪被判处有期徒刑以上刑罚的，终身不得从事食品生产经营管理工作，也不得担任食品生产经营企业食品安全管理人员。

食品生产经营者聘用人员违反前两款规定的，由县级以上人民政府食品安全监督管理部门吊销许可证。

第一百三十六条 【食品经营者免予处罚的情形】食品经营者履行了本法规定的进货查验等义务，有充分证据证明其不知道所采购的食品不符合食品安全标准，并能如实说明其进货来源的，可以免予处罚，但应当依法没收其不符合食品安全标准的食品；造成人身、财产或者其他损害的，依法承担赔偿责任。

第一百三十七条 【提供虚假监测、评估信息的法律责任】违反本法规定，承担食品安全风险监测、风险评估工作的技术机构、技术人员提供虚假监测、评估信息的，依法对技术机构直接负责的主管人员和技术人员给予撤职、开除处分；有执业资格的，由授予其资格的主管部门吊销执业证书。

第一百三十八条　【出具或提供虚假检验报告的法律责任】违反本法规定，食品检验机构、食品检验人员出具虚假检验报告的，由授予其资质的主管部门或者机构撤销该食品检验机构的检验资质，没收所收取的检验费用，并处检验费用五倍以上十倍以下罚款，检验费用不足一万元的，并处五万元以上十万元以下罚款；依法对食品检验机构直接负责的主管人员和食品检验人员给予撤职或者开除处分；导致发生重大食品安全事故的，对直接负责的主管人员和食品检验人员给予开除处分。

违反本法规定，受到开除处分的食品检验机构人员，自处分决定作出之日起十年内不得从事食品检验工作；因食品安全违法行为受到刑事处罚或者因出具虚假检验报告导致发生重大食品安全事故受到开除处分的食品检验机构人员，终身不得从事食品检验工作。食品检验机构聘用不得从事食品检验工作的人员的，由授予其资质的主管部门或者机构撤销该食品检验机构的检验资质。

食品检验机构出具虚假检验报告，使消费者的合法权益受到损害的，应当与食品生产经营者承担连带责任。

第一百三十九条　【虚假认证的法律责任】违反本法规定，认证机构出具虚假认证结论，由认证认可监督管理部门没收所收取的认证费用，并处认证费用五倍以上十倍以下罚款，认证费用不足一万元的，并处五万元以上十万元以下罚款；情节严重的，责令停业，直至撤销认证机构批准文件，并向社会公布；对直接负责的主管人员和负有直接责任的认证人员，撤销其执业资格。

认证机构出具虚假认证结论，使消费者的合法权益受到损害的，应当与食品生产经营者承担连带责任。

第一百四十条　【虚假宣传和违法推荐食品的法律责任】违反

本法规定，在广告中对食品作虚假宣传，欺骗消费者，或者发布未取得批准文件、广告内容与批准文件不一致的保健食品广告的，依照《中华人民共和国广告法》的规定给予处罚。

广告经营者、发布者设计、制作、发布虚假食品广告，使消费者的合法权益受到损害的，应当与食品生产经营者承担连带责任。

社会团体或者其他组织、个人在虚假广告或者其他虚假宣传中向消费者推荐食品，使消费者的合法权益受到损害的，应当与食品生产经营者承担连带责任。

违反本法规定，食品安全监督管理等部门、食品检验机构、食品行业协会以广告或者其他形式向消费者推荐食品，消费者组织以收取费用或者其他牟取利益的方式向消费者推荐食品的，由有关主管部门没收违法所得，依法对直接负责的主管人员和其他直接责任人员给予记大过、降级或者撤职处分；情节严重的，给予开除处分。

对食品作虚假宣传且情节严重的，由省级以上人民政府食品安全监督管理部门决定暂停销售该食品，并向社会公布；仍然销售该食品的，由县级以上人民政府食品安全监督管理部门没收违法所得和违法销售的食品，并处二万元以上五万元以下罚款。

第一百四十一条　【编造、散布虚假食品安全信息的法律责任】违反本法规定，编造、散布虚假食品安全信息，构成违反治安管理行为的，由公安机关依法给予治安管理处罚。

媒体编造、散布虚假食品安全信息的，由有关主管部门依法给予处罚，并对直接负责的主管人员和其他直接责任人员给予处分；使公民、法人或者其他组织的合法权益受到损害的，依法承担消除影响、恢复名誉、赔偿损失、赔礼道歉等民事责任。

第一百四十二条　【地方人民政府有关食品安全事故应对不当的法律责任】违反本法规定，县级以上地方人民政府有下列行为之一的，对直接负责的主管人员和其他直接责任人员给予记大过处分；情节较重的，给予降级或者撤职处分；情节严重的，给予开除处分；造成严重后果的，其主要负责人还应当引咎辞职：

（一）对发生在本行政区域内的食品安全事故，未及时组织协调有关部门开展有效处置，造成不良影响或者损失；

（二）对本行政区域内涉及多环节的区域性食品安全问题，未及时组织整治，造成不良影响或者损失；

（三）隐瞒、谎报、缓报食品安全事故；

（四）本行政区域内发生特别重大食品安全事故，或者连续发生重大食品安全事故。

第一百四十三条　【政府未落实有关法定职责的法律责任】 违反本法规定，县级以上地方人民政府有下列行为之一的，对直接负责的主管人员和其他直接责任人员给予警告、记过或者记大过处分；造成严重后果的，给予降级或者撤职处分：

（一）未确定有关部门的食品安全监督管理职责，未建立健全食品安全全程监督管理工作机制和信息共享机制，未落实食品安全监督管理责任制；

（二）未制定本行政区域的食品安全事故应急预案，或者发生食品安全事故后未按规定立即成立事故处置指挥机构、启动应急预案。

第一百四十四条　【食品安全监管部门的法律责任一】 违反本法规定，县级以上人民政府食品安全监督管理、卫生行政、农业行政等部门有下列行为之一的，对直接负责的主管人员和其他直接责任人员给予记大过处分；情节较重的，给予降级或者撤职处分；情节严重的，给予开除处分；造成严重后果的，其主要负责人还应当引咎辞职：

（一）隐瞒、谎报、缓报食品安全事故；

（二）未按规定查处食品安全事故，或者接到食品安全事故报告未及时处理，造成事故扩大或者蔓延；

（三）经食品安全风险评估得出食品、食品添加剂、食品相关产品不安全结论后，未及时采取相应措施，造成食品安全事故或者不良社会影响；

（四）对不符合条件的申请人准予许可，或者超越法定职权准予许可；

（五）不履行食品安全监督管理职责，导致发生食品安全事故。

第一百四十五条　【食品安全监管部门的法律责任二】违反本法规定，县级以上人民政府食品安全监督管理、卫生行政、农业行政等部门有下列行为之一，造成不良后果的，对直接负责的主管人员和其他直接责任人员给予警告、记过或者记大过处分；情节较重的，给予降级或者撤职处分；情节严重的，给予开除处分：

（一）在获知有关食品安全信息后，未按规定向上级主管部门和本级人民政府报告，或者未按规定相互通报；

（二）未按规定公布食品安全信息；

（三）不履行法定职责，对查处食品安全违法行为不配合，或者滥用职权、玩忽职守、徇私舞弊。

第一百四十六条　【违法实施检查、强制等行政行为的法律责任】食品安全监督管理等部门在履行食品安全监督管理职责过程中，违法实施检查、强制等执法措施，给生产经营者造成损失的，应当依法予以赔偿，对直接负责的主管人员和其他直接责任人员依法给予处分。

第一百四十七条　【赔偿责任及民事赔偿责任优先原则】违反本法规定，造成人身、财产或者其他损害的，依法承担赔偿责任。生产经营者财产不足以同时承担民事赔偿责任和缴纳罚款、罚金时，先承担民事赔偿责任。

第一百四十八条　【首付责任制和惩罚性赔偿】消费者因不符合食品安全标准的食品受到损害的，可以向经营者要求赔偿损失，也可以向生产者要求赔偿损失。接到消费者赔偿要求的生产经营者，应当实行首负责任制，先行赔付，不得推诿；属于生产者责任的，经营者赔偿后有权向生产者追偿；属于经营者责任的，生产者赔偿后有权向经营者追偿。

生产不符合食品安全标准的食品或者经营明知是不符合食品安

全标准的食品，消费者除要求赔偿损失外，还可以向生产者或者经营者要求支付价款十倍或者损失三倍的赔偿金；增加赔偿的金额不足一千元的，为一千元。但是，食品的标签、说明书存在不影响食品安全且不会对消费者造成误导的瑕疵的除外。

第一百四十九条　【刑事责任】违反本法规定，构成犯罪的，依法追究刑事责任。

第十章　附　则

第一百五十条　【本法中部分用语含义】本法下列用语的含义：

食品，指各种供人食用或者饮用的成品和原料以及按照传统既是食品又是中药材的物品，但是不包括以治疗为目的的物品。

食品安全，指食品无毒、无害，符合应当有的营养要求，对人体健康不造成任何急性、亚急性或者慢性危害。

预包装食品，指预先定量包装或者制作在包装材料、容器中的食品。

食品添加剂，指为改善食品品质和色、香、味以及为防腐、保鲜和加工工艺的需要而加入食品中的人工合成或者天然物质，包括营养强化剂。

用于食品的包装材料和容器，指包装、盛放食品或者食品添加剂用的纸、竹、木、金属、搪瓷、陶瓷、塑料、橡胶、天然纤维、化学纤维、玻璃等制品和直接接触食品或者食品添加剂的涂料。

用于食品生产经营的工具、设备，指在食品或者食品添加剂生产、销售、使用过程中直接接触食品或者食品添加剂的机械、管道、传送带、容器、用具、餐具等。

用于食品的洗涤剂、消毒剂，指直接用于洗涤或者消毒食品、餐具、饮具以及直接接触食品的工具、设备或者食品包装材料和容器的物质。

食品保质期，指食品在标明的贮存条件下保持品质的期限。

食源性疾病，指食品中致病因素进入人体引起的感染性、中毒性等疾病，包括食物中毒。

食品安全事故，指食源性疾病、食品污染等源于食品，对人体健康有危害或者可能有危害的事故。

第一百五十一条　【转基因食品和食盐的食品安全管理规定】转基因食品和食盐的食品安全管理，本法未作规定的，适用其他法律、行政法规的规定。

第一百五十二条　【铁路、民航、国境口岸、军队等有关食品安全的管理】铁路、民航运营中食品安全的管理办法由国务院食品安全监督管理部门会同国务院有关部门依照本法制定。

保健食品的具体管理办法由国务院食品安全监督管理部门依照本法制定。

食品相关产品生产活动的具体管理办法由国务院食品安全监督管理部门依照本法制定。

国境口岸食品的监督管理由出入境检验检疫机构依照本法以及有关法律、行政法规的规定实施。

军队专用食品和自供食品的食品安全管理办法由中央军事委员会依照本法制定。

第一百五十三条　【国务院可以调整食品安全监管体制】国务院根据实际需要，可以对食品安全监督管理体制作出调整。

第一百五十四条　【施行日期】本法自 2015 年 10 月 1 日起施行。

中华人民共和国药品管理法（节录）

（1984 年 9 月 20 日第六届全国人民代表大会常务委员会第七次会议通过　2001 年 2 月 28 日第九届全国人民代表大会常务委员会第二十次会议第一次修订　根据 2013 年 12 月 28 日第十二届全国人民代表大会常务委员会第六次会议《关于修改〈中华人民共和国海洋环境保护法〉等七部法律的决定》第一次修正　根据 2015 年 4 月 24 日第十二届全国人民代表大会常务委员会第十四次会议《关于修改〈中华人民共和国药品管理法〉的决定》第二次修正　2019 年 8 月 26 日第十三届全国人民代表大会常务委员会第十二次会议第二次修订　2019 年 8 月 26 日中华人民共和国主席令第 31 号公布　自 2019 年 12 月 1 日起施行）

……

第八条　国务院药品监督管理部门主管全国药品监督管理工作。国务院有关部门在各自职责范围内负责与药品有关的监督管理工作。国务院药品监督管理部门配合国务院有关部门，执行国家药品行业发展规划和产业政策。

省、自治区、直辖市人民政府药品监督管理部门负责本行政区域内的药品监督管理工作。设区的市级、县级人民政府承担药品监督管理职责的部门（以下称药品监督管理部门）负责本行政区域内的药品监督管理工作。县级以上地方人民政府有关部门在各自职责范围内负责与药品有关的监督管理工作。

……

第四十二条　从事药品生产活动，应当具备以下条件：

（一）有依法经过资格认定的药学技术人员、工程技术人员及相应的技术工人；

（二）有与药品生产相适应的厂房、设施和卫生环境；

（三）有能对所生产药品进行质量管理和质量检验的机构、人员及必要的仪器设备；

（四）有保证药品质量的规章制度，并符合国务院药品监督管理部门依据本法制定的药品生产质量管理规范要求。

第四十三条 从事药品生产活动，应当遵守药品生产质量管理规范，建立健全药品生产质量管理体系，保证药品生产全过程持续符合法定要求。

药品生产企业的法定代表人、主要负责人对本企业的药品生产活动全面负责。

……

第四十九条 药品包装应当按照规定印有或者贴有标签并附有说明书。

标签或者说明书应当注明药品的通用名称、成份、规格、上市许可持有人及其地址、生产企业及其地址、批准文号、产品批号、生产日期、有效期、适应症或者功能主治、用法、用量、禁忌、不良反应和注意事项。标签、说明书中的文字应当清晰，生产日期、有效期等事项应当显著标注，容易辨识。

麻醉药品、精神药品、医疗用毒性药品、放射性药品、外用药品和非处方药的标签、说明书，应当印有规定的标志。

……

第五十二条 从事药品经营活动应当具备以下条件：

（一）有依法经过资格认定的药师或者其他药学技术人员；

（二）有与所经营药品相适应的营业场所、设备、仓储设施和卫生环境；

（三）有与所经营药品相适应的质量管理机构或者人员；

（四）有保证药品质量的规章制度，并符合国务院药品监督管理部门依据本法制定的药品经营质量管理规范要求。

第五十三条 从事药品经营活动，应当遵守药品经营质量管理规范，建立健全药品经营质量管理体系，保证药品经营全过程持续符合法定要求。

国家鼓励、引导药品零售连锁经营。从事药品零售连锁经营活动的企业总部，应当建立统一的质量管理制度，对所属零售企业的经营活动履行管理责任。

药品经营企业的法定代表人、主要负责人对本企业的药品经营活动全面负责。

……

第八十九条 药品广告应当经广告主所在地省、自治区、直辖市人民政府确定的广告审查机关批准；未经批准的，不得发布。

第九十条 药品广告的内容应当真实、合法，以国务院药品监督管理部门核准的药品说明书为准，不得含有虚假的内容。

药品广告不得含有表示功效、安全性的断言或者保证；不得利用国家机关、科研单位、学术机构、行业协会或者专家、学者、医师、药师、患者等的名义或者形象作推荐、证明。

非药品广告不得有涉及药品的宣传。

……

第九十八条 禁止生产（包括配制，下同）、销售、使用假药、劣药。

有下列情形之一的，为假药：

（一）药品所含成份与国家药品标准规定的成份不符；

（二）以非药品冒充药品或者以他种药品冒充此种药品；

（三）变质的药品；

（四）药品所标明的适应症或者功能主治超出规定范围。

有下列情形之一的，为劣药：

（一）药品成份的含量不符合国家药品标准；

（二）被污染的药品；

（三）未标明或者更改有效期的药品；

（四）未注明或者更改产品批号的药品；

（五）超过有效期的药品；

（六）擅自添加防腐剂、辅料的药品；

（七）其他不符合药品标准的药品。

禁止未取得药品批准证明文件生产、进口药品；禁止使用未按照规定审评、审批的原料药、包装材料和容器生产药品。

第九十九条 药品监督管理部门应当依照法律、法规的规定对药品研制、生产、经营和药品使用单位使用药品等活动进行监督检查，必要时可以对为药品研制、生产、经营、使用提供产品或者服务的单位和个人进行延伸检查，有关单位和个人应当予以配合，不得拒绝和隐瞒。

药品监督管理部门应当对高风险的药品实施重点监督检查。

对有证据证明可能存在安全隐患的，药品监督管理部门根据监督检查情况，应当采取告诫、约谈、限期整改以及暂停生产、销售、使用、进口等措施，并及时公布检查处理结果。

药品监督管理部门进行监督检查时，应当出示证明文件，对监督检查中知悉的商业秘密应当保密。

……

第一百一十六条 生产、销售假药的，没收违法生产、销售的药品和违法所得，责令停产停业整顿，吊销药品批准证明文件，并处违法生产、销售的药品货值金额十五倍以上三十倍以下的罚款；货值金额不足十万元的，按十万元计算；情节严重的，吊销药品生产许可证、药品经营许可证或者医疗机构制剂许可证，十年内不受理其相应申请；药品上市许可持有人为境外企业的，十年内禁止其药品进口。

第一百一十七条 生产、销售劣药的，没收违法生产、销售的药品和违法所得，并处违法生产、销售的药品货值金额十倍以上二十倍以下的罚款；违法生产、批发的药品货值金额不足十万元的，按十万元计算，违法零售的药品货值金额不足一万元的，按一万元计算；情节严重的，责令停产停业整顿直至吊销药品批准证明文件、药品生产许可证、药品经营许可证或者医疗机构制剂许可证。

生产、销售的中药饮片不符合药品标准，尚不影响安全性、有效性的，责令限期改正，给予警告；可以处十万元以上五十万元以下的罚款。

……

第一百三十八条 药品检验机构出具虚假检验报告的，责令改正，给予警告，对单位并处二十万元以上一百万元以下的罚款；对直接负责的主管人员和其他直接责任人员依法给予降级、撤职、开除处分，没收违法所得，并处五万元以下的罚款；情节严重的，撤销其检验资格。药品检验机构出具的检验结果不实，造成损失的，应当承担相应的赔偿责任。

第一百三十九条 本法第一百一十五条至第一百三十八条规定的行政处罚，由县级以上人民政府药品监督管理部门按照职责分工决定；撤销许可、吊销许可证件的，由原批准、发证的部门决定。

……

中华人民共和国广告法（节录）

（1994年10月27日第八届全国人民代表大会常务委员会第十次会议通过　2015年4月24日第十二届全国人民代表大会常务委员会第十四次会议修订　根据2018年10月26日第十三届全国人民代表大会常务委员会第六次会议《关于修改〈中华人民共和国野生动物保护法〉等十五部法律的决定》第一次修正　根据2021年4月29日第十三届全国人民代表大会常务委员会第二十八次会议《关于修改〈中华人民共和国道路交通安全法〉等八部法律的决定》第二次修正）

……

第二十八条 广告以虚假或者引人误解的内容欺骗、误导消费者的，构成虚假广告。

广告有下列情形之一的，为虚假广告：

（一）商品或者服务不存在的；

（二）商品的性能、功能、产地、用途、质量、规格、成分、价格、生产者、有效期限、销售状况、曾获荣誉等信息，或者服务的内容、提供者、形式、质量、价格、销售状况、曾获荣誉等信息，以及与商品或者服务有关的允诺等信息与实际情况不符，对购买行为有实质性影响的；

（三）使用虚构、伪造或者无法验证的科研成果、统计资料、调查结果、文摘、引用语等信息作证明材料的；

（四）虚构使用商品或者接受服务的效果的；

（五）以虚假或者引人误解的内容欺骗、误导消费者的其他情形。

……

第五十五条 违反本法规定，发布虚假广告的，由市场监督管理部门责令停止发布广告，责令广告主在相应范围内消除影响，处广告费用三倍以上五倍以下的罚款，广告费用无法计算或者明显偏低的，处二十万元以上一百万元以下的罚款；两年内有三次以上违法行为或者有其他严重情节的，处广告费用五倍以上十倍以下的罚款，广告费用无法计算或者明显偏低的，处一百万元以上二百万元以下的罚款，可以吊销营业执照，并由广告审查机关撤销广告审查批准文件、一年内不受理其广告审查申请。

医疗机构有前款规定违法行为，情节严重的，除由市场监督管理部门依照本法处罚外，卫生行政部门可以吊销诊疗科目或者吊销医疗机构执业许可证。

广告经营者、广告发布者明知或者应知广告虚假仍设计、制作、代理、发布的，由市场监督管理部门没收广告费用，并处广告费用三倍以上五倍以下的罚款，广告费用无法计算或者明显偏低的，处二十万元以上一百万元以下的罚款；两年内有三次以上违法行为或者有其他严重情节的，处广告费用五倍以上十倍以下的罚款，广告费用无法计算或者明显偏低的，处一百万元以上二百万元以下的罚款，并可以由有关部门暂停广告发布业务、吊销营业执照。

广告主、广告经营者、广告发布者有本条第一款、第三款规定行为，构成犯罪的，依法追究刑事责任。

第五十六条 违反本法规定，发布虚假广告，欺骗、误导消费者，使购买商品或者接受服务的消费者的合法权益受到损害的，由广告主依法承担民事责任。广告经营者、广告发布者不能提供广告主的真实名称、地址和有效联系方式的，消费者可以要求广告经营者、广告发布者先行赔偿。

关系消费者生命健康的商品或者服务的虚假广告，造成消费者损害的，其广告经营者、广告发布者、广告代言人应当与广告主承担连带责任。

前款规定以外的商品或者服务的虚假广告，造成消费者损害的，其广告经营者、广告发布者、广告代言人，明知或者应知广告虚假仍设计、制作、代理、发布或者作推荐、证明的，应当与广告主承担连带责任。

……

侵害消费者权益行为处罚办法

（2015 年 1 月 5 日国家工商行政管理总局令第 73 号公布　根据 2020 年 10 月 23 日《国家市场监督管理总局关于修改部分规章的决定》修订）

第一条 为依法制止侵害消费者权益行为，保护消费者的合法权益，维护社会经济秩序，根据《消费者权益保护法》等法律法规，制定本办法。

第二条 市场监督管理部门依照《消费者权益保护法》等法律法

规和本办法的规定，保护消费者为生活消费需要购买、使用商品或者接受服务的权益，对经营者侵害消费者权益的行为实施行政处罚。

第三条 市场监督管理部门依法对侵害消费者权益行为实施行政处罚，应当依照公正、公开、及时的原则，坚持处罚与教育相结合，综合运用建议、约谈、示范等方式实施行政指导，督促和指导经营者履行法定义务。

第四条 经营者为消费者提供商品或者服务，应当遵循自愿、平等、公平、诚实信用的原则，依照《消费者权益保护法》等法律法规的规定和与消费者的约定履行义务，不得侵害消费者合法权益。

第五条 经营者提供商品或者服务不得有下列行为：

（一）销售的商品或者提供的服务不符合保障人身、财产安全要求；

（二）销售失效、变质的商品；

（三）销售伪造产地、伪造或者冒用他人的厂名、厂址、篡改生产日期的商品；

（四）销售伪造或者冒用认证标志等质量标志的商品；

（五）销售的商品或者提供的服务侵犯他人注册商标专用权；

（六）销售伪造或者冒用知名商品特有的名称、包装、装潢的商品；

（七）在销售的商品中掺杂、掺假，以假充真，以次充好，以不合格商品冒充合格商品；

（八）销售国家明令淘汰并停止销售的商品；

（九）提供商品或者服务中故意使用不合格的计量器具或者破坏计量器具准确度；

（十）骗取消费者价款或者费用而不提供或者不按照约定提供商品或者服务。

第六条 经营者向消费者提供有关商品或者服务的信息应当真实、全面、准确，不得有下列虚假或者引人误解的宣传行为：

（一）不以真实名称和标记提供商品或者服务；

（二）以虚假或者引人误解的商品说明、商品标准、实物样品等方式销售商品或者服务；

（三）作虚假或者引人误解的现场说明和演示；

（四）采用虚构交易、虚标成交量、虚假评论或者雇佣他人等方式进行欺骗性销售诱导；

（五）以虚假的“清仓价”、“甩卖价”、“最低价”、“优惠价”或者其他欺骗性价格表示销售商品或者服务；

（六）以虚假的“有奖销售”、“还本销售”、“体验销售”等方式销售商品或者服务；

（七）谎称正品销售“处理品”、“残次品”、“等外品”等商品；

（八）夸大或隐瞒所提供的商品或者服务的数量、质量、性能等与消费者有重大利害关系的信息误导消费者；

（九）以其他虚假或者引人误解的宣传方式误导消费者。

第七条 经营者对市场监督管理部门责令其对提供的缺陷商品或者服务采取停止销售或者服务等措施，不得拒绝或者拖延。经营者未按照责令停止销售或者服务通知、公告要求采取措施的，视为拒绝或者拖延。

第八条 经营者提供商品或者服务，应当依照法律规定或者当事人约定承担修理、重作、更换、退货、补足商品数量、退还货款和服务费用或者赔偿损失等民事责任，不得故意拖延或者无理拒绝消费者的合法要求。经营者有下列情形之一并超过十五日的，视为故意拖延或者无理拒绝：

（一）经有关行政部门依法认定为不合格商品，自消费者提出退货要求之日起未退货的；

（二）自国家规定、当事人约定期满之日起或者不符合质量要求的自消费者提出要求之日起，无正当理由拒不履行修理、重作、更换、退货、补足商品数量、退还货款和服务费用或者赔偿损失等义务的。

第九条 经营者采用网络、电视、电话、邮购等方式销售商品，应当依照法律规定承担无理由退货义务，不得故意拖延或者无理拒绝。经营者有下列情形之一的，视为故意拖延或者无理拒绝：

（一）对于适用无理由退货的商品，自收到消费者退货要求之日起超过十五日未办理退货手续，或者未向消费者提供真实、准确的退货地址、退货联系人等有效联系信息，致使消费者无法办理退货手续；

（二）未经消费者确认，以自行规定该商品不适用无理由退货为由拒绝退货；

（三）以消费者已拆封、查验影响商品完好为由拒绝退货；

（四）自收到退回商品之日起无正当理由超过十五日未向消费者返还已支付的商品价款。

第十条 经营者以预收款方式提供商品或者服务，应当与消费者明确约定商品或者服务的数量和质量、价款或者费用、履行期限和方式、安全注意事项和风险警示、售后服务、民事责任等内容。未按约定提供商品或者服务的，应当按照消费者的要求履行约定或者退回预付款，并应当承担预付款的利息、消费者必须支付的合理费用。对退款无约定的，按照有利于消费者的计算方式折算退款金额。

经营者对消费者提出的合理退款要求，明确表示不予退款，或者自约定期满之日起、无约定期限的自消费者提出退款要求之日起超过十五日未退款的，视为故意拖延或者无理拒绝。

第十一条 经营者收集、使用消费者个人信息，应当遵循合法、正当、必要的原则，明示收集、使用信息的目的、方式和范围，并经消费者同意。经营者不得有下列行为：

（一）未经消费者同意，收集、使用消费者个人信息；

（二）泄露、出售或者非法向他人提供所收集的消费者个人信息；

（三）未经消费者同意或者请求，或者消费者明确表示拒绝，向其发送商业性信息。

前款中的消费者个人信息是指经营者在提供商品或者服务活动中收集的消费者姓名、性别、职业、出生日期、身份证件号码、住址、联系方式、收入和财产状况、健康状况、消费情况等能够单独或者与其他信息结合识别消费者的信息。

第十二条 经营者向消费者提供商品或者服务使用格式条款、通知、声明、店堂告示等的，应当以显著方式提请消费者注意与消费者有重大利害关系的内容，并按照消费者的要求予以说明，不得作出含有下列内容的规定：

（一）免除或者部分免除经营者对其所提供的商品或者服务应当承担的修理、重作、更换、退货、补足商品数量、退还货款和服务费用、赔偿损失等责任；

（二）排除或者限制消费者提出修理、更换、退货、赔偿损失以及获得违约金和其他合理赔偿的权利；

（三）排除或者限制消费者依法投诉、举报、提起诉讼的权利；

（四）强制或者变相强制消费者购买和使用其提供的或者其指定的经营者提供的商品或者服务，对不接受其不合理条件的消费者拒绝提供相应商品或者服务，或者提高收费标准；

（五）规定经营者有权任意变更或者解除合同，限制消费者依法变更或者解除合同权利；

（六）规定经营者单方享有解释权或者最终解释权；

（七）其他对消费者不公平、不合理的规定。

第十三条 从事服务业的经营者不得有下列行为：

（一）从事为消费者提供修理、加工、安装、装饰装修等服务的经营者谎报用工用料，故意损坏、偷换零部件或材料，使用不符合国家质量标准或者与约定不相符的零部件或材料，更换不需要更换的零部件，或者偷工减料、加收费用，损害消费者权益的；

（二）从事房屋租赁、家政服务等中介服务的经营者提供虚假信息或者采取欺骗、恶意串通等手段损害消费者权益的。

第十四条 经营者有本办法第五条至第十一条规定的情形之一，其他法律、法规有规定的，依照法律、法规的规定执行；法律、法规未作规定的，由市场监督管理部门依照《消费者权益保护法》第五十六条予以处罚。

第十五条 经营者违反本办法第十二条、第十三条规定，其他法律、法规有规定的，依照法律、法规的规定执行；法律、法规未作规定的，由市场监督管理部门责令改正，可以单处或者并处警告，违法所得三倍以下、但最高不超过三万元的罚款，没有违法所得的，处以一万元以下的罚款。

第十六条 经营者有本办法第五条第（一）项至第（六）项规定行为之一且不能证明自己并非欺骗、误导消费者而实施此种行为的，属于欺诈行为。

经营者有本办法第五条第（七）项至第（十）项、第六条和第十三条规定行为之一的，属于欺诈行为。

第十七条 经营者对市场监督管理部门作出的行政处罚决定不服的，可以依法申请行政复议或者提起行政诉讼。

第十八条 侵害消费者权益违法行为涉嫌犯罪的，市场监督管理部门应当按照有关规定，移送司法机关追究其刑事责任。

第十九条 市场监督管理部门依照法律法规及本办法规定对经营者予以行政处罚的，应当记入经营者的信用档案，并通过企业信用信息公示系统等及时向社会公布。

企业应当依据《企业信息公示暂行条例》的规定，通过企业信用信息公示系统及时向社会公布相关行政处罚信息。

第二十条 市场监督管理执法人员玩忽职守或者包庇经营者侵害消费者合法权益的行为的，应当依法给予行政处分；涉嫌犯罪的，依法移送司法机关。

第二十一条 本办法由国家市场监督管理总局负责解释。

第二十二条 本办法自 2015 年 3 月 15 日起施行。1996 年 3 月 15 日国家工商行政管理局发布的《欺诈消费者行为处罚办法》（国家工商行政管理局令第 50 号）同时废止。

部分商品修理更换退货责任规定

（1995年8月25日　国经贸〔1995〕458号）

第一条　为保护消费者的合法权益，明确销售者、修理者、生产者承担的部分商品的修理、更换、退货（以下称为三包）的责任和义务，根据《中华人民共和国产品质量法》、《中华人民共和国消费者权益保护法》及有关规定制定本规定。

第二条　本规定所称部分商品，系指《实施三包的部分商品目录》（以下简称目录）中所列产品。

目录由国务院产品质量监督管理部门会同商业主管部门、工业主管部门共同制定和调整，由国务院产品质量监督管理部门发布。

第三条　列入目录的产品实行谁经销谁负责三包的原则。销售者与生产者、销售者与供货者、销售者与修理者之间订立的合同，不得免除本规定的三包责任和义务。

第四条　目录中规定的指标是履行三包规定的最基本要求。国家鼓励销售者和生产者制定严于本规定的三包实施细则。

本规定不免除未列入目录产品的三包责任和销售者、生产者向消费者承诺的高于列入目录产品三包的责任。

第五条　销售者应当履行下列义务：

（一）不能保证实施三包规定的，不得销售目录所列产品；

（二）保证销售产品的质量；

（三）执行进货检查验收制度，不符合法定标识要求的，一律不准销售；

（四）产品出售时，应当开箱检验，正确调试，介绍使用维护事项、三包方式及修理单位，提供有效发票和三包凭证。

（五）妥善处理消费者的查询、投诉，并提供服务。

第六条 修理者应当履行下列义务：

（一）承担修理服务业务；

（二）维护销售者、生产者的信誉，不得使用与产品技术要求不符的元器件和零配件。认真记录故障及修理后产品质量状况，保证修理后的产品能够正常使用30日以上；

（三）保证修理费用和修理配件全部用于修理。接受销售者、生产者的监督和检查；

（四）承担因自身修理失误造成的责任和损失；

（五）接受消费者有关产品修理质量的查询。

第七条 生产者应当履行下列义务：

（一）明确三包方式。生产者自行设置或者指定修理单位的，必须随产品向消费者提供三包凭证、修理单位的名单、地址、联系电话等；

（二）向负责修理的销售者、修理者提供修理技术资料、合格的修理配件，负责培训，提供修理费用。保证在产品停产后五年内继续提供符合技术要求的零配件；

（三）妥善处理消费者直接或者间接的查询，并提供服务。

第八条 三包有效期自开具发票之日起计算，扣除因修理占用和无零配件待修的时间。

三包有效期内消费者凭发票及三包凭证办理修理、换货、退货。

第九条 产品自售出之日起7日内，发生性能故障，消费者可以选择退货、换货或修理。退货时，销售者应当按发票价格一次退清货款，然后依法向生产者、供货者追偿或者按购销合同办理。

第十条 产品自售出之日起15日内，发生性能故障，消费者可选择换货或者修理。换货时，销售者应当免费为消费者调换同型号同规格的产品，然后依法向生产者、供货者追偿或者按购销合同办理。

第十一条 在三包有效期内，修理两次，仍不能正常使用的产品，凭修理者提供的修理记录和证明，由销售者负责为消费者免费调换同型号同规格的产品或者按本规定第十三条的规定退货，然后依法向生产者、供货者追偿或者按购销合同办理。

第十二条 在三包有效期内，因生产者未供应零配件，自送修之日起超过90日未修好的，修理者应当在修理状况中注明，销售者凭此据免费为消费者调换同型号同规格产品。然后依法向生产者、供货者追偿或者按购销合同办理。

因修理者自身原因使修理期超过30日的，由其免费为消费者调换同型号同规格产品。费用由修理者承担。

第十三条 在三包有效期内，符合换货条件的，销售者因无同型号同规格产品，消费者不愿调换其他型号、规格产品而要求退货的，销售者应当予以退货；有同型号同规格产品，消费者不愿调换而要求退货的，销售者应当予以退货，对已使用过的商品按本规定收取折旧费。

折旧费计算自开具发票之日起至退货之日止，其中应当扣除修理占用和待修的时间。

第十四条 换货时，凡属残次产品、不合格产品或者修理过的产品均不得提供给消费者。

换货后的三包有效期自换货之日起重新计算。由销售者在发票背面加盖更换章并提供新的三包凭证或者在三包凭证背面加盖更换章。

第十五条 在三包有效期内，除因消费者使用保管不当致使产品不能正常使用外，由修理者免费修理（包括材料费和工时费）。

对应当进行三包的大件产品，修理者应当提供合理的运输费用，然后依法向生产者或者销售者追偿，或者按合同办理。

第十六条 在三包有效期内，提倡销售者、修理者、生产者上门提供三包服务。

第十七条 属下列情况之一者，不实行三包，但是可以实行收费修理：

（一）消费者因使用、维护、保管不当造成损坏的；

（二）非承担三包修理者拆动造成损坏的；

（三）无三包凭证及有效发票的；

（四）三包凭证型号与修理产品型号不符或者涂改的；

（五）因不可抗拒力造成损坏的。

第十八条 修理费用由生产者提供。修理费用指三包有效期内保证正常修理的待支费用。

第十九条 销售者负责修理的产品，生产者按照合同或者协议一次拨出费用，具体办法由产销双方商定。销售者委托或者指定修理者的，其修理费的支付形式由销售者和修理者双方合同约定，专款专用。生产者自行选择其他方式或者自行设置修理网点的，由生产者直接提供修理费用。

第二十条 生产者、销售者、修理者破产、倒闭、兼并、分立的，其三包责任按国家有关法规执行。

第二十一条 消费者因产品三包问题与销售者、修理者、生产者发生纠纷时，可以向消费者协会、质量管理协会用户委员会和其他有关组织申请调解，有关组织应当积极受理。

第二十二条 销售者、修理者、生产者未按本规定执行三包的，消费者可以向产品质量监督管理部门或者工商行政管理部门申诉，由上述部门责令其按三包规定办理。消费者也可以依法申请仲裁解决，还可以直接向人民法院起诉。

第二十三条 本规定由国务院产品质量监督管理部门负责解释。

第二十四条 本规定自发布之日起施行。原国家经济委员会等八部委局发布的国标发（1986）177 号《部分国产家用电器三包规定》同时废止。其他有关规定与本规定不符的，以本规定为准。

中国人民银行金融消费者权益保护实施办法（节录）

（2020年9月15日中国人民银行令〔2020〕第5号公布　自2020年11月1日起施行）

……

第三章　消费者金融信息保护

第二十八条　本办法所称消费者金融信息，是指银行、支付机构通过开展业务或者其他合法渠道处理的消费者信息，包括个人身份信息、财产信息、账户信息、信用信息、金融交易信息及其他与特定消费者购买、使用金融产品或者服务相关的信息。

消费者金融信息的处理包括消费者金融信息的收集、存储、使用、加工、传输、提供、公开等。

第二十九条　银行、支付机构处理消费者金融信息，应当遵循合法、正当、必要原则，经金融消费者或者其监护人明示同意，但是法律、行政法规另有规定的除外。银行、支付机构不得收集与业务无关的消费者金融信息，不得采取不正当方式收集消费者金融信息，不得变相强制收集消费者金融信息。银行、支付机构不得以金融消费者不同意处理其金融信息为由拒绝提供金融产品或者服务，但处理其金融信息属于提供金融产品或者服务所必需的除外。

金融消费者不能或者拒绝提供必要信息，致使银行、支付机构无法履行反洗钱义务的，银行、支付机构可以根据《中华人民共和国反洗钱法》的相关规定对其金融活动采取限制性措施；确有必要时，银行、支付机构可以依法拒绝提供金融产品或者服务。

第三十条 银行、支付机构收集消费者金融信息用于营销、用户体验改进或者市场调查的，应当以适当方式供金融消费者自主选择是否同意银行、支付机构将其金融信息用于上述目的；金融消费者不同意的，银行、支付机构不得因此拒绝提供金融产品或者服务。银行、支付机构向金融消费者发送金融营销信息的，应当向其提供拒绝继续接收金融营销信息的方式。

第三十一条 银行、支付机构应当履行《中华人民共和国消费者权益保护法》第二十九条规定的明示义务，公开收集、使用消费者金融信息的规则，明示收集、使用消费者金融信息的目的、方式和范围，并留存有关证明资料。

银行、支付机构通过格式条款取得消费者金融信息收集、使用同意的，应当在格式条款中明确收集消费者金融信息的目的、方式、内容和使用范围，并在协议中以显著方式尽可能通俗易懂地向金融消费者提示该同意的可能后果。

第三十二条 银行、支付机构应当按照法律法规的规定和双方约定的用途使用消费者金融信息，不得超出范围使用。

第三十三条 银行、支付机构应当建立以分级授权为核心的消费者金融信息使用管理制度，根据消费者金融信息的重要性、敏感度及业务开展需要，在不影响本机构履行反洗钱等法定义务的前提下，合理确定本机构工作人员调取信息的范围、权限，严格落实信息使用授权审批程序。

第三十四条 银行、支付机构应当按照国家档案管理和电子数据管理等规定，采取技术措施和其他必要措施，妥善保管和存储所收集的消费者金融信息，防止信息遗失、毁损、泄露或者被篡改。

银行、支付机构及其工作人员应当对消费者金融信息严格保密，不得泄露或者非法向他人提供。在确认信息发生泄露、毁损、丢失时，银行、支付机构应当立即采取补救措施；信息泄露、毁损、丢失可能危及金融消费者人身、财产安全的，应当立即向银行、支付机构住所地的中国人民银行分支机构报告并告知金融消费者；信息泄露、毁损、丢失可能对金融消费者产生其他不利影响的，应当及时告知金融消费者，并在72小时以内报告银行、支付机构住所地的中国人民银行分支机构。中国人民银行分支机构接到报告后，视情况按照本办法第五十五条规定处理。

第四章 金融消费争议解决

第三十五条 金融消费者与银行、支付机构发生金融消费争议的，鼓励金融消费者先向银行、支付机构投诉，鼓励当事人平等协商，自行和解。

金融消费者应当依法通过正当途径客观、理性反映诉求，不扰乱正常的金融秩序和社会公共秩序。

本办法所称金融消费争议，是指金融消费者与银行、支付机构因购买、使用金融产品或者服务所产生的民事争议。

第三十六条 银行、支付机构应当切实履行金融消费投诉处理的主体责任，银行、支付机构的法人机构应当按年度向社会发布金融消费者投诉数据和相关分析报告。

第三十七条 银行、支付机构应当通过金融消费者方便获取的渠道公示本机构的投诉受理方式，包括但不限于营业场所、官方网站首页、移动应用程序的醒目位置及客服电话主要菜单语音提示等。

第三十八条 银行、支付机构应当按照中国人民银行要求，加强对金融消费者投诉处理信息系统的建设与管理，对投诉进行正确分类并按时报送相关信息，不得迟报、漏报、谎报、错报或者瞒报投诉数据。

第三十九条 银行、支付机构收到金融消费者投诉后，依照相关法律法规和合同约定进行处理，并告知投诉人处理情况，但因投诉人原因导致无法告知的除外。

第四十条 中国人民银行分支机构设立投诉转办服务渠道。金融消费者对银行、支付机构作出的投诉处理不接受的，可以通过银行、支付机构住所地、合同签订地或者经营行为发生地中国人民银行分支机构进行投诉。

通过电子商务、网络交易购买、使用金融产品或者服务的，金融消费者通过银行、支付机构住所地的中国人民银行分支机构进行投诉。

第四十一条 金融消费者通过中国人民银行分支机构进行投诉，应当提供以下信息：姓名，有效身份证件信息，联系方式，明确的投诉对象及其住所地，具体的投诉请求、事实和理由。

金融消费者可以本人提出投诉，也可以委托他人代为提出投诉。以来信来访方式进行委托投诉的，应当向中国人民银行分支机构提交前款规定的投诉材料、授权委托书原件、委托人和受托人的身份证明。授权委托书应当载明受托人、委托事项、权限和期限，并由委托人本人签名。

第四十二条 中国人民银行分支机构对下列投诉不予接收：

（一）投诉人投诉的机构、产品或者服务不属于中国人民银行监管范围的。

（二）投诉人未提供真实身份，或者没有明确的被投诉人、没有具体的投诉请求和事实依据的。

（三）投诉人并非金融消费者本人，也未经金融消费者本人委托的。

（四）人民法院、仲裁机构、其他金融管理部门、行政部门或者依法设立的调解组织已经受理、接收或者处理的。

（五）双方达成和解协议并已经执行，没有新情况、新理由的。

（六）被投诉机构已提供公平合理的解决方案，投诉人就同一事项再次向中国人民银行分支机构投诉的。

（七）其他不符合法律、行政法规、规章有关规定的。

第四十三条 中国人民银行分支机构收到金融消费者投诉的，应当自收到投诉之日起 7 个工作日内作出下列处理：

（一）对投诉人和被投诉机构信息、投诉请求、事实和理由等进行登记。

（二）作出是否接收投诉的决定。决定不予接收的，应当告知投诉人。

（三）决定接收投诉的，应当将投诉转交被投诉机构处理或者转交金融消费纠纷调解组织提供调解服务。

需要投诉人对投诉内容进行补正的，处理时限于补正完成之日起计算。

银行、支付机构应当自收到中国人民银行分支机构转交的投诉之日起 15 日内答复投诉人。情况复杂的，经本机构投诉处理工作负责人批准，可以延长处理期限，并告知投诉人延长处理期限的理由，但最长处理期限不得超过 60 日。

第四十四条 银行、支付机构收到中国人民银行分支机构转交的投诉，应当按要求向中国人民银行分支机构反馈投诉处理情况。

反馈的内容包括投诉基本情况、争议焦点、调查结果及证据、处理依据、与金融消费者的沟通情况、延期处理情况及投诉人满意度等。

银行、支付机构应当妥善保存投诉资料，投诉资料留存时间自投诉办结之日起不得少于 3 年。法律、行政法规另有规定的，从其规定。

第四十五条 银行、支付机构、金融消费者可以向调解组织申请调解、中立评估。调解组织受理调解、中立评估申请后，可在合理、必要范围内请求当事人协助或者提供相关文件、资料。

本办法所称中立评估，是指调解组织聘请独立专家就争议解决提出参考性建议的行为。

第四十六条 金融消费纠纷调解组织应当依照法律、行政法规、规章及其章程的规定，组织开展金融消费纠纷调解、中立评估等工作，对银行、支付机构和金融消费者进行金融知识普及和教育宣传引导。

第五章　监督与管理机制

第四十七条　中国人民银行综合研究金融消费者保护重大问题，负责拟定发展规划和业务标准，建立健全金融消费者保护基本制度。

第四十八条　中国人民银行及其分支机构与其他金融管理部门、地方政府有关部门建立健全金融消费者权益保护工作协调机制，加强跨市场跨业态跨区域金融消费者权益保护的监管，强化信息共享和部门间沟通协作。

第四十九条　中国人民银行及其分支机构统筹开展金融消费者教育，引导、督促银行、支付机构开展金融知识普及宣传活动，协调推进金融知识纳入国民教育体系，组织开展消费者金融素养调查。

第五十条　中国人民银行及其分支机构会同有关部门构建监管执法合作机制，探索合作开展金融消费者权益保护监督检查、评估等具体工作。

第五十一条　中国人民银行及其分支机构牵头构建非诉第三方解决机制，鼓励、支持金融消费者权益保护社会组织依法履行职责，推动构建公正、高效、便捷的多元化金融消费纠纷解决体系。

第五十二条　中国人民银行及其分支机构协调推进相关普惠金融工作，建立健全普惠金融工作机制，指导、督促银行、支付机构落实普惠金融发展战略，组织开展职责范围内的普惠金融具体工作。

第五十三条　中国人民银行及其分支机构对金融消费者投诉信息进行汇总和分析，根据汇总和分析结果适时优化金融消费者权益保护监督管理方式、金融机构行为规范等。

第五十四条　中国人民银行及其分支机构可以采取下列措施，依法在职责范围内开展对银行、支付机构金融消费者权益保护工作的监督检查：

（一）进入被监管机构进行检查。

（二）询问被监管机构的工作人员，要求其对有关检查事项作出说明。

（三）查阅、复制被监管机构与检查事项有关的文件、资料，对可能被转移、隐匿或者毁损的文件、资料予以登记保存。

（四）检查被监管机构的计算机网络与信息系统。

进行现场检查时，检查人员不得少于二人，并应当出示合法证件和检查通知书。

银行、支付机构应当积极配合中国人民银行及其分支机构的现场检查和非现场检查，如实提供有关资料，不得拒绝、阻挠、逃避检查，不得谎报、隐匿、销毁相关证据材料。

第五十五条 银行、支付机构有侵害金融消费者合法权益行为的，中国人民银行及其分支机构可以对其采取下列措施：

（一）要求提交书面说明或者承诺。

（二）约见谈话。

（三）责令限期整改。

（四）视情将相关信息向其上级机构、行业监管部门反馈，在行业范围内发布，或者向社会公布。

（五）建议银行、支付机构对直接负责的董事、高级管理人员和其他直接责任人员给予处分。

（六）依法查处或者建议其他行政管理部门依法查处。

（七）中国人民银行职责范围内依法可以采取的其他措施。

第五十六条 中国人民银行及其分支机构组织开展银行、支付机构履行金融消费者权益保护义务情况的评估工作。

评估工作以银行、支付机构自评估为基础。银行、支付机构应当按年度进行自评估，并于次年1月31日前向中国人民银行或其分支机构报送自评估报告。

中国人民银行及其分支机构根据日常监督管理、投诉管理以及银行、支付机构自评估等情况进行非现场评估，必要时可以进行现场评估。

第五十七条 中国人民银行及其分支机构可以根据具体情况开

展金融消费者权益保护环境评估工作。

第五十八条 中国人民银行及其分支机构建立金融消费者权益保护案例库制度，按照预防为先、教育为主的原则向银行、支付机构和金融消费者进行风险提示。

第五十九条 中国人民银行及其分支机构对于涉及金融消费者权益保护的重大突发事件，应当按照有关规定做好相关应急处置工作。

第六章 法律责任

第六十条 银行、支付机构有下列情形之一，侵害消费者金融信息依法得到保护的权利的，中国人民银行或其分支机构应当在职责范围内依照《中华人民共和国消费者权益保护法》第五十六条的规定予以处罚：

（一）未经金融消费者明示同意，收集、使用其金融信息的。

（二）收集与业务无关的消费者金融信息，或者采取不正当方式收集消费者金融信息的。

（三）未公开收集、使用消费者金融信息的规则，未明示收集、使用消费者金融信息的目的、方式和范围的。

（四）超出法律法规规定和双方约定的用途使用消费者金融信息的。

（五）未建立以分级授权为核心的消费者金融信息使用管理制度，或者未严格落实信息使用授权审批程序的。

（六）未采取技术措施和其他必要措施，导致消费者金融信息遗失、毁损、泄露或者被篡改，或者非法向他人提供的。

第六十一条 银行、支付机构有下列情形之一，对金融产品或者服务作出虚假或者引人误解的宣传的，中国人民银行或其分支机构应当在职责范围内依照《中华人民共和国消费者权益保护法》第五十六条的规定予以处罚：

（一）实际承担的义务低于在营销宣传活动中通过广告、资料或者说明等形式对金融消费者所承诺的标准的。

（二）引用不真实、不准确的数据和资料或者隐瞒限制条件等，对过往业绩或者产品收益进行夸大表述的。

（三）利用金融管理部门对金融产品或者服务的审核或者备案程序，误导金融消费者认为金融管理部门已对该金融产品或者服务提供保证的。

（四）明示或者暗示保本、无风险或者保收益等，对非保本投资型金融产品的未来效果、收益或者相关情况作出保证性承诺的。

第六十二条 银行、支付机构违反本办法规定，有下列情形之一，有关法律、行政法规有处罚规定的，依照其规定给予处罚；有关法律、行政法规未作处罚规定的，中国人民银行或其分支机构应当根据情形单处或者并处警告、处以五千元以上三万元以下罚款：

（一）未建立金融消费者权益保护专职部门或者指定牵头部门，或者金融消费者权益保护部门没有足够的人力、物力独立开展工作的。

（二）擅自代理金融消费者办理业务，擅自修改金融消费者的业务指令，或者强制搭售其他产品或者服务的。

（三）未按要求向金融消费者披露与金融产品和服务有关的重要内容的。

（四）利用技术手段、优势地位，强制或者变相强制金融消费者接受金融产品或者服务，或者排除、限制金融消费者接受同业机构提供的金融产品或者服务的。

（五）通过附加限制性条件的方式要求金融消费者购买、使用协议中未作明确要求的产品或者服务的。

（六）未按要求使用格式条款的。

（七）出现侵害金融消费者合法权益重大事件未及时向中国人民银行或其分支机构报告的。

（八）不配合中国人民银行及其分支机构开展金融消费者权益保护领域相关工作，或者未按照规定报送相关资料的。

（九）未按要求对金融消费者投诉进行正确分类，或者迟报、漏报、谎报、错报、瞒报投诉数据的。

（十）收到中国人民银行分支机构转交的投诉后，未在规定期限内答复投诉人，或者未按要求向中国人民银行分支机构反馈投诉处理情况的。

（十一）拒绝、阻挠、逃避检查，或者谎报、隐匿、销毁相关证据材料的。

第六十三条 对银行、支付机构侵害金融消费者权益重大案件负有直接责任的董事、高级管理人员和其他直接责任人员，有关法律、行政法规有处罚规定的，依照其规定给予处罚；有关法律、行政法规未作处罚规定的，中国人民银行或其分支机构应当根据情形单处或者并处警告、处以五千元以上三万元以下罚款。

第六十四条 中国人民银行及其分支机构的工作人员在开展金融消费者权益保护工作过程中有下列情形之一的，依法给予处分；涉嫌构成犯罪的，移送司法机关依法追究刑事责任：

（一）违反规定对银行、支付机构进行检查的。

（二）泄露知悉的国家秘密或者商业秘密的。

（三）滥用职权、玩忽职守的其他行为。

……

最高人民法院关于审理消费民事公益诉讼案件适用法律若干问题的解释

（2016年2月1日最高人民法院审判委员会第1677次会议通过　根据2020年12月23日最高人民法院审判委员会第1823次会议通过的《最高人民法院关于修改〈最高人民法院关于人民法院民事调解工作若干问题的规定〉等十九件民事诉讼类司法解释的决定》修正）

为正确审理消费民事公益诉讼案件，根据《中华人民共和国民事诉讼法》《中华人民共和国民法典》《中华人民共和国消费者权益保护法》等法律规定，结合审判实践，制定本解释。

第一条 中国消费者协会以及在省、自治区、直辖市设立的消费者协会，对经营者侵害众多不特定消费者合法权益或者具有危及消费者人身、财产安全危险等损害社会公共利益的行为提起消费民事公益诉讼的，适用本解释。

法律规定或者全国人大及其常委会授权的机关和社会组织提起的消费民事公益诉讼，适用本解释。

第二条 经营者提供的商品或者服务具有下列情形之一的，适用消费者权益保护法第四十七条规定：

（一）提供的商品或者服务存在缺陷，侵害众多不特定消费者合法权益的；

（二）提供的商品或者服务可能危及消费者人身、财产安全，未作出真实的说明和明确的警示，未标明正确使用商品或者接受服务的方法以及防止危害发生方法的；对提供的商品或者服务质量、性能、用途、有效期限等信息作虚假或引人误解宣传的；

（三）宾馆、商场、餐馆、银行、机场、车站、港口、影剧院、景区、体育场馆、娱乐场所等经营场所存在危及消费者人身、财产安全危险的；

（四）以格式条款、通知、声明、店堂告示等方式，作出排除或者限制消费者权利、减轻或者免除经营者责任、加重消费者责任等对消费者不公平、不合理规定的；

（五）其他侵害众多不特定消费者合法权益或者具有危及消费者人身、财产安全危险等损害社会公共利益的行为。

第三条 消费民事公益诉讼案件管辖适用《最高人民法院关于适用〈中华人民共和国民事诉讼法〉的解释》第二百八十五条的有关规定。

经最高人民法院批准，高级人民法院可以根据本辖区实际情况，在辖区内确定部分中级人民法院受理第一审消费民事公益诉讼案件。

第四条 提起消费民事公益诉讼应当提交下列材料：

（一）符合民事诉讼法第一百二十一条规定的起诉状，并按照被告人数提交副本；

（二）被告的行为侵害众多不特定消费者合法权益或者具有危及消费者人身、财产安全危险等损害社会公共利益的初步证据；

（三）消费者组织就涉诉事项已按照消费者权益保护法第三十七条第四项或者第五项的规定履行公益性职责的证明材料。

第五条 人民法院认为原告提出的诉讼请求不足以保护社会公共利益的，可以向其释明变更或者增加停止侵害等诉讼请求。

第六条 人民法院受理消费民事公益诉讼案件后，应当公告案件受理情况，并在立案之日起十日内书面告知相关行政主管部门。

第七条 人民法院受理消费民事公益诉讼案件后，依法可以提起诉讼的其他机关或者社会组织，可以在一审开庭前向人民法院申请参加诉讼。

人民法院准许参加诉讼的，列为共同原告；逾期申请的，不予准许。

第八条 有权提起消费民事公益诉讼的机关或者社会组织，可以依据民事诉讼法第八十一条规定申请保全证据。

第九条 人民法院受理消费民事公益诉讼案件后，因同一侵权行为受到损害的消费者申请参加诉讼的，人民法院应当告知其根据民事诉讼法第一百一十九条规定主张权利。

第十条 消费民事公益诉讼案件受理后，因同一侵权行为受到损害的消费者请求对其根据民事诉讼法第一百一十九条规定提起的诉讼予以中止，人民法院可以准许。

第十一条 消费民事公益诉讼案件审理过程中，被告提出反诉的，人民法院不予受理。

第十二条 原告在诉讼中承认对己方不利的事实，人民法院认为损害社会公共利益的，不予确认。

第十三条 原告在消费民事公益诉讼案件中，请求被告承担停止侵害、排除妨碍、消除危险、赔礼道歉等民事责任的，人民法院可予支持。

经营者利用格式条款或者通知、声明、店堂告示等，排除或者限制消费者权利、减轻或者免除经营者责任、加重消费者责任，原告认为对消费者不公平、不合理主张无效的，人民法院应依法予以支持。

第十四条 消费民事公益诉讼案件裁判生效后，人民法院应当在十日内书面告知相关行政主管部门，并可发出司法建议。

第十五条 消费民事公益诉讼案件的裁判发生法律效力后，其他依法具有原告资格的机关或者社会组织就同一侵权行为另行提起消费民事公益诉讼的，人民法院不予受理。

第十六条 已为消费民事公益诉讼生效裁判认定的事实，因同一侵权行为受到损害的消费者根据民事诉讼法第一百一十九条规定提起的诉讼，原告、被告均无需举证证明，但当事人对该事实有异议并有相反证据足以推翻的除外。

消费民事公益诉讼生效裁判认定经营者存在不法行为，因同一侵权行为受到损害的消费者根据民事诉讼法第一百一十九条规定提起的诉讼，原告主张适用的，人民法院可予支持，但被告有相反证据足以推翻的除外。被告主张直接适用对其有利认定的，人民法院不予支持，被告仍应承担相应举证证明责任。

第十七条 原告为停止侵害、排除妨碍、消除危险采取合理预防、处置措施而发生的费用，请求被告承担的，人民法院应依法予以支持。

第十八条 原告及其诉讼代理人对侵权行为进行调查、取证的合理费用、鉴定费用、合理的律师代理费用，人民法院可根据实际情况予以相应支持。

第十九条 本解释自 2016 年 5 月 1 日起施行。

本解释施行后人民法院新受理的一审案件，适用本解释。

本解释施行前人民法院已经受理、施行后尚未审结的一审、二审案件，以及本解释施行前已经终审、施行后当事人申请再审或者按照审判监督程序决定再审的案件，不适用本解释。

最高人民法院关于审理人身损害赔偿案件适用法律若干问题的解释（节录）

（2003年12月4日最高人民法院审判委员会第1299次会议通过　根据2020年12月23日最高人民法院审判委员会第1823次会议通过的《最高人民法院关于修改〈最高人民法院关于在民事审判工作中适用《中华人民共和国工会法》若干问题的解释〉等二十七件民事类司法解释的决定》第一次修正　根据2022年2月15日最高人民法院审判委员会第1864次会议通过的《最高人民法院关于修改〈最高人民法院关于审理人身损害赔偿案件适用法律若干问题的解释〉的决定》第二次修正）

……

第十七条　被扶养人生活费根据扶养人丧失劳动能力程度，按照受诉法院所在地上一年度城镇居民人均消费支出标准计算。被扶养人为未成年人的，计算至十八周岁；被扶养人无劳动能力又无其他生活来源的，计算二十年。但六十周岁以上的，年龄每增加一岁减少一年；七十五周岁以上的，按五年计算。

被扶养人是指受害人依法应当承担扶养义务的未成年人或者丧失劳动能力又无其他生活来源的成年近亲属。被扶养人还有其他扶养人的，赔偿义务人只赔偿受害人依法应当负担的部分。被扶养人有数人的，年赔偿总额累计不超过上一年度城镇居民人均消费支出额。

第十八条　赔偿权利人举证证明其住所地或者经常居住地城镇居民人均可支配收入高于受诉法院所在地标准的，残疾赔偿金或者死亡赔偿金可以按照其住所地或者经常居住地的相关标准计算。

被扶养人生活费的相关计算标准，依照前款原则确定。

第十九条 超过确定的护理期限、辅助器具费给付年限或者残疾赔偿金给付年限，赔偿权利人向人民法院起诉请求继续给付护理费、辅助器具费或者残疾赔偿金的，人民法院应予受理。赔偿权利人确需继续护理、配制辅助器具，或者没有劳动能力和生活来源的，人民法院应当判令赔偿义务人继续给付相关费用五至十年。

第二十条 赔偿义务人请求以定期金方式给付残疾赔偿金、辅助器具费的，应当提供相应的担保。人民法院可以根据赔偿义务人的给付能力和提供担保的情况，确定以定期金方式给付相关费用。但是，一审法庭辩论终结前已经发生的费用、死亡赔偿金以及精神损害抚慰金，应当一次性给付。

第二十一条 人民法院应当在法律文书中明确定期金的给付时间、方式以及每期给付标准。执行期间有关统计数据发生变化的，给付金额应当适时进行相应调整。

定期金按照赔偿权利人的实际生存年限给付，不受本解释有关赔偿期限的限制。

第二十二条 本解释所称“城镇居民人均可支配收入”“城镇居民人均消费支出”“职工平均工资”，按照政府统计部门公布的各省、自治区、直辖市以及经济特区和计划单列市上一年度相关统计数据确定。

“上一年度”，是指一审法庭辩论终结时的上一统计年度。

第二十三条 精神损害抚慰金适用《最高人民法院关于确定民事侵权精神损害赔偿责任若干问题的解释》予以确定。

第二十四条 本解释自 2022 年 5 月 1 日起施行。施行后发生的侵权行为引起的人身损害赔偿案件适用本解释。

本院以前发布的司法解释与本解释不一致的，以本解释为准。

最高人民法院关于确定民事侵权精神损害赔偿责任若干问题的解释

（2001年2月26日最高人民法院审判委员会第1161次会议通过　根据2020年12月23日最高人民法院审判委员会第1823次会议通过的《最高人民法院关于修改〈最高人民法院关于在民事审判工作中适用《中华人民共和国工会法》若干问题的解释〉等二十七件民事类司法解释的决定》修正）

为在审理民事侵权案件中正确确定精神损害赔偿责任，根据《中华人民共和国民法典》等有关法律规定，结合审判实践，制定本解释。

第一条　因人身权益或者具有人身意义的特定物受到侵害，自然人或者其近亲属向人民法院提起诉讼请求精神损害赔偿的，人民法院应当依法予以受理。

第二条　非法使被监护人脱离监护，导致亲子关系或者近亲属间的亲属关系遭受严重损害，监护人向人民法院起诉请求赔偿精神损害的，人民法院应当依法予以受理。

第三条　死者的姓名、肖像、名誉、荣誉、隐私、遗体、遗骨等受到侵害，其近亲属向人民法院提起诉讼请求精神损害赔偿的，人民法院应当依法予以支持。

第四条　法人或者非法人组织以名誉权、荣誉权、名称权遭受侵害为由，向人民法院起诉请求精神损害赔偿的，人民法院不予支持。

第五条　精神损害的赔偿数额根据以下因素确定：

（一）侵权人的过错程度，但是法律另有规定的除外；

（二）侵权行为的目的、方式、场合等具体情节；

（三）侵权行为所造成的后果；

（四）侵权人的获利情况；

（五）侵权人承担责任的经济能力；

（六）受理诉讼法院所在地的平均生活水平。

第六条 在本解释公布施行之前已经生效施行的司法解释，其内容有与本解释不一致的，以本解释为准。

最高人民法院关于审理网络消费纠纷案件适用法律若干问题的规定（一）

（2022 年 2 月 15 日最高人民法院审判委员会第 1864 次会议通过 2022 年 3 月 1 日最高人民法院公告公布 自 2022 年 3 月 15 日起施行 法释〔2022〕8 号）

为正确审理网络消费纠纷案件，依法保护消费者合法权益，促进网络经济健康持续发展，根据《中华人民共和国民法典》《中华人民共和国消费者权益保护法》《中华人民共和国电子商务法》《中华人民共和国民事诉讼法》等法律规定，结合审判实践，制定本规定。

第一条 电子商务经营者提供的格式条款有以下内容的，人民法院应当依法认定无效：

（一）收货人签收商品即视为认可商品质量符合约定；

（二）电子商务平台经营者依法应承担的责任一概由平台内经营者承担；

（三）电子商务经营者享有单方解释权或者最终解释权；

（四）排除或者限制消费者依法投诉、举报、请求调解、申请仲裁、提起诉讼的权利；

（五）其他排除或者限制消费者权利、减轻或者免除电子商务经营者责任、加重消费者责任等对消费者不公平、不合理的内容。

第二条 电子商务经营者就消费者权益保护法第二十五条第一款规定的四项除外商品做出七日内无理由退货承诺，消费者主张电子商务经营者应当遵守其承诺的，人民法院应予支持。

第三条 消费者因检查商品的必要对商品进行拆封查验且不影响商品完好，电子商务经营者以商品已拆封为由主张不适用消费者权益保护法第二十五条规定的无理由退货制度的，人民法院不予支持，但法律另有规定的除外。

第四条 电子商务平台经营者以标记自营业务方式或者虽未标记自营但实际开展自营业务所销售的商品或者提供的服务损害消费者合法权益，消费者主张电子商务平台经营者承担商品销售者或者服务提供者责任的，人民法院应予支持。

电子商务平台经营者虽非实际开展自营业务，但其所作标识等足以误导消费者使消费者相信系电子商务平台经营者自营，消费者主张电子商务平台经营者承担商品销售者或者服务提供者责任的，人民法院应予支持。

第五条 平台内经营者出售商品或者提供服务过程中，其工作人员引导消费者通过交易平台提供的支付方式以外的方式进行支付，消费者主张平台内经营者承担商品销售者或者服务提供者责任，平台内经营者以未经过交易平台支付为由抗辩的，人民法院不予支持。

第六条 注册网络经营账号开设网络店铺的平台内经营者，通过协议等方式将网络账号及店铺转让给其他经营者，但未依法进行相关经营主体信息变更公示，实际经营者的经营活动给消费者造成损害，消费者主张注册经营者、实际经营者承担赔偿责任的，人民法院应予支持。

第七条 消费者在二手商品网络交易平台购买商品受到损害，人民法院综合销售者出售商品的性质、来源、数量、价格、频率、是否有其他销售渠道、收入等情况，能够认定销售者系从事商业经营活动，消费者主张销售者依据消费者权益保护法承担经营者责任的，人民法院应予支持。

第八条 电子商务经营者在促销活动中提供的奖品、赠品或者消费者换购的商品给消费者造成损害，消费者主张电子商务经营者承担赔偿责任，电子商务经营者以奖品、赠品属于免费提供或者商品属于换购为由主张免责的，人民法院不予支持。

第九条 电子商务经营者与他人签订的以虚构交易、虚构点击量、编造用户评价等方式进行虚假宣传的合同，人民法院应当依法认定无效。

第十条 平台内经营者销售商品或者提供服务损害消费者合法权益，其向消费者承诺的赔偿标准高于相关法定赔偿标准，消费者主张平台内经营者按照承诺赔偿的，人民法院应依法予以支持。

第十一条 平台内经营者开设网络直播间销售商品，其工作人员在网络直播中因虚假宣传等给消费者造成损害，消费者主张平台内经营者承担赔偿责任的，人民法院应予支持。

第十二条 消费者因在网络直播间点击购买商品合法权益受到损害，直播间运营者不能证明已经以足以使消费者辨别的方式标明其并非销售者并标明实际销售者的，消费者主张直播间运营者承担商品销售者责任的，人民法院应予支持。

直播间运营者能够证明已经尽到前款所列标明义务的，人民法院应当综合交易外观、直播间运营者与经营者的约定、与经营者的合作模式、交易过程以及消费者认知等因素予以认定。

第十三条 网络直播营销平台经营者通过网络直播方式开展自营业务销售商品，消费者主张其承担商品销售者责任的，人民法院应予支持。

第十四条 网络直播间销售商品损害消费者合法权益，网络直播营销平台经营者不能提供直播间运营者的真实姓名、名称、地址和有效联系方式的，消费者依据消费者权益保护法第四十四条规定向网络直播营销平台经营者请求赔偿的，人民法院应予支持。网络直播营销平台经营者承担责任后，向直播间运营者追偿的，人民法院应予支持。

第十五条 网络直播营销平台经营者对依法需取得食品经营许可的网络直播间的食品经营资质未尽到法定审核义务，使消费者的合法权益受到损害，消费者依据食品安全法第一百三十一条等规定主张网络直播营销平台经营者与直播间运营者承担连带责任的，人民法院应予支持。

第十六条 网络直播营销平台经营者知道或者应当知道网络直播间销售的商品不符合保障人身、财产安全的要求，或者有其他侵害消费者合法权益行为，未采取必要措施，消费者依据电子商务法第三十八条等规定主张网络直播营销平台经营者与直播间运营者承担连带责任的，人民法院应予支持。

第十七条 直播间运营者知道或者应当知道经营者提供的商品不符合保障人身、财产安全的要求，或者有其他侵害消费者合法权益行为，仍为其推广，给消费者造成损害，消费者依据民法典第一千一百六十八条等规定主张直播间运营者与提供该商品的经营者承担连带责任的，人民法院应予支持。

第十八条 网络餐饮服务平台经营者违反食品安全法第六十二条和第一百三十一条规定，未对入网餐饮服务提供者进行实名登记、审查许可证，或者未履行报告、停止提供网络交易平台服务等义务，使消费者的合法权益受到损害，消费者主张网络餐饮服务平台经营者与入网餐饮服务提供者承担连带责任的，人民法院应予支持。

第十九条 入网餐饮服务提供者所经营食品损害消费者合法权益，消费者主张入网餐饮服务提供者承担经营者责任，入网餐饮服务提供者以订单系委托他人加工制作为由抗辩的，人民法院不予支持。

第二十条 本规定自 2022 年 3 月 15 日起施行。

中国消费者协会受理消费者投诉规定

（1995年12月1日）

为了强化和规范受理消费者投诉工作，有效地调解消费者和经营者之间发生的消费者权益争议，切实履行消费者协会（委员会、联合会，以下简称消协）对商品和服务进行社会监督，保护消费者合法权益的社会职能，根据《中华人民共和国消费者权益保护法》（以下简称《消法》）和其他有关的法律、法规，制定本规定。

一、受理投诉原则

（一）消协依法受理消费者投诉，对投诉事项进行调查、调解。

（二）调解以双方自愿、合法、合理、公正为基础；调解以事实和证据为依据。

消费者投诉，有责任提供证据，证明购买、使用商品或接受服务与所受损害存在因果关系。

对造成损害的产品的质量缺陷和服务中存在的具体损害原因，不应当强求消费者举证。

（三）按地域管辖责任分工受理。

（四）受理投诉要严肃认真，接待消费者要诚恳热情，做到件件有回音，事事有着落，努力遵守受理投诉的时间要求，全心全意为消费者服务。

（五）受理消费者投诉，一般应坚持无偿服务的原则。

（六）坚持舆论监督，通过大众传播媒介定期或不定期公布消费者投诉情况，凡公开点曝光的必须慎重，要以消费者投诉事实或必要的调查、鉴定材料为依据，要有必要的组织审批手续。必要时，可以事先反馈给被批评者按一定手续进行核实。

二、受理投诉范围

（一）下列投诉应予受理

1. 根据《消法》关于“消费者的权利”的9项规定，受理消费者受到损害的投诉。

2. 根据《消法》关于“经营者的义务”的10项规定，受理消费者对经营者未履行法定义务的投诉。

3. 受理农民购买、使用直接用于农业生产的种子、化肥、农药、农膜、农机具等生产资料其权益受到损害的投诉。

（二）下列投诉不予受理

1. 经营者之间购、销活动方面的纠纷；

2. 消费者个人私下交易纠纷；

3. 商品超过规定保修期和保证期；

4. 商品超过标明是“处理品”的（没有真实说明处理原因的除外）；

5. 未按商品使用说明安装、使用、保管、自行拆动而导致商品损坏或人身危害的；

6. 被投诉方不明确的；

7. 争议双方曾达成调解协议并已执行，而且没有新情况、新理由的；

8. 法院、仲裁机构或有关行政部门已受理调查和处理的；

9. 不符合国家法律、法规有关规定的。

（三）下列情形酌情受理

1. 遇到《消法》第三十六、三十七、三十八、三十九条所列情况，投诉人当时不能提供明确的被投诉方的，应积极协助消费者查找应负责任者，能够确定的，应予受理。

2. 对因商品缺陷造成人身、财产损害的侵权问题投诉，可告知投诉者保留现场和证据、及早向人民法院提起诉讼。投诉的消费者坚持要求消协调解的，可参照《中华人民共和国民事诉讼法》有关规定进行。

3. 按投诉内容和有关规定，需由行政部门处理的，建议消费者直接向有关行政部门申诉。对已向有关行政部门申诉，但久拖不决或只对经营者处罚，未给消费者追偿损失，消费者又向消协投诉的，消协可以向该行政部门反映、查询并提出建议；

4. 地方法规赋予消协其他职责的，按当地通过施行的法规执行。

三、受理投诉程序及办法

（一）投诉的受理

1. 消费者投诉要有文字材料或投诉人签字盖章的详细口述笔录，要有以下内容：

投诉人的姓名、住址、邮政编码、电话号码等；

被投诉方的单位名称、详细地址、邮政编码、电话号码等；

购买商品或接受服务的日期、品名、牌号、规格、数量、计量、价格，受损害及与经营者交涉的情况，并提供凭证（发票、保修证件等复印件）和有关证明材料。

2. 对缺少凭证和情况不明的投诉，应及时通知投诉人，待补齐所需证明材料后受理。

3. 对不符合受理范围的投诉，及时将不受理原因及依据的法律、法规条款告知消费者。

4. 对其他单位或企业转来的消费者投诉，凡投诉人没有要求向消协投诉的，不直接受理，不直接答复投诉人。

5. 对受理的投诉，及时登记建档。

（二）投诉的处理

1. 根据《消法》“争议的解决”一章中有关条款进行调解，将投诉信转被投诉方，要求被投诉方在限期内答复消协和消费者，超过限期没有答复的，再次催促或采取其他办法，直至有结果；在限期内被投诉方提出正当理由，认为不适合消费者协会调解的，消协要及时告知消费者采取其他途径解决争议。

2. 对内容复杂，争议较大的投诉，消协直接或会同有关部门共同处理，需要做鉴定的，应当提请有关法定鉴定部门鉴定，务请鉴定部门出具书面鉴定结论。鉴定所依据的标准适用性，除特殊要求外，应由鉴定部门负责。做鉴定所需的费用一般由鉴定结论的责任方承担。如双方均有责任的，由双方共同负担。

3. 对涉及面广，危及广大消费者权益的，或者损害消费者权益情节严重又久拖不决的重要投诉，应向政府或有关部门及时反映，要求制止和及时查处；同时，可以通过大众传播媒介予以揭露、批评，并且公开提醒消费者注意，避免和减少由此造成的损害。

4. 处理投诉情况和给被投诉方的限期要同时函告消费者。在限期内，被投诉方答复解决的，或该消费者超过限期不再继续投诉的，视为结案。

（三）处理投诉的时间要求

1. 凡接到消费者投诉，受理与不受理的，应力争于10日内告知投诉者。

2. 处理当地一般性投诉，应要求被投诉方及时答复，一般在半个月内有明确结果。

四、受理投诉分工

（一）中国及各省、自治区、直辖市、计划单列市和省辖市（地）三级消协做好各地域内受理投诉的协调指导工作。受理本地域内的重大、典型投诉及从下级消协逐级上报来的涉及面广、有地域限制或具有普遍性的疑难问题投诉，处理结果应函复上报的下级消协。

对一般投诉，可转到被投诉方所在的市、县级消协和县级以下消费者组织受理。

（二）县（市）级消协和县级以下消费者组织受理：

1. 直接收到的消费者投诉；

2. 上级消协按地域范围转来的一般投诉；

3. 外市、县消协要求协助受理的投诉（协助处理后要及时答复外地消协）；

4. 受理本地消费者的投诉，被投诉方是外地的，受理所在地消协应当直接与外地的被投诉方联系处理。解决有困难的，可函请被投诉方所在地的消协协助受理。

5. 对于本级消协难以解决的投诉，可逐级报请上级消协协助受理。

（三）港、澳地区、台湾省及外国消费者对国内工商企业的投诉，投诉到哪个消协，就由哪个消协受理。需要其他消协协助解决的，由受理消协直接联系（处理结果由受理消协负责答复投诉者）。

必须要与国外企业交涉的投诉，统一由省级消协受理，省级消协所在地无被投诉的国外企业驻华办事机构的，报中国消费者协会协助受理。

五、受理投诉统计分析及档案管理制度

（一）统计分析制度

1. 根据中消协的统一规定，各级消协要按时填报《受理投诉情况季度统计表》并编写投诉分析。投诉分析要以统计数据为基础并举例说明问题，例子要真实具体，通过带普遍性或典型性的投诉，反映消费者的呼声，分析市场消费趋势、消费动向及消费热点问题等。

2. 县及县级以上消协要按时填报《重大案件季度统计表》（根据中消协字第〔1994〕17号文办）。

3. 受理全国消费者投诉情况由中国消费者协会每季度进行汇总并做出分析，向国家有关领导部门反映，向省、自治区、直辖市消协通报或定向反馈给工商企业。

（二）投诉档案管理制度

1. 投诉档案须按商品类别分类，方便查阅，科学管理，并由专人负责，有条件的应建立电脑查询；

2. 档案内容应完整，处理过程和是否有结果要一目了然；

3. 典型案例档案应长期保存，并定期或不定期上报中消协，累集编辑成册，以备交流和互相参考。

六、本规定由中消协负责解释，适用于全国各级消费者协会

本规定于1995年12月1日开始执行。

2. 产品质量监督管理

中华人民共和国反不正当竞争法（节录）

（1993年9月2日第八届全国人民代表大会常务委员会第三次会议通过　2017年11月4日第十二届全国人民代表大会常务委员会第三十次会议修订　根据2019年4月23日第十三届全国人民代表大会常务委员会第十次会议《关于修改〈中华人民共和国建筑法〉等八部法律的决定》修正）

……

第六条　【混淆行为】经营者不得实施下列混淆行为，引人误认为是他人商品或者与他人存在特定联系：

（一）擅自使用与他人有一定影响的商品名称、包装、装潢等相同或者近似的标识；

（二）擅自使用他人有一定影响的企业名称（包括简称、字号等）、社会组织名称（包括简称等）、姓名（包括笔名、艺名、译名等）；

（三）擅自使用他人有一定影响的域名主体部分、网站名称、网页等；

（四）其他足以引人误认为是他人商品或者与他人存在特定联系的混淆行为。

……

第八条　【禁止虚假或误解宣传】经营者不得对其商品的性能、功能、质量、销售状况、用户评价、曾获荣誉等作虚假或者引人误解的商业宣传，欺骗、误导消费者。

经营者不得通过组织虚假交易等方式，帮助其他经营者进行虚假或者引人误解的商业宣传。

……

第十七条　【民事赔偿及范围】经营者违反本法规定，给他人造成损害的，应当依法承担民事责任。

经营者的合法权益受到不正当竞争行为损害的，可以向人民法院提起诉讼。

因不正当竞争行为受到损害的经营者的赔偿数额，按照其因被侵权所受到的实际损失确定；实际损失难以计算的，按照侵权人因侵权所获得的利益确定。经营者恶意实施侵犯商业秘密行为，情节严重的，可以在按照上述方法确定数额的一倍以上五倍以下确定赔偿数额。赔偿数额还应当包括经营者为制止侵权行为所支付的合理开支。

经营者违反本法第六条、第九条规定，权利人因被侵权所受到的实际损失、侵权人因侵权所获得的利益难以确定的，由人民法院根据侵权行为的情节判决给予权利人五百万元以下的赔偿。

第十八条　【混淆行为的责任】经营者违反本法第六条规定实施混淆行为的，由监督检查部门责令停止违法行为，没收违法商品。违法经营额五万元以上的，可以并处违法经营额五倍以下的罚款；没有违法经营额或者违法经营额不足五万元的，可以并处二十五万元以下的罚款。情节严重的，吊销营业执照。

经营者登记的企业名称违反本法第六条规定的，应当及时办理名称变更登记；名称变更前，由原企业登记机关以统一社会信用代码代替其名称。

……

第二十条　【虚假或误解宣传的责任】经营者违反本法第八条规定对其商品作虚假或者引人误解的商业宣传，或者通过组织虚假交易等方式帮助其他经营者进行虚假或者引人误解的商业宣传的，由监督检查部门责令停止违法行为，处二十万元以上一百万元以下的罚款；情节严重的，处一百万元以上二百万元以下的罚款，可以吊销营业执照。

经营者违反本法第八条规定，属于发布虚假广告的，依照《中华人民共和国广告法》的规定处罚。

……

第二十八条　【妨害监督检查的责任】妨害监督检查部门依照本法履行职责，拒绝、阻碍调查的，由监督检查部门责令改正，对个人可以处五千元以下的罚款，对单位可以处五万元以下的罚款，并可以由公安机关依法给予治安管理处罚。

……

中华人民共和国刑法（节录）

（1979年7月1日第五届全国人民代表大会第二次会议通过　1997年3月14日第八届全国人民代表大会第五次会议修订　根据1998年12月29日第九届全国人民代表大会常务委员会第六次会议通过的《全国人民代表大会常务委员会关于惩治骗购外汇、逃汇和非法买卖外汇犯罪的决定》、1999年12月25日第九届全国人民代表大会常务委员会第十三次会议通过的《中华人民共和国刑法修正案》、2001年8月31日第九届全国人民代表大会常务委员会第二十三次会议通过的《中华人民共和国刑法修正案（二）》、2001年12月29日第九届全国人民代表大会常务委员会第二十五次会议通过的《中华人民共和国刑法修正案（三）》、2002年12月28日第九届全国人民代表大会常务委员会第三十一次会议通过的《中华人民共和国刑法修正案（四）》、2005年2月28日第十届全国人民代表大会常务委员会第十四次会议通过的《中华人民共和国刑法修正案（五）》、2006年6月29日第十届全国人民代表大会常务委员会第二十二次会议通过的

《中华人民共和国刑法修正案（六）》、2009年2月28日第十一届全国人民代表大会常务委员会第七次会议通过的《中华人民共和国刑法修正案（七）》、2009年8月27日第十一届全国人民代表大会常务委员会第十次会议通过的《全国人民代表大会常务委员会关于修改部分法律的决定》、2011年2月25日第十一届全国人民代表大会常务委员会第十九次会议通过的《中华人民共和国刑法修正案（八）》、2015年8月29日第十二届全国人民代表大会常务委员会第十六次会议通过的《中华人民共和国刑法修正案（九）》、2017年11月4日第十二届全国人民代表大会常务委员会第三十次会议通过的《中华人民共和国刑法修正案（十）》和2020年12月26日第十三届全国人民代表大会常务委员会第二十四次会议通过的《中华人民共和国刑法修正案（十一）》修正）①

……

第三章　破坏社会主义市场经济秩序罪

第一节　生产、销售伪劣商品罪

第一百四十条　【生产、销售伪劣产品罪】生产者、销售者在产品中掺杂、掺假，以假充真，以次充好或者以不合格产品冒充合格产品，销售金额五万元以上不满二十万元的，处二年以下有期徒刑或者拘役，并处或者单处销售金额百分之五十以上二倍以下罚金；销售金额二十万元以上不满五十万元的，处二年以上七年以下有期徒刑，并处销售金额百分之五十以上二倍以下罚金；销售金额五十万元以上不满二百万元的，处七年以上有期徒刑，并处销售金额百分之五十以上

① 刑法、历次刑法修正案、涉及修改刑法的决定的施行日期，分别依据各法律所规定的施行日期确定。

二倍以下罚金；销售金额二百万元以上的，处十五年有期徒刑或者无期徒刑，并处销售金额百分之五十以上二倍以下罚金或者没收财产。

第一百四十一条　【生产、销售、提供假药罪】生产、销售假药的，处三年以下有期徒刑或者拘役，并处罚金；对人体健康造成严重危害或者有其他严重情节的，处三年以上十年以下有期徒刑，并处罚金；致人死亡或者有其他特别严重情节的，处十年以上有期徒刑、无期徒刑或者死刑，并处罚金或者没收财产。①

药品使用单位的人员明知是假药而提供给他人使用的，依照前款的规定处罚。②

第一百四十二条　【生产、销售、提供劣药罪】生产、销售劣药，对人体健康造成严重危害的，处三年以上十年以下有期徒刑，并处罚金；后果特别严重的，处十年以上有期徒刑或者无期徒刑，并处罚金或者没收财产。

药品使用单位的人员明知是劣药而提供给他人使用的，依照前款的规定处罚。③

---

① 根据2011年2月25日《中华人民共和国刑法修正案（八）》修改。原第一款条文为："生产、销售假药，足以严重危害人体健康的，处三年以下有期徒刑或者拘役，并处或者单处销售金额百分之五十以上二倍以下罚金；对人体健康造成严重危害的，处三年以上十年以下有期徒刑，并处销售金额百分之五十以上二倍以下罚金；致人死亡或者对人体健康造成特别严重危害的，处十年以上有期徒刑、无期徒刑或者死刑，并处销售金额百分之五十以上二倍以下罚金或者没收财产。"

② 根据2020年12月26日《中华人民共和国刑法修正案（十一）》修改。原条文为："生产、销售假药的，处三年以下有期徒刑或者拘役，并处罚金；对人体健康造成严重危害或者有其他严重情节的，处三年以上十年以下有期徒刑，并处罚金；致人死亡或者有其他特别严重情节的，处十年以上有期徒刑、无期徒刑或者死刑，并处罚金或者没收财产。

"本条所称假药，是指依照《中华人民共和国药品管理法》的规定属于假药和按假药处理的药品、非药品。"

③ 根据2020年12月26日《中华人民共和国刑法修正案（十一）》修改。原条文为："生产、销售劣药，对人体健康造成严重危害的，处三年以上十年以下有期徒刑，并处销售金额百分之五十以上二倍以下罚金；后果特别严重的，处十年以上有期徒刑或者无期徒刑，并处销售金额百分之五十以上二倍以下罚金或者没收财产。

"本条所称劣药，是指依照《中华人民共和国药品管理法》的规定属于劣药的药品。"

第一百四十二条之一　【妨害药品管理罪】违反药品管理法规，有下列情形之一，足以严重危害人体健康的，处三年以下有期徒刑或者拘役，并处或者单处罚金；对人体健康造成严重危害或者有其他严重情节的，处三年以上七年以下有期徒刑，并处罚金：

（一）生产、销售国务院药品监督管理部门禁止使用的药品的；

（二）未取得药品相关批准证明文件生产、进口药品或者明知是上述药品而销售的；

（三）药品申请注册中提供虚假的证明、数据、资料、样品或者采取其他欺骗手段的；

（四）编造生产、检验记录的。

有前款行为，同时又构成本法第一百四十一条、第一百四十二条规定之罪或者其他犯罪的，依照处罚较重的规定定罪处罚。①

第一百四十三条　【生产、销售不符合安全标准的食品罪】生产、销售不符合食品安全标准的食品，足以造成严重食物中毒事故或者其他严重食源性疾病的，处三年以下有期徒刑或者拘役，并处罚金；对人体健康造成严重危害或者有其他严重情节的，处三年以上七年以下有期徒刑，并处罚金；后果特别严重的，处七年以上有期徒刑或者无期徒刑，并处罚金或者没收财产。②

第一百四十四条　【生产、销售有毒、有害食品罪】在生产、销售的食品中掺入有毒、有害的非食品原料的，或者销售明知掺有有毒、有害的非食品原料的食品的，处五年以下有期徒刑，并处罚金；对人体健康造成严重危害或者有其他严重情节的，处五年以上十年以下有

---

① 根据2020年12月26日《中华人民共和国刑法修正案（十一）》增加。

② 根据2011年2月25日《中华人民共和国刑法修正案（八）》修改。原条文为："生产、销售不符合卫生标准的食品，足以造成严重食物中毒事故或者其他严重食源性疾患的，处三年以下有期徒刑或者拘役，并处或者单处销售金额百分之五十以上二倍以下罚金；对人体健康造成严重危害的，处三年以上七年以下有期徒刑，并处销售金额百分之五十以上二倍以下罚金；后果特别严重的，处七年以上有期徒刑或者无期徒刑，并处销售金额百分之五十以上二倍以下罚金或者没收财产。"

期徒刑，并处罚金；致人死亡或者有其他特别严重情节的，依照本法第一百四十一条的规定处罚。①

第一百四十五条　【生产、销售不符合标准的医用器材罪】生产不符合保障人体健康的国家标准、行业标准的医疗器械、医用卫生材料，或者销售明知是不符合保障人体健康的国家标准、行业标准的医疗器械、医用卫生材料，足以严重危害人体健康的，处三年以下有期徒刑或者拘役，并处销售金额百分之五十以上二倍以下罚金；对人体健康造成严重危害的，处三年以上十年以下有期徒刑，并处销售金额百分之五十以上二倍以下罚金；后果特别严重的，处十年以上有期徒刑或者无期徒刑，并处销售金额百分之五十以上二倍以下罚金或者没收财产。②

第一百四十六条　【生产、销售不符合安全标准的产品罪】生产不符合保障人身、财产安全的国家标准、行业标准的电器、压力容器、易燃易爆产品或者其他不符合保障人身、财产安全的国家标准、行业标准的产品，或者销售明知是以上不符合保障人身、财产安全的国家标准、行业标准的产品，造成严重后果的，处五年以下有期徒刑，并处销售金额百分之五十以上二倍以下罚金；后果特别

---

① 根据2011年2月25日《中华人民共和国刑法修正案（八）》修改。原条文为："在生产、销售的食品中掺入有毒、有害的非食品原料的，或者销售明知掺有有毒、有害的非食品原料的食品的，处五年以下有期徒刑或者拘役，并处或者单处销售金额百分之五十以上二倍以下罚金；造成严重食物中毒事故或者其他严重食源性疾患，对人体健康造成严重危害的，处五年以上十年以下有期徒刑，并处销售金额百分之五十以上二倍以下罚金；致人死亡或者对人体健康造成特别严重危害的，依照本法第一百四十一条的规定处罚。"

② 根据2002年12月28日《中华人民共和国刑法修正案（四）》修改。原条文为："生产不符合保障人体健康的国家标准、行业标准的医疗器械、医用卫生材料，或者销售明知是不符合保障人体健康的国家标准、行业标准的医疗器械、医用卫生材料，对人体健康造成严重危害的，处五年以下有期徒刑，并处销售金额百分之五十以上二倍以下罚金；后果特别严重的，处五年以上十年以下有期徒刑，并处销售金额百分之五十以上二倍以下罚金，其中情节特别恶劣的，处十年以上有期徒刑或者无期徒刑，并处销售金额百分之五十以上二倍以下罚金或者没收财产。"

严重的，处五年以上有期徒刑，并处销售金额百分之五十以上二倍以下罚金。

第一百四十七条　【生产、销售伪劣农药、兽药、化肥、种子罪】生产假农药、假兽药、假化肥，销售明知是假的或者失去使用效能的农药、兽药、化肥、种子，或者生产者、销售者以不合格的农药、兽药、化肥、种子冒充合格的农药、兽药、化肥、种子，使生产遭受较大损失的，处三年以下有期徒刑或者拘役，并处或者单处销售金额百分之五十以上二倍以下罚金；使生产遭受重大损失的，处三年以上七年以下有期徒刑，并处销售金额百分之五十以上二倍以下罚金；使生产遭受特别重大损失的，处七年以上有期徒刑或者无期徒刑，并处销售金额百分之五十以上二倍以下罚金或者没收财产。

第一百四十八条　【生产、销售不符合卫生标准的化妆品罪】生产不符合卫生标准的化妆品，或者销售明知是不符合卫生标准的化妆品，造成严重后果的，处三年以下有期徒刑或者拘役，并处或者单处销售金额百分之五十以上二倍以下罚金。

第一百四十九条　【对生产销售伪劣商品行为的法条适用】生产、销售本节第一百四十一条至第一百四十八条所列产品，不构成各该条规定的犯罪，但是销售金额在五万元以上的，依照本节第一百四十条的规定定罪处罚。

生产、销售本节第一百四十一条至第一百四十八条所列产品，构成各该条规定的犯罪，同时又构成本节第一百四十条规定之罪的，依照处罚较重的规定定罪处罚。

第一百五十条　【单位犯本节规定之罪的处理】单位犯本节第一百四十条至第一百四十八条规定之罪的，对单位判处罚金，并对其直接负责的主管人员和其他直接责任人员，依照各该条的规定处罚。

……

第二百一十三条　【假冒注册商标罪】未经注册商标所有人许

可，在同一种商品、服务上使用与其注册商标相同的商标，情节严重的，处三年以下有期徒刑，并处或者单处罚金；情节特别严重的，处三年以上十年以下有期徒刑，并处罚金。①

第二百一十四条　【销售假冒注册商标的商品罪】 销售明知是假冒注册商标的商品，违法所得数额较大或者有其他严重情节的，处三年以下有期徒刑，并处或者单处罚金；违法所得数额巨大或者有其他特别严重情节的，处三年以上十年以下有期徒刑，并处罚金。②

第二百一十五条　【非法制造、销售非法制造的注册商标标识罪】 伪造、擅自制造他人注册商标标识或者销售伪造、擅自制造的注册商标标识，情节严重的，处三年以下有期徒刑，并处或者单处罚金；情节特别严重的，处三年以上十年以下有期徒刑，并处罚金。③

……

第二百二十条　【单位犯侵犯知识产权罪的处罚规定】 单位犯本节第二百一十三条至第二百一十九条之一规定之罪的，对单位判处罚金，并对其直接负责的主管人员和其他直接责任人员，依照本节各该条的规定处罚。④

……

---

① 根据2020年12月26日《中华人民共和国刑法修正案（十一）》修改。原条文为："未经注册商标所有人许可，在同一种商品上使用与其注册商标相同的商标，情节严重的，处三年以下有期徒刑或者拘役，并处或者单处罚金；情节特别严重的，处三年以上七年以下有期徒刑，并处罚金。"

② 根据2020年12月26日《中华人民共和国刑法修正案（十一）》修改。原条文为："销售明知是假冒注册商标的商品，销售金额数额较大的，处三年以下有期徒刑或者拘役，并处或者单处罚金；销售金额数额巨大的，处三年以上七年以下有期徒刑，并处罚金。"

③ 根据2020年12月26日《中华人民共和国刑法修正案（十一）》修改。原条文为："伪造、擅自制造他人注册商标标识或者销售伪造、擅自制造的注册商标标识，情节严重的，处三年以下有期徒刑、拘役或者管制，并处或者单处罚金；情节特别严重的，处三年以上七年以下有期徒刑，并处罚金。"

④ 根据2020年12月26日《中华人民共和国刑法修正案（十一）》修改。原条文为："单位犯本节第二百一十三条至第二百一十九条规定之罪的，对单位判处罚金，并对其直接负责的主管人员和其他直接责任人员，依照本节各该条的规定处罚。"

第二百二十二条　【虚假广告罪】广告主、广告经营者、广告发布者违反国家规定，利用广告对商品或者服务作虚假宣传，情节严重的，处二年以下有期徒刑或者拘役，并处或者单处罚金。

……

第三百九十七条[①]　**【滥用职权罪】【玩忽职守罪】**国家机关工作人员滥用职权或者玩忽职守，致使公共财产、国家和人民利益遭受重大损失的，处三年以下有期徒刑或者拘役；情节特别严重的，处三年以上七年以下有期徒刑。本法另有规定的，依照规定。

国家机关工作人员徇私舞弊，犯前款罪的，处五年以下有期徒刑或者拘役；情节特别严重的，处五年以上十年以下有期徒刑。本法另有规定的，依照规定。

……

第四百一十四条　【放纵制售伪劣商品犯罪行为罪】对生产、销售伪劣商品犯罪行为负有追究责任的国家机关工作人员，徇私舞弊，不履行法律规定的追究职责，情节严重的，处五年以下有期徒刑或者拘役。

……

① 根据1998年12月29日通过的《全国人民代表大会常务委员会关于惩治骗购外汇、逃汇和非法买卖外汇犯罪的决定》："六、海关、外汇管理部门的工作人员严重不负责任，造成大量外汇被骗购或者逃汇，致使国家利益遭受重大损失的，依照刑法第三百九十七条的规定定罪处罚。"

最高人民法院、最高人民检察院关于办理生产、销售伪劣商品刑事案件具体应用法律若干问题的解释

（2001年4月5日最高人民法院审判委员会第1168次会议、2001年3月20日最高人民检察院第九届检察委员会第84次会议通过　2001年4月5日最高人民法院、最高人民检察院公告公布　自2001年4月10日起施行　法释〔2001〕10号）

为依法惩治生产、销售伪劣商品犯罪活动，根据刑法有关规定，现就办理这类案件具体应用法律的若干问题解释如下：

第一条　刑法第一百四十条规定的“在产品中掺杂、掺假”，是指在产品中掺入杂质或者异物，致使产品质量不符合国家法律、法规或者产品明示质量标准规定的质量要求，降低、失去应有使用性能的行为。

刑法第一百四十条规定的“以假充真”，是指以不具有某种使用性能的产品冒充具有该种使用性能的产品的行为。

刑法第一百四十条规定的“以次充好”，是指以低等级、低档次产品冒充高等级、高档次产品，或者以残次、废旧零配件组合、拼装后冒充正品或者新产品的行为。

刑法第一百四十条规定的“不合格产品”，是指不符合《中华人民共和国产品质量法》第二十六条第二款规定的质量要求的产品。

对本条规定的上述行为难以确定的，应当委托法律、行政法规规定的产品质量检验机构进行鉴定。

第二条　刑法第一百四十条、第一百四十九条规定的“销售金额”，

是指生产者、销售者出售伪劣产品后所得和应得的全部违法收入。

伪劣产品尚未销售，货值金额达到刑法第一百四十条规定的销售金额三倍以上的，以生产、销售伪劣产品罪（未遂）定罪处罚。

货值金额以违法生产、销售的伪劣产品的标价计算；没有标价的，按照同类合格产品的市场中间价格计算。货值金额难以确定的，按照国家计划委员会、最高人民法院、最高人民检察院、公安部1997年4月22日联合发布的《扣押、追缴、没收物品估价管理办法》的规定，委托指定的估价机构确定。

多次实施生产、销售伪劣产品行为，未经处理的，伪劣产品的销售金额或者货值金额累计计算。

第三条 经省级以上药品监督管理部门设置或者确定的药品检验机构鉴定，生产、销售的假药具有下列情形之一的，应认定为刑法第一百四十一条规定的“足以严重危害人体健康”：

（一）含有超标准的有毒有害物质的；

（二）不含所标明的有效成份，可能贻误诊治的；

（三）所标明的适应症或者功能主治超出规定范围，可能造成贻误诊治的；

（四）缺乏所标明的急救必需的有效成份的。

生产、销售的假药被使用后，造成轻伤、重伤或者其他严重后果的，应认定为“对人体健康造成严重危害”。

生产、销售的假药被使用后，致人严重残疾，3人以上重伤、10人以上轻伤或者造成其他特别严重后果的，应认定为“对人体健康造成特别严重危害”。

第四条 经省级以上卫生行政部门确定的机构鉴定，食品中含有可能导致严重食物中毒事故或者其他严重食源性疾患的超标准的有害细菌或者其他污染物的，应认定为刑法第一百四十三条规定的“足以造成严重食物中毒事故或者其他严重食源性疾患”。

生产、销售不符合卫生标准的食品被食用后，造成轻伤、重伤或者其他严重后果的，应认定为“对人体健康造成严重危害”。

生产、销售不符合卫生标准的食品被食用后，致人死亡、严重残疾、3人以上重伤，10人以上轻伤或者造成其他特别严重后果的。应认定为“后果特别严重”。

第五条 生产、销售的有毒、有害食品被食用后，造成轻伤、重伤或者其他严重后果的，应认定为刑法第一百四十四条规定的“对人体健康造成严重危害”。

生产、销售的有毒、有害食品被食用后，致人严重残疾、3人以上重伤、10人以上轻伤或者造成其他特别严重后果的，应认定为“对人体健康造成特别严重危害”。

第六条 生产、销售不符合标准的医疗器械、医用卫生材料，致人轻伤或者其他严重后果的，应认定为刑法第一百四十五条规定的“对人体健康造成严重危害”。

生产、销售不符合标准的医疗器械、医用卫生材料，造成感染病毒性肝炎等难以治愈的疾病、1人以上重伤、3人以上轻伤或者其他严重后果的，应认定为“后果特别严重”。

生产、销售不符合标准的医疗器械、医用卫生材料，致人死亡、严重残疾、感染艾滋病、3人以上重伤、10人以上轻伤或者造成其他特别严重后果的，应认定为“情节特别恶劣”。

医疗机构或者个人，知道或者应当知道是不符合保障人体健康的国家标准、行业标准的医疗器械、医用卫生材料而购买、使用，对人体健康造成严重危害的，以销售不符合标准的医用器材罪定罪处罚。

没有国家标准、行业标准的医疗器械，注册产品标准可视为“保障人体健康的行业标准”。

第七条 刑法第一百四十七条规定的生产、销售伪劣农药、兽药、化肥、种子罪中“使生产遭受较大损失”，一般以2万元为起点；“重大损失”，一般以10万元为起点；“特别重大损失”，一般以50万元为起点。

第八条 国家机关工作人员徇私舞弊，对生产、销售伪劣商品犯罪不履行法律规定的查处职责，具有下列情形之一的，属于刑法第四百一十四条规定的“情节严重”：

(一)放纵生产、销售假药或者有毒、有害食品犯罪行为的；

(二)放纵依法可能判处2年有期徒刑以上刑罚的生产、销售、伪劣商品犯罪行为的；

(三)对3个以上有生产、销售伪劣商品犯罪行为的单位或者个人不履行追究职责的；

(四)致使国家和人民利益遭受重大损失或者造成恶劣影响的。

第九条 知道或者应当知道他人实施生产、销售伪劣商品犯罪，而为其提供贷款、资金、账号、发票、证明、许可证件，或者提供生产、经营场所或者运输、仓储、保管、邮寄等便利条件，或者提供制假生产技术的，以生产、销售伪劣商品犯罪的共犯论处。

第十条 实施生产、销售伪劣商品犯罪，同时构成侵犯知识产权、非法经营等其他犯罪的，依照处罚较重的规定定罪处罚。

第十一条 实施刑法第一百四十条至第一百四十八条规定的犯罪，又以暴力、威胁方法抗拒查处，构成其他犯罪的，依照数罪并罚的规定处罚。

第十二条 国家机关工作人员参与生产、销售伪劣商品犯罪的，从重处罚。

缺陷汽车产品召回管理条例

(2012年10月22日中华人民共和国国务院令第626号公布 根据2019年3月2日《国务院关于修改部分行政法规的决定》修订)

第一条 为了规范缺陷汽车产品召回，加强监督管理，保障人身、财产安全，制定本条例。

第二条 在中国境内生产、销售的汽车和汽车挂车（以下统称汽车产品）的召回及其监督管理，适用本条例。

第三条 本条例所称缺陷，是指由于设计、制造、标识等原因导致的在同一批次、型号或者类别的汽车产品中普遍存在的不符合保障人身、财产安全的国家标准、行业标准的情形或者其他危及人身、财产安全的不合理的危险。

本条例所称召回，是指汽车产品生产者对其已售出的汽车产品采取措施消除缺陷的活动。

第四条 国务院产品质量监督部门负责全国缺陷汽车产品召回的监督管理工作。

国务院有关部门在各自职责范围内负责缺陷汽车产品召回的相关监督管理工作。

第五条 国务院产品质量监督部门根据工作需要，可以委托省、自治区、直辖市人民政府产品质量监督部门负责缺陷汽车产品召回监督管理的部分工作。

国务院产品质量监督部门缺陷产品召回技术机构按照国务院产品质量监督部门的规定，承担缺陷汽车产品召回的具体技术工作。

第六条 任何单位和个人有权向产品质量监督部门投诉汽车产品可能存在的缺陷，国务院产品质量监督部门应当以便于公众知晓的方式向社会公布受理投诉的电话、电子邮箱和通信地址。

国务院产品质量监督部门应当建立缺陷汽车产品召回信息管理系统，收集汇总、分析处理有关缺陷汽车产品信息。

产品质量监督部门、汽车产品主管部门、商务主管部门、海关、公安机关交通管理部门、交通运输主管部门等有关部门应当建立汽车产品的生产、销售、进口、登记检验、维修、消费者投诉、召回等信息的共享机制。

第七条 产品质量监督部门和有关部门、机构及其工作人员对履行本条例规定职责所知悉的商业秘密和个人信息，不得泄露。

第八条 对缺陷汽车产品，生产者应当依照本条例全部召回；

生产者未实施召回的，国务院产品质量监督部门应当依照本条例责令其召回。

本条例所称生产者，是指在中国境内依法设立的生产汽车产品并以其名义颁发产品合格证的企业。

从中国境外进口汽车产品到境内销售的企业，视为前款所称的生产者。

第九条 生产者应当建立并保存汽车产品设计、制造、标识、检验等方面的信息记录以及汽车产品初次销售的车主信息记录，保存期不得少于10年。

第十条 生产者应当将下列信息报国务院产品质量监督部门备案：

（一）生产者基本信息；

（二）汽车产品技术参数和汽车产品初次销售的车主信息；

（三）因汽车产品存在危及人身、财产安全的故障而发生修理、更换、退货的信息；

（四）汽车产品在中国境外实施召回的信息；

（五）国务院产品质量监督部门要求备案的其他信息。

第十一条 销售、租赁、维修汽车产品的经营者（以下统称经营者）应当按照国务院产品质量监督部门的规定建立并保存汽车产品相关信息记录，保存期不得少于5年。

经营者获知汽车产品存在缺陷的，应当立即停止销售、租赁、使用缺陷汽车产品，并协助生产者实施召回。

经营者应当向国务院产品质量监督部门报告和向生产者通报所获知的汽车产品可能存在缺陷的相关信息。

第十二条 生产者获知汽车产品可能存在缺陷的，应当立即组织调查分析，并如实向国务院产品质量监督部门报告调查分析结果。

生产者确认汽车产品存在缺陷的，应当立即停止生产、销售、进口缺陷汽车产品，并实施召回。

第十三条 国务院产品质量监督部门获知汽车产品可能存在缺

陷的，应当立即通知生产者开展调查分析；生产者未按照通知开展调查分析的，国务院产品质量监督部门应当开展缺陷调查。

国务院产品质量监督部门认为汽车产品可能存在会造成严重后果的缺陷的，可以直接开展缺陷调查。

第十四条 国务院产品质量监督部门开展缺陷调查，可以进入生产者、经营者的生产经营场所进行现场调查，查阅、复制相关资料和记录，向相关单位和个人了解汽车产品可能存在缺陷的情况。

生产者应当配合缺陷调查，提供调查需要的有关资料、产品和专用设备。经营者应当配合缺陷调查，提供调查需要的有关资料。

国务院产品质量监督部门不得将生产者、经营者提供的资料、产品和专用设备用于缺陷调查所需的技术检测和鉴定以外的用途。

第十五条 国务院产品质量监督部门调查认为汽车产品存在缺陷的，应当通知生产者实施召回。

生产者认为其汽车产品不存在缺陷的，可以自收到通知之日起15个工作日内向国务院产品质量监督部门提出异议，并提供证明材料。国务院产品质量监督部门应当组织与生产者无利害关系的专家对证明材料进行论证，必要时对汽车产品进行技术检测或者鉴定。

生产者既不按照通知实施召回又不在本条第二款规定期限内提出异议的，或者经国务院产品质量监督部门依照本条第二款规定组织论证、技术检测、鉴定确认汽车产品存在缺陷的，国务院产品质量监督部门应当责令生产者实施召回；生产者应当立即停止生产、销售、进口缺陷汽车产品，并实施召回。

第十六条 生产者实施召回，应当按照国务院产品质量监督部门的规定制定召回计划，并报国务院产品质量监督部门备案。修改已备案的召回计划应当重新备案。

生产者应当按照召回计划实施召回。

第十七条 生产者应当将报国务院产品质量监督部门备案的召

回计划同时通报销售者，销售者应当停止销售缺陷汽车产品。

第十八条 生产者实施召回，应当以便于公众知晓的方式发布信息，告知车主汽车产品存在的缺陷、避免损害发生的应急处置方法和生产者消除缺陷的措施等事项。

国务院产品质量监督部门应当及时向社会公布已经确认的缺陷汽车产品信息以及生产者实施召回的相关信息。

车主应当配合生产者实施召回。

第十九条 对实施召回的缺陷汽车产品，生产者应当及时采取修正或者补充标识、修理、更换、退货等措施消除缺陷。

生产者应当承担消除缺陷的费用和必要的运送缺陷汽车产品的费用。

第二十条 生产者应当按照国务院产品质量监督部门的规定提交召回阶段性报告和召回总结报告。

第二十一条 国务院产品质量监督部门应当对召回实施情况进行监督，并组织与生产者无利害关系的专家对生产者消除缺陷的效果进行评估。

第二十二条 生产者违反本条例规定，有下列情形之一的，由产品质量监督部门责令改正；拒不改正的，处5万元以上20万元以下的罚款：

（一）未按照规定保存有关汽车产品、车主的信息记录；

（二）未按照规定备案有关信息、召回计划；

（三）未按照规定提交有关召回报告。

第二十三条 违反本条例规定，有下列情形之一的，由产品质量监督部门责令改正；拒不改正的，处50万元以上100万元以下的罚款；有违法所得的，并处没收违法所得；情节严重的，由许可机关吊销有关许可：

（一）生产者、经营者不配合产品质量监督部门缺陷调查；

（二）生产者未按照已备案的召回计划实施召回；

（三）生产者未将召回计划通报销售者。

第二十四条 生产者违反本条例规定，有下列情形之一的，由产品质量监督部门责令改正，处缺陷汽车产品货值金额1%以上10%以下的罚款；有违法所得的，并处没收违法所得；情节严重的，由许可机关吊销有关许可：

（一）未停止生产、销售或者进口缺陷汽车产品；

（二）隐瞒缺陷情况；

（三）经责令召回拒不召回。

第二十五条 违反本条例规定，从事缺陷汽车产品召回监督管理工作的人员有下列行为之一的，依法给予处分：

（一）将生产者、经营者提供的资料、产品和专用设备用于缺陷调查所需的技术检测和鉴定以外的用途；

（二）泄露当事人商业秘密或者个人信息；

（三）其他玩忽职守、徇私舞弊、滥用职权行为。

第二十六条 违反本条例规定，构成犯罪的，依法追究刑事责任。

第二十七条 汽车产品出厂时未随车装备的轮胎存在缺陷的，由轮胎的生产者负责召回。具体办法由国务院产品质量监督部门参照本条例制定。

第二十八条 生产者依照本条例召回缺陷汽车产品，不免除其依法应当承担的责任。

汽车产品存在本条例规定的缺陷以外的质量问题的，车主有权依照产品质量法、消费者权益保护法等法律、行政法规和国家有关规定以及合同约定，要求生产者、销售者承担修理、更换、退货、赔偿损失等相应的法律责任。

第二十九条 本条例自2013年1月1日起施行。

快递暂行条例

（2018年3月2日中华人民共和国国务院令第697号公布　根据2019年3月2日《国务院关于修改部分行政法规的决定》修订）

第一章　总　则

第一条　为促进快递业健康发展，保障快递安全，保护快递用户合法权益，加强对快递业的监督管理，根据《中华人民共和国邮政法》和其他有关法律，制定本条例。

第二条　在中华人民共和国境内从事快递业务经营、接受快递服务以及对快递业实施监督管理，适用本条例。

第三条　地方各级人民政府应当创造良好的快递业营商环境，支持经营快递业务的企业创新商业模式和服务方式，引导经营快递业务的企业加强服务质量管理、健全规章制度、完善安全保障措施，为用户提供迅速、准确、安全、方便的快递服务。

地方各级人民政府应当确保政府相关行为符合公平竞争要求和相关法律法规，维护快递业竞争秩序，不得出台违反公平竞争、可能造成地区封锁和行业垄断的政策措施。

第四条　任何单位或者个人不得利用信件、包裹、印刷品以及其他寄递物品（以下统称快件）从事危害国家安全、社会公共利益或者他人合法权益的活动。

除有关部门依照法律对快件进行检查外，任何单位或者个人不得非法检查他人快件。任何单位或者个人不得私自开拆、隐匿、毁弃、倒卖他人快件。

第五条 国务院邮政管理部门负责对全国快递业实施监督管理。国务院公安、国家安全、海关、工商行政管理等有关部门在各自职责范围内负责相关的快递监督管理工作。

省、自治区、直辖市邮政管理机构和按照国务院规定设立的省级以下邮政管理机构负责对本辖区的快递业实施监督管理。县级以上地方人民政府有关部门在各自职责范围内负责相关的快递监督管理工作。

第六条 国务院邮政管理部门和省、自治区、直辖市邮政管理机构以及省级以下邮政管理机构（以下统称邮政管理部门）应当与公安、国家安全、海关、工商行政管理等有关部门相互配合，建立健全快递安全监管机制，加强对快递业安全运行的监测预警，收集、共享与快递业安全运行有关的信息，依法处理影响快递业安全运行的事件。

第七条 依法成立的快递行业组织应当保护企业合法权益，加强行业自律，促进企业守法、诚信、安全经营，督促企业落实安全生产主体责任，引导企业不断提高快递服务质量和水平。

第八条 国家加强快递业诚信体系建设，建立健全快递业信用记录、信息公开、信用评价制度，依法实施联合惩戒措施，提高快递业信用水平。

第九条 国家鼓励经营快递业务的企业和寄件人使用可降解、可重复利用的环保包装材料，鼓励经营快递业务的企业采取措施回收快件包装材料，实现包装材料的减量化利用和再利用。

第二章　发展保障

第十条 国务院邮政管理部门应当制定快递业发展规划，促进快递业健康发展。

县级以上地方人民政府应当将快递业发展纳入本级国民经济

和社会发展规划，在城乡规划和土地利用总体规划中统筹考虑快件大型集散、分拣等基础设施用地的需要。

县级以上地方人民政府建立健全促进快递业健康发展的政策措施，完善相关配套规定，依法保障经营快递业务的企业及其从业人员的合法权益。

第十一条 国家支持和鼓励经营快递业务的企业在农村、偏远地区发展快递服务网络，完善快递末端网点布局。

第十二条 国家鼓励和引导经营快递业务的企业采用先进技术，促进自动化分拣设备、机械化装卸设备、智能末端服务设施、快递电子运单以及快件信息化管理系统等的推广应用。

第十三条 县级以上地方人民政府公安、交通运输等部门和邮政管理部门应当加强协调配合，建立健全快递运输保障机制，依法保障快递服务车辆通行和临时停靠的权利，不得禁止快递服务车辆依法通行。

邮政管理部门会同县级以上地方人民政府公安等部门，依法规范快递服务车辆的管理和使用，对快递专用电动三轮车的行驶时速、装载质量等作出规定，并对快递服务车辆加强统一编号和标识管理。经营快递业务的企业应当对其从业人员加强道路交通安全培训。

快递从业人员应当遵守道路交通安全法律法规的规定，按照操作规范安全、文明驾驶车辆。快递从业人员因执行工作任务造成他人损害的，由快递从业人员所属的经营快递业务的企业依照民事侵权责任相关法律的规定承担侵权责任。

第十四条 企业事业单位、住宅小区管理单位应当根据实际情况，采取与经营快递业务的企业签订合同、设置快件收寄投递专门场所等方式，为开展快递服务提供必要的便利。鼓励多个经营快递业务的企业共享末端服务设施，为用户提供便捷的快递末端服务。

第十五条 国家鼓励快递业与制造业、农业、商贸业等行业建立协同发展机制，推动快递业与电子商务融合发展，加强信息沟通，共享设施和网络资源。

国家引导和推动快递业与铁路、公路、水路、民航等行业的标准对接，支持在大型车站、码头、机场等交通枢纽配套建设快件运输通道和接驳场所。

第十六条 国家鼓励经营快递业务的企业依法开展进出境快递业务，支持在重点口岸建设进出境快件处理中心、在境外依法开办快递服务机构并设置快件处理场所。

海关、邮政管理等部门应当建立协作机制，完善进出境快件管理，推动实现快件便捷通关。

第三章　经营主体

第十七条 经营快递业务，应当依法取得快递业务经营许可。邮政管理部门应当根据《中华人民共和国邮政法》第五十二条、第五十三条规定的条件和程序核定经营许可的业务范围和地域范围，向社会公布取得快递业务经营许可的企业名单，并及时更新。

第十八条 经营快递业务的企业及其分支机构可以根据业务需要开办快递末端网点，并应当自开办之日起20日内向所在地邮政管理部门备案。快递末端网点无需办理营业执照。

第十九条 两个以上经营快递业务的企业可以使用统一的商标、字号或者快递运单经营快递业务。

前款规定的经营快递业务的企业应当签订书面协议明确各自的权利义务，遵守共同的服务约定，在服务质量、安全保障、业务流程等方面实行统一管理，为用户提供统一的快件跟踪查询和投诉处理服务。

用户的合法权益因快件延误、丢失、损毁或者内件短少而受到损害的，用户可以要求该商标、字号或者快递运单所属企业赔偿，也可以要求实际提供快递服务的企业赔偿。

第二十条 经营快递业务的企业应当依法保护其从业人员的合法权益。

经营快递业务的企业应当对其从业人员加强职业操守、服务规范、作业规范、安全生产、车辆安全驾驶等方面的教育和培训。

第四章 快递服务

第二十一条 经营快递业务的企业在寄件人填写快递运单前，应当提醒其阅读快递服务合同条款、遵守禁止寄递和限制寄递物品的有关规定，告知相关保价规则和保险服务项目。

寄件人交寄贵重物品的，应当事先声明；经营快递业务的企业可以要求寄件人对贵重物品予以保价。

第二十二条 寄件人交寄快件，应当如实提供以下事项：

（一）寄件人姓名、地址、联系电话；

（二）收件人姓名（名称）、地址、联系电话；

（三）寄递物品的名称、性质、数量。

除信件和已签订安全协议用户交寄的快件外，经营快递业务的企业收寄快件，应当对寄件人身份进行查验，并登记身份信息，但不得在快递运单上记录除姓名（名称）、地址、联系电话以外的用户身份信息。寄件人拒绝提供身份信息或者提供身份信息不实的，经营快递业务的企业不得收寄。

第二十三条 国家鼓励经营快递业务的企业在节假日期间根据业务量变化实际情况，为用户提供正常的快递服务。

第二十四条 经营快递业务的企业应当规范操作，防止造成快件损毁。

法律法规对食品、药品等特定物品的运输有特殊规定的，寄件人、经营快递业务的企业应当遵守相关规定。

第二十五条 经营快递业务的企业应当将快件投递到约定的收件地址、收件人或者收件人指定的代收人，并告知收件人或者代收人当面验收。收件人或者代收人有权当面验收。

第二十六条 快件无法投递的，经营快递业务的企业应当退回寄件人或者根据寄件人的要求进行处理；属于进出境快件的，经营快递业务的企业应当依法办理海关和检验检疫手续。

快件无法投递又无法退回的，依照下列规定处理：

（一）属于信件，自确认无法退回之日起超过 6 个月无人认领的，由经营快递业务的企业在所在地邮政管理部门的监督下销毁；

（二）属于信件以外其他快件的，经营快递业务的企业应当登记，并按照国务院邮政管理部门的规定处理；

（三）属于进境快件的，交由海关依法处理。

第二十七条 快件延误、丢失、损毁或者内件短少的，对保价的快件，应当按照经营快递业务的企业与寄件人约定的保价规则确定赔偿责任；对未保价的快件，依照民事法律的有关规定确定赔偿责任。

国家鼓励保险公司开发快件损失赔偿责任险种，鼓励经营快递业务的企业投保。

第二十八条 经营快递业务的企业应当实行快件寄递全程信息化管理，公布联系方式，保证与用户的联络畅通，向用户提供业务咨询、快件查询等服务。用户对快递服务质量不满意的，可以向经营快递业务的企业投诉，经营快递业务的企业应当自接到投诉之日起 7 日内予以处理并告知用户。

第二十九条 经营快递业务的企业停止经营的，应当提前 10

日向社会公告，书面告知邮政管理部门，交回快递业务经营许可证，并依法妥善处理尚未投递的快件。

经营快递业务的企业或者其分支机构因不可抗力或者其他特殊原因暂停快递服务的，应当及时向邮政管理部门报告，向社会公告暂停服务的原因和期限，并依法妥善处理尚未投递的快件。

第五章 快递安全

第三十条 寄件人交寄快件和经营快递业务的企业收寄快件应当遵守《中华人民共和国邮政法》第二十四条关于禁止寄递或者限制寄递物品的规定。

禁止寄递物品的目录及管理办法，由国务院邮政管理部门会同国务院有关部门制定并公布。

第三十一条 经营快递业务的企业收寄快件，应当依照《中华人民共和国邮政法》的规定验视内件，并作出验视标识。寄件人拒绝验视的，经营快递业务的企业不得收寄。

经营快递业务的企业受寄件人委托，长期、批量提供快递服务的，应当与寄件人签订安全协议，明确双方的安全保障义务。

第三十二条 经营快递业务的企业可以自行或者委托第三方企业对快件进行安全检查，并对经过安全检查的快件作出安全检查标识。经营快递业务的企业委托第三方企业对快件进行安全检查的，不免除委托方对快件安全承担的责任。

经营快递业务的企业或者接受委托的第三方企业应当使用符合强制性国家标准的安全检查设备，并加强对安全检查人员的背景审查和技术培训；经营快递业务的企业或者接受委托的第三方企业对安全检查人员进行背景审查，公安机关等相关部门应当予以配合。

第三十三条 经营快递业务的企业发现寄件人交寄禁止寄递

物品的，应当拒绝收寄；发现已经收寄的快件中有疑似禁止寄递物品的，应当立即停止分拣、运输、投递。对快件中依法应当没收、销毁或者可能涉及违法犯罪的物品，经营快递业务的企业应当立即向有关部门报告并配合调查处理；对其他禁止寄递物品以及限制寄递物品，经营快递业务的企业应当按照法律、行政法规或者国务院和国务院有关主管部门的规定处理。

第三十四条 经营快递业务的企业应当建立快递运单及电子数据管理制度，妥善保管用户信息等电子数据，定期销毁快递运单，采取有效技术手段保证用户信息安全。具体办法由国务院邮政管理部门会同国务院有关部门制定。

经营快递业务的企业及其从业人员不得出售、泄露或者非法提供快递服务过程中知悉的用户信息。发生或者可能发生用户信息泄露的，经营快递业务的企业应当立即采取补救措施，并向所在地邮政管理部门报告。

第三十五条 经营快递业务的企业应当依法建立健全安全生产责任制，确保快递服务安全。

经营快递业务的企业应当依法制定突发事件应急预案，定期开展突发事件应急演练；发生突发事件的，应当按照应急预案及时、妥善处理，并立即向所在地邮政管理部门报告。

第六章 监督检查

第三十六条 邮政管理部门应当加强对快递业的监督检查。监督检查应当以下列事项为重点：

（一）从事快递活动的企业是否依法取得快递业务经营许可；

（二）经营快递业务的企业的安全管理制度是否健全并有效实施；

（三）经营快递业务的企业是否妥善处理用户的投诉、保护用户合法权益。

第三十七条 邮政管理部门应当建立和完善以随机抽查为重点的日常监督检查制度，公布抽查事项目录，明确抽查的依据、频次、方式、内容和程序，随机抽取被检查企业，随机选派检查人员。抽查情况和查处结果应当及时向社会公布。

邮政管理部门应当充分利用计算机网络等先进技术手段，加强对快递业务活动的日常监督检查，提高快递业管理水平。

第三十八条 邮政管理部门依法履行职责，有权采取《中华人民共和国邮政法》第六十一条规定的监督检查措施。邮政管理部门实施现场检查，有权查阅经营快递业务的企业管理快递业务的电子数据。

国家安全机关、公安机关为维护国家安全和侦查犯罪活动的需要依法开展执法活动，经营快递业务的企业应当提供技术支持和协助。

《中华人民共和国邮政法》第十一条规定的处理场所，包括快件处理场地、设施、设备。

第三十九条 邮政管理部门应当向社会公布本部门的联系方式，方便公众举报违法行为。

邮政管理部门接到举报的，应当及时依法调查处理，并为举报人保密。对实名举报的，邮政管理部门应当将处理结果告知举报人。

第七章 法律责任

第四十条 未取得快递业务经营许可从事快递活动的，由邮政管理部门依照《中华人民共和国邮政法》的规定予以处罚。

经营快递业务的企业或者其分支机构有下列行为之一的，由邮政管理部门责令改正，可以处 1 万元以下的罚款；情节严重的，处 1 万元以上 5 万元以下的罚款，并可以责令停业整顿：

（一）开办快递末端网点未向所在地邮政管理部门备案；

（二）停止经营快递业务，未提前 10 日向社会公告，未书面告知邮政管理部门并交回快递业务经营许可证，或者未依法妥善处理尚未投递的快件；

（三）因不可抗力或者其他特殊原因暂停快递服务，未及时向邮政管理部门报告并向社会公告暂停服务的原因和期限，或者未依法妥善处理尚未投递的快件。

第四十一条 两个以上经营快递业务的企业使用统一的商标、字号或者快递运单经营快递业务，未遵守共同的服务约定，在服务质量、安全保障、业务流程等方面未实行统一管理，或者未向用户提供统一的快件跟踪查询和投诉处理服务的，由邮政管理部门责令改正，处 1 万元以上 5 万元以下的罚款；情节严重的，处 5 万元以上 10 万元以下的罚款，并可以责令停业整顿。

第四十二条 冒领、私自开拆、隐匿、毁弃、倒卖或者非法检查他人快件，尚不构成犯罪的，依法给予治安管理处罚。

经营快递业务的企业有前款规定行为，或者非法扣留快件的，由邮政管理部门责令改正，没收违法所得，并处 5 万元以上 10 万元以下的罚款；情节严重的，并处 10 万元以上 20 万元以下的罚款，并可以责令停业整顿直至吊销其快递业务经营许可证。

第四十三条 经营快递业务的企业有下列情形之一的，由邮政管理部门依照《中华人民共和国邮政法》、《中华人民共和国反恐怖主义法》的规定予以处罚：

（一）不建立或者不执行收寄验视制度；

（二）违反法律、行政法规以及国务院和国务院有关部门关于禁止寄递或者限制寄递物品的规定；

（三）收寄快件未查验寄件人身份并登记身份信息，或者发现寄件人提供身份信息不实仍予收寄；

（四）未按照规定对快件进行安全检查。

寄件人在快件中夹带禁止寄递的物品，尚不构成犯罪的，依法给予治安管理处罚。

第四十四条 经营快递业务的企业有下列行为之一的，由邮政管理部门责令改正，没收违法所得，并处1万元以上5万元以下的罚款；情节严重的，并处5万元以上10万元以下的罚款，并可以责令停业整顿直至吊销其快递业务经营许可证：

（一）未按照规定建立快递运单及电子数据管理制度；

（二）未定期销毁快递运单；

（三）出售、泄露或者非法提供快递服务过程中知悉的用户信息；

（四）发生或者可能发生用户信息泄露的情况，未立即采取补救措施，或者未向所在地邮政管理部门报告。

第四十五条 经营快递业务的企业及其从业人员在经营活动中有危害国家安全行为的，依法追究法律责任；对经营快递业务的企业，由邮政管理部门吊销其快递业务经营许可证。

第四十六条 邮政管理部门和其他有关部门的工作人员在监督管理工作中滥用职权、玩忽职守、徇私舞弊的，依法给予处分。

第四十七条 违反本条例规定，构成犯罪的，依法追究刑事责任；造成人身、财产或者其他损害的，依法承担赔偿责任。

第八章 附 则

第四十八条 本条例自2018年5月1日起施行。

乳品质量安全监督管理条例

（2008年10月6日国务院第28次常务会议通过　2008年10月9日中华人民共和国国务院令第536号公布　自公布之日起施行）

第一章　总　则

第一条　为了加强乳品质量安全监督管理，保证乳品质量安全，保障公众身体健康和生命安全，促进奶业健康发展，制定本条例。

第二条　本条例所称乳品，是指生鲜乳和乳制品。

乳品质量安全监督管理适用本条例；法律对乳品质量安全监督管理另有规定的，从其规定。

第三条　奶畜养殖者、生鲜乳收购者、乳制品生产企业和销售者对其生产、收购、运输、销售的乳品质量安全负责，是乳品质量安全的第一责任者。

第四条　县级以上地方人民政府对本行政区域内的乳品质量安全监督管理负总责。

县级以上人民政府畜牧兽医主管部门负责奶畜饲养以及生鲜乳生产环节、收购环节的监督管理。县级以上质量监督检验检疫部门负责乳制品生产环节和乳品进出口环节的监督管理。县级以上工商行政管理部门负责乳制品销售环节的监督管理。县级以上食品药品监督部门负责乳制品餐饮服务环节的监督管理。县级以上人民政府卫生主管部门依照职权负责乳品质量安全监督管理的综合协调、组织查处食品安全重大事故。县级以上人民政府其他有关部门在各自职责范围内负责乳品质量安全监督管理的其他工作。

第五条　发生乳品质量安全事故，应当依照有关法律、行政法规的规定及时报告、处理；造成严重后果或者恶劣影响的，对有关人民政府、有关部门负有领导责任的负责人依法追究责任。

第六条 生鲜乳和乳制品应当符合乳品质量安全国家标准。乳品质量安全国家标准由国务院卫生主管部门组织制定，并根据风险监测和风险评估的结果及时组织修订。

乳品质量安全国家标准应当包括乳品中的致病性微生物、农药残留、兽药残留、重金属以及其他危害人体健康物质的限量规定，乳品生产经营过程的卫生要求，通用的乳品检验方法与规程，与乳品安全有关的质量要求，以及其他需要制定为乳品质量安全国家标准的内容。

制定婴幼儿奶粉的质量安全国家标准应当充分考虑婴幼儿身体特点和生长发育需要，保证婴幼儿生长发育所需的营养成分。

国务院卫生主管部门应当根据疾病信息和监督管理部门的监督管理信息等，对发现添加或者可能添加到乳品中的非食品用化学物质和其他可能危害人体健康的物质，立即组织进行风险评估，采取相应的监测、检测和监督措施。

第七条 禁止在生鲜乳生产、收购、贮存、运输、销售过程中添加任何物质。

禁止在乳制品生产过程中添加非食品用化学物质或者其他可能危害人体健康的物质。

第八条 国务院畜牧兽医主管部门会同国务院发展改革部门、工业和信息化部门、商务部门，制定全国奶业发展规划，加强奶源基地建设，完善服务体系，促进奶业健康发展。

县级以上地方人民政府应当根据全国奶业发展规划，合理确定本行政区域内奶畜养殖规模，科学安排生鲜乳的生产、收购布局。

第九条 有关行业协会应当加强行业自律，推动行业诚信建设，引导、规范奶畜养殖者、生鲜乳收购者、乳制品生产企业和销售者依法生产经营。

第二章　奶畜养殖

第十条　国家采取有效措施，鼓励、引导、扶持奶畜养殖者提高生鲜乳质量安全水平。省级以上人民政府应当在本级财政预算内安排支持奶业发展资金，并鼓励对奶畜养殖者、奶农专业生产合作社等给予信贷支持。

国家建立奶畜政策性保险制度，对参保奶畜养殖者给予保费补助。

第十一条　畜牧兽医技术推广机构应当向奶畜养殖者提供养殖技术培训、良种推广、疫病防治等服务。

国家鼓励乳制品生产企业和其他相关生产经营者为奶畜养殖者提供所需的服务。

第十二条　设立奶畜养殖场、养殖小区应当具备下列条件：

（一）符合所在地人民政府确定的本行政区域奶畜养殖规模；

（二）有与其养殖规模相适应的场所和配套设施；

（三）有为其服务的畜牧兽医技术人员；

（四）具备法律、行政法规和国务院畜牧兽医主管部门规定的防疫条件；

（五）有对奶畜粪便、废水和其他固体废物进行综合利用的沼气池等设施或者其他无害化处理设施；

（六）有生鲜乳生产、销售、运输管理制度；

（七）法律、行政法规规定的其他条件。

奶畜养殖场、养殖小区开办者应当将养殖场、养殖小区的名称、养殖地址、奶畜品种和养殖规模向养殖场、养殖小区所在地县级人民政府畜牧兽医主管部门备案。

第十三条　奶畜养殖场应当建立养殖档案，载明以下内容：

（一）奶畜的品种、数量、繁殖记录、标识情况、来源和进出场日期；

（二）饲料、饲料添加剂、兽药等投入品的来源、名称、使用对象、时间和用量；

（三）检疫、免疫、消毒情况；

（四）奶畜发病、死亡和无害化处理情况；

（五）生鲜乳生产、检测、销售情况；

（六）国务院畜牧兽医主管部门规定的其他内容。

奶畜养殖小区开办者应当逐步建立养殖档案。

第十四条 从事奶畜养殖，不得使用国家禁用的饲料、饲料添加剂、兽药以及其他对动物和人体具有直接或者潜在危害的物质。

禁止销售在规定用药期和休药期内的奶畜产的生鲜乳。

第十五条 奶畜养殖者应当确保奶畜符合国务院畜牧兽医主管部门规定的健康标准，并确保奶畜接受强制免疫。

动物疫病预防控制机构应当对奶畜的健康情况进行定期检测；经检测不符合健康标准的，应当立即隔离、治疗或者做无害化处理。

第十六条 奶畜养殖者应当做好奶畜和养殖场所的动物防疫工作，发现奶畜染疫或者疑似染疫的，应当立即报告，停止生鲜乳生产，并采取隔离等控制措施，防止疫病扩散。

奶畜养殖者对奶畜养殖过程中的排泄物、废弃物应当及时清运、处理。

第十七条 奶畜养殖者应当遵守国务院畜牧兽医主管部门制定的生鲜乳生产技术规程。直接从事挤奶工作的人员应当持有有效的健康证明。

奶畜养殖者对挤奶设施、生鲜乳贮存设施等应当及时清洗、消毒，避免对生鲜乳造成污染。

第十八条 生鲜乳应当冷藏。超过 2 小时未冷藏的生鲜乳，不得销售。

第三章　生鲜乳收购

第十九条 省、自治区、直辖市人民政府畜牧兽医主管部门应当根据当地奶源分布情况，按照方便奶畜养殖者、促进规模化养殖的原则，对生鲜乳收购站的建设进行科学规划和合理布局。必要时，可以实行生鲜乳集中定点收购。

国家鼓励乳制品生产企业按照规划布局，自行建设生鲜乳收购站或者收购原有生鲜乳收购站。

第二十条 生鲜乳收购站应当由取得工商登记的乳制品生产企业、奶畜养殖场、奶农专业生产合作社开办，并具备下列条件，取得所在地县级人民政府畜牧兽医主管部门颁发的生鲜乳收购许可证：

（一）符合生鲜乳收购站建设规划布局；

（二）有符合环保和卫生要求的收购场所；

（三）有与收奶量相适应的冷却、冷藏、保鲜设施和低温运输设备；

（四）有与检测项目相适应的化验、计量、检测仪器设备；

（五）有经培训合格并持有有效健康证明的从业人员；

（六）有卫生管理和质量安全保障制度。

生鲜乳收购许可证有效期 2 年；生鲜乳收购站不再办理工商登记。

禁止其他单位或者个人开办生鲜乳收购站。禁止其他单位或者个人收购生鲜乳。

国家对生鲜乳收购站给予扶持和补贴，提高其机械化挤奶和生鲜乳冷藏运输能力。

第二十一条 生鲜乳收购站应当及时对挤奶设施、生鲜乳贮存运输设施等进行清洗、消毒，避免对生鲜乳造成污染。

生鲜乳收购站应当按照乳品质量安全国家标准对收购的生鲜乳进行常规检测。检测费用不得向奶畜养殖者收取。

生鲜乳收购站应当保持生鲜乳的质量。

第二十二条 生鲜乳收购站应当建立生鲜乳收购、销售和检测记录。生鲜乳收购、销售和检测记录应当包括畜主姓名、单次收购量、生鲜乳检测结果、销售去向等内容，并保存 2 年。

第二十三条 县级以上地方人民政府价格主管部门应当加强对生鲜乳价格的监控和通报，及时发布市场供求信息和价格信息。必要时，县级以上地方人民政府建立由价格、畜牧兽医等部门以及行业协会、乳制品生产企业、生鲜乳收购者、奶畜养殖者代表组成的生鲜乳价格协调委员会，确定生鲜乳交易参考价格，供购销双方签订合同时参考。

生鲜乳购销双方应当签订书面合同。生鲜乳购销合同示范文本由国务院畜牧兽医主管部门会同国务院工商行政管理部门制定并公布。

第二十四条 禁止收购下列生鲜乳：

（一）经检测不符合健康标准或者未经检疫合格的奶畜产的；

（二）奶畜产犊 7 日内的初乳，但以初乳为原料从事乳制品生产的除外；

（三）在规定用药期和休药期内的奶畜产的；

（四）其他不符合乳品质量安全国家标准的。

对前款规定的生鲜乳，经检测无误后，应当予以销毁或者采取其他无害化处理措施。

第二十五条 贮存生鲜乳的容器，应当符合国家有关卫生标准，在挤奶后 2 小时内应当降温至 0–4℃。

生鲜乳运输车辆应当取得所在地县级人民政府畜牧兽医主管部门核发的生鲜乳准运证明，并随车携带生鲜乳交接单。交接单应当载明生鲜乳收购站的名称、生鲜乳数量、交接时间，并由生鲜乳收购站经手人、押运员、司机、收奶员签字。

生鲜乳交接单一式两份，分别由生鲜乳收购站和乳品生产者保存，保存时间 2 年。准运证明和交接单式样由省、自治区、直辖市人民政府畜牧兽医主管部门制定。

第二十六条 县级以上人民政府应当加强生鲜乳质量安全监测体系建设，配备相应的人员和设备，确保监测能力与监测任务相适应。

第二十七条 县级以上人民政府畜牧兽医主管部门应当加强生鲜乳质量安全监测工作，制定并组织实施生鲜乳质量安全监测计划，对生鲜乳进行监督抽查，并按照法定权限及时公布监督抽查结果。

监测抽查不得向被抽查人收取任何费用，所需费用由同级财政列支。

第四章　乳制品生产

第二十八条　从事乳制品生产活动，应当具备下列条件，取得所在地质量监督部门颁发的食品生产许可证：

（一）符合国家奶业产业政策；

（二）厂房的选址和设计符合国家有关规定；

（三）有与所生产的乳制品品种和数量相适应的生产、包装和检测设备；

（四）有相应的专业技术人员和质量检验人员；

（五）有符合环保要求的废水、废气、垃圾等污染物的处理设施；

（六）有经培训合格并持有有效健康证明的从业人员；

（七）法律、行政法规规定的其他条件。

质量监督部门对乳制品生产企业颁发食品生产许可证，应当征求所在地工业行业管理部门的意见。

未取得食品生产许可证的任何单位和个人，不得从事乳制品生产。

第二十九条　乳制品生产企业应当建立质量管理制度，采取质量安全管理措施，对乳制品生产实施从原料进厂到成品出厂的全过程质量控制，保证产品质量安全。

第三十条　乳制品生产企业应当符合良好生产规范要求。国家鼓励乳制品生产企业实施危害分析与关键控制点体系，提高乳制品安全管理水平。生产婴幼儿奶粉的企业应当实施危害分析与关键控制点体系。

对通过良好生产规范、危害分析与关键控制点体系认证的乳制品生产企业，认证机构应当依法实施跟踪调查；对不再符合认证要求的企业，应当依法撤销认证，并及时向有关主管部门报告。

第三十一条 乳制品生产企业应当建立生鲜乳进货查验制度，逐批检测收购的生鲜乳，如实记录质量检测情况、供货者的名称以及联系方式、进货日期等内容，并查验运输车辆生鲜乳交接单。查验记录和生鲜乳交接单应当保存 2 年。乳制品生产企业不得向未取得生鲜乳收购许可证的单位和个人购进生鲜乳。

乳制品生产企业不得购进兽药等化学物质残留超标，或者含有重金属等有毒有害物质、致病性的寄生虫和微生物、生物毒素以及其他不符合乳品质量安全国家标准的生鲜乳。

第三十二条 生产乳制品使用的生鲜乳、辅料、添加剂等，应当符合法律、行政法规的规定和乳品质量安全国家标准。

生产的乳制品应当经过巴氏杀菌、高温杀菌、超高温杀菌或者其他有效方式杀菌。

生产发酵乳制品的菌种应当纯良、无害，定期鉴定，防止杂菌污染。

生产婴幼儿奶粉应当保证婴幼儿生长发育所需的营养成分，不得添加任何可能危害婴幼儿身体健康和生长发育的物质。

第三十三条 乳制品的包装应当有标签。标签应当如实标明产品名称、规格、净含量、生产日期，成分或者配料表，生产企业的名称、地址、联系方式，保质期，产品标准代号，贮存条件，所使用的食品添加剂的化学通用名称，食品生产许可证编号，法律、行政法规或者乳品质量安全国家标准规定必须标明的其他事项。

使用奶粉、黄油、乳清粉等原料加工的液态奶，应当在包装上注明；使用复原乳作为原料生产液态奶的，应当标明“复原乳”字样，并在产品配料中如实标明复原乳所含原料及比例。

婴幼儿奶粉标签还应当标明主要营养成分及其含量，详细说明使用方法和注意事项。

第三十四条 出厂的乳制品应当符合乳品质量安全国家标准。

乳制品生产企业应当对出厂的乳制品逐批检验，并保存检验报告，留取样品。检验内容应当包括乳制品的感官指标、理化指标、卫生指标和乳制品中使用的添加剂、稳定剂以及酸奶中使用的菌种等；婴幼儿奶粉在出厂前还应当检测营养成分。对检验合格的乳制品应当标识检验合格证号；检验不合格的不得出厂。检验报告应当保存2年。

第三十五条 乳制品生产企业应当如实记录销售的乳制品名称、数量、生产日期、生产批号、检验合格证号、购货者名称及其联系方式、销售日期等。

第三十六条 乳制品生产企业发现其生产的乳制品不符合乳品质量安全国家标准、存在危害人体健康和生命安全危险或者可能危害婴幼儿身体健康或者生长发育的，应当立即停止生产，报告有关主管部门，告知销售者、消费者，召回已经出厂、上市销售的乳制品，并记录召回情况。

乳制品生产企业对召回的乳制品应当采取销毁、无害化处理等措施，防止其再次流入市场。

第五章 乳制品销售

第三十七条 从事乳制品销售应当按照食品安全监督管理的有关规定，依法向工商行政管理部门申请领取有关证照。

第三十八条 乳制品销售者应当建立并执行进货查验制度，审验供货商的经营资格，验明乳制品合格证明和产品标识，并建立乳制品进货台账，如实记录乳制品的名称、规格、数量、供货商及其联系方式、进货时间等内容。从事乳制品批发业务的销售企业应当建立乳制品销售台账，如实记录批发的乳制品的品种、规格、数量、流向等内容。进货台账和销售台账保存期限不得少于2年。

第三十九条 乳制品销售者应当采取措施，保持所销售乳制品的质量。

销售需要低温保存的乳制品的，应当配备冷藏设备或者采取冷藏措施。

第四十条 禁止购进、销售无质量合格证明、无标签或者标签残缺不清的乳制品。

禁止购进、销售过期、变质或者不符合乳品质量安全国家标准的乳制品。

第四十一条 乳制品销售者不得伪造产地，不得伪造或者冒用他人的厂名、厂址，不得伪造或者冒用认证标志等质量标志。

第四十二条 对不符合乳品质量安全国家标准、存在危害人体健康和生命安全或者可能危害婴幼儿身体健康和生长发育的乳制品，销售者应当立即停止销售，追回已经售出的乳制品，并记录追回情况。

乳制品销售者自行发现其销售的乳制品有前款规定情况的，还应当立即报告所在地工商行政管理等有关部门，通知乳制品生产企业。

第四十三条 乳制品销售者应当向消费者提供购货凭证，履行不合格乳制品的更换、退货等义务。

乳制品销售者依照前款规定履行更换、退货等义务后，属于乳制品生产企业或者供货商的责任的，销售者可以向乳制品生产企业或者供货商追偿。

第四十四条 进口的乳品应当按照乳品质量安全国家标准进行检验；尚未制定乳品质量安全国家标准的，可以参照国家有关部门指定的国外有关标准进行检验。

第四十五条 出口乳品的生产者、销售者应当保证其出口乳品符合乳品质量安全国家标准的同时还符合进口国家（地区）的标准或者合同要求。

第六章 监督检查

第四十六条 县级以上人民政府畜牧兽医主管部门应当加强对奶畜饲养以及生鲜乳生产环节、收购环节的监督检查。县级以上质量监督检验检疫部门应当加强对乳制品生产环节和乳品进出口环节的监督检查。县级以上工商行政管理部门应当加强对乳制品销售环节的监督检查。县级以上食品药品监督部门应当加强对乳制品餐饮服务环节的监督管理。监督检查部门之间，监督检查部门与其他有关部门之间，应当及时通报乳品质量安全监督管理信息。

畜牧兽医、质量监督、工商行政管理等部门应当定期开展监督抽查，并记录监督抽查的情况和处理结果。需要对乳品进行抽样检查的，不得收取任何费用，所需费用由同级财政列支。

第四十七条 畜牧兽医、质量监督、工商行政管理等部门在依据各自职责进行监督检查时，行使下列职权：

（一）实施现场检查；

（二）向有关人员调查、了解有关情况；

（三）查阅、复制有关合同、票据、账簿、检验报告等资料；

（四）查封、扣押有证据证明不符合乳品质量安全国家标准的乳品以及违法使用的生鲜乳、辅料、添加剂；

（五）查封涉嫌违法从事乳品生产经营活动的场所，扣押用于违法生产经营的工具、设备；

（六）法律、行政法规规定的其他职权。

第四十八条 县级以上质量监督部门、工商行政管理部门在监督检查中，对不符合乳品质量安全国家标准、存在危害人体健康和生命安全危险或者可能危害婴幼儿身体健康和生长发育的乳制品，责令并监督生产企业召回、销售者停止销售。

第四十九条 县级以上人民政府价格主管部门应当加强对生鲜乳购销过程中压级压价、价格欺诈、价格串通等不正当价格行为的监督检查。

第五十条 畜牧兽医主管部门、质量监督部门、工商行政管理部门应当建立乳品生产经营者违法行为记录，及时提供给中国人民银行，由中国人民银行纳入企业信用信息基础数据库。

第五十一条 省级以上人民政府畜牧兽医主管部门、质量监督部门、工商行政管理部门依据各自职责，公布乳品质量安全监督管理信息。有关监督管理部门应当及时向同级卫生主管部门通报乳品质量安全事故信息；乳品质量安全重大事故信息由省级以上人民政府卫生主管部门公布。

第五十二条 有关监督管理部门发现奶畜养殖者、生鲜乳收购者、乳制品生产企业和销售者涉嫌犯罪的，应当及时移送公安机关立案侦查。

第五十三条 任何单位和个人有权向畜牧兽医、卫生、质量监督、工商行政管理、食品药品监督等部门举报乳品生产经营中的违法行为。畜牧兽医、卫生、质量监督、工商行政管理、食品药品监督等部门应当公布本单位的电子邮件地址和举报电话；对接到的举报，应当完整地记录、保存。

接到举报的部门对属于本部门职责范围内的事项，应当及时依法处理，对于实名举报，应当及时答复；对不属于本部门职责范围内的事项，应当及时移交有权处理的部门，有权处理的部门应当立即处理，不得推诿。

第七章 法律责任

第五十四条 生鲜乳收购者、乳制品生产企业在生鲜乳收购、乳制品生产过程中，加入非食品用化学物质或者其他可能危害人体健康的物质，依照刑法第一百四十四条的规定，构成犯罪的，依法追究刑事责任，并由发证机关吊销许可证照；尚不构成犯罪的，由畜牧兽医主管部门、质量监督部门依据各自职责没收违法所得和违法生产的乳品，以及相关的工具、设备等物品，并处违法乳品货值金额15倍以上30倍以下罚款，由发证机关吊销许可证照。

第五十五条 生产、销售不符合乳品质量安全国家标准的乳品，依照刑法第一百四十三条的规定，构成犯罪的，依法追究刑事责任，并由发证机关吊销许可证照；尚不构成犯罪的，由畜牧兽医主管部门、质量监督部门、工商行政管理部门依据各自职责没收违法所得、违法乳品和相关的工具、设备等物品，并处违法乳品货值金额10倍以上20倍以下罚款，由发证机关吊销许可证照。

第五十六条 乳制品生产企业违反本条例第三十六条的规定，对不符合乳品质量安全国家标准、存在危害人体健康和生命安全或者可能危害婴幼儿身体健康和生长发育的乳制品，不停止生产、不召回的，由质量监督部门责令停止生产、召回；拒不停止生产、拒不召回的，没收其违法所得、违法乳制品和相关的工具、设备等物品，并处违法乳制品货值金额15倍以上30倍以下罚款，由发证机关吊销许可证照。

第五十七条 乳制品销售者违反本条例第四十二条的规定，对不符合乳品质量安全国家标准、存在危害人体健康和生命安全或者可能危害婴幼儿身体健康和生长发育的乳制品，不停止销售、不追回的，由工商行政管理部门责令停止销售、追回；拒不停止销售、拒不追回的，没收其违法所得、违法乳制品和相关的工具、设备等物品，并处违法乳制品货值金额15倍以上30倍以下罚款，由发证机关吊销许可证照。

第五十八条 违反本条例规定，在婴幼儿奶粉生产过程中，加入非食品用化学物质或其他可能危害人体健康的物质的，或者生产、销售的婴幼儿奶粉营养成分不足、不符合乳品质量安全国家标准的，依照本条例规定，从重处罚。

第五十九条 奶畜养殖者、生鲜乳收购者、乳制品生产企业和销售者在发生乳品质量安全事故后未报告、处置的，由畜牧兽医、质量监督、工商行政管理、食品药品监督等部门依据各自职责，责令改正，给予警告；毁灭有关证据的，责令停产停业，并处10万元以上20万元以下罚款；造成严重后果的，由发证机关吊销许可证照；构成犯罪的，依法追究刑事责任。

第六十条 有下列情形之一的，由县级以上地方人民政府畜牧兽医主管部门没收违法所得、违法收购的生鲜乳和相关的设备、设施等物品，并处违法乳品货值金额5倍以上10倍以下罚款；有许可证照的，由发证机关吊销许可证照：

（一）未取得生鲜乳收购许可证收购生鲜乳的；

（二）生鲜乳收购站取得生鲜乳收购许可证后，不再符合许可条件继续从事生鲜乳收购的；

（三）生鲜乳收购站收购本条例第二十四条规定禁止收购的生鲜乳的。

第六十一条 乳制品生产企业和销售者未取得许可证，或者取得许可证后不按照法定条件、法定要求从事生产销售活动的，由县级以上地方质量监督部门、工商行政管理部门依照《国务院关于加强食品等产品安全监督管理的特别规定》等法律、行政法规的规定处罚。

第六十二条 畜牧兽医、卫生、质量监督、工商行政管理等部门，不履行本条例规定职责、造成后果的，或者滥用职权、有其他渎职行为的，由监察机关或者任免机关对其主要负责人、直接负责的主管人员和其他直接责任人员给予记大过或者降级的处分；造成严重后果的，给予撤职或者开除的处分；构成犯罪的，依法追究刑事责任。

第八章 附 则

第六十三条 草原牧区放牧饲养的奶畜所产的生鲜乳收购办法，由所在省、自治区、直辖市人民政府参照本条例另行制定。

第六十四条 本条例自公布之日起施行。

邮政业用户申诉处理办法

（2020年第2次局长办公会议审议通过　2020年9月8日国家邮政局发布　自2020年10月1日起施行）

第一条　为促进邮政业健康发展，保障邮政服务和快递服务质量，保护用户合法权益，规范申诉行为和处理工作，根据《中华人民共和国邮政法》《快递暂行条例》等法律、行政法规以及有关部门规章，制定本办法。

第二条　用户对邮政企业、经营快递业务的企业（以下统称企业）的服务质量提出申诉，邮政管理部门处理用户申诉，企业处理邮政管理部门转告的申诉事项，适用本办法。

本办法所称用户包括邮件、快件的寄件人和收件人，以及使用其他邮政服务的自然人、法人或者其他组织。

第三条　邮政管理部门处理用户申诉应当根据事实，坚持合法、公正、合理的原则。

用户提出申诉不得谋取不正当利益。

第四条　邮政管理部门采用调解的方式处理用户申诉，应当自接到申诉之日起30日内向提出申诉的用户作出申诉答复。

第五条　国家邮政局负责指导、组织全国范围内的用户申诉处理工作。

省、自治区、直辖市邮政管理局负责本行政区域内的用户申诉处理工作。

国家邮政局和省、自治区、直辖市邮政管理局设立申诉中心的，申诉中心按照所属邮政管理部门的要求处理用户申诉和参与相关指导工作。

企业对用户申诉的问题，向邮政管理部门说明事实，报告处理情况，依法处理服务质量异议。

第六条 邮政管理部门处理用户申诉的主要依据包括：

（一）《中华人民共和国邮政法》《快递暂行条例》等法律、行政法规、国务院决定以及邮政业部门规章；

（二）邮政业国家标准、行业标准；

（三）邮政管理部门行政规范性文件；

（四）用户与企业订立的服务合同；

（五）邮件详情单、快递运单等寄递详情单（含电子运单）载明、关联的信息；

（六）企业公示、公布的服务承诺；

（七）其他与申诉事项有关的事实和材料。

第七条 用户可以拨打邮政管理部门的申诉专用电话或者登录邮政管理部门网站提出申诉，也可以采用书信等方式提出申诉。

邮政管理部门应当向社会公开申诉专用电话号码、网站申诉路径、本单位申诉处理工作时间、通信地址等信息，方便用户、企业查询。

申诉专用电话号码是“12305”，前缀省会、首府、直辖市的区号。邮政管理部门在申诉处理工作时间内应当有人值守申诉专用电话。申诉专用电话因故暂停的，邮政管理部门应当公示暂停原因、暂停时间和其他申诉方式，维持申诉渠道畅通。

第八条 用户申诉的服务质量问题应当属于下列事项：

（一）邮政企业的邮政服务质量问题，具体包括：邮件（信件、包裹、印刷品）寄递服务质量问题，国家规定的邮政报刊发行服务质量问题，邮政汇兑服务质量问题，集邮票品预订、销售中的服务质量问题，其他依托邮政网络的寄递服务质量问题；

（二）经营快递业务的企业的寄递服务质量问题。

第九条 用户提出的申诉应当符合下列要求：

（一）有明确的申诉对象、申诉事由、申诉请求和事实材料等；

（二）已向企业投诉服务质量异议，对企业的处理结果不满意或者超过7日未得到企业处理；

（三）邮政管理部门未就同一事项受理过申诉，但用户对邮政管理部门答复过的申诉提出了新的申诉对象、申诉事由的除外；

（四）申诉事项不属于诉讼、仲裁、行政裁决、人民调解等途径正在处理或者处理过的邮政服务、快递服务质量异议，且不涉及正在受到刑事侦查、行政处罚调查的邮政服务、快递服务行为。

第十条 用户向邮政管理部门提出申诉，应当提供经其使用并有异议的邮政服务、快递服务信息，以及服务信息对应的用户证件信息。

委托他人提出申诉的，应当向邮政管理部门提供经委托人使用并有异议的邮政服务、快递服务信息，服务信息对应的委托人证件信息，委托人签字或者盖章的授权书，授权书对应的受托人证件信息。

邮政管理部门未能认定前款规定信息、材料不实的，应当予以采信。

第十一条 国内邮件、快件寄递服务质量问题申诉，应当自交寄邮件、快件之日起1年内提出。

国际邮件、快件寄递服务质量问题申诉，应当自交寄邮件、快件之日起6个月内提出。

其他邮政服务质量问题申诉，应当自用户与邮政企业产生异议之日起1年内提出。

第十二条 在申诉处理工作时间内，用户拨打申诉专用电话提出申诉的，邮政管理部门应当在接听后及时记录。用户登录邮政管理部门网站或者采用书信方式提出申诉的，邮政管理部门接到后应当及时查阅。

第十三条 对符合本办法第八条至第十一条规定的申诉事项，邮政管理部门应当受理。

对不符合本办法第八条至第十一条规定的申诉事项，邮政管理部门应当自接到申诉之日起5个工作日内告知用户不予受理，并说明理由。

发现受理后的申诉事项不符合本办法第八条至第十一条规定的，邮政管理部门停止处理，应当自接到申诉之日起30日内向用户作出申诉答复，并说明理由。

第十四条 邮政管理部门受理用户申诉的，应当对申诉事项进行核实。

邮政管理部门可以向被申诉企业、服务质量异议涉及到的其他企业（以下统称当事企业）了解情况，要求当事企业说明事实并依法解决用户提出的服务质量异议。

第十五条 当事企业接到邮政管理部门转告的申诉事项后，按照下列情形妥善处理：

（一）存在服务质量问题的，应当与用户依法协商解决；

（二）不存在服务质量问题的，应当及时与用户沟通，尽量解决异议；

（三）服务质量异议已进入诉讼、仲裁、行政裁决、人民调解等程序的，向邮政管理部门说明。

第十六条 当事企业应当自接到邮政管理部门转告的申诉事项之日起10日内按照下列要求向邮政管理部门报送处理情况的文字信息：

（一）报送的处理情况包括事实情况、与用户沟通协商情况、处理措施等；

（二）当事企业认为不存在服务质量问题的，还应当说明具体理由，并提供有关材料；

（三）服务质量异议已进入诉讼、仲裁、行政裁决、人民调解等程序的，提供凭证；

（四）同一申诉事项中有两个以上申诉请求的，逐一报送处理情况。

第十七条 企业应当建立申诉问题处理机制，不得以企业内部责任划分、与用户以外主体之间的责任划分等为由，拒绝、阻碍申诉处理。

企业接到邮政管理部门转告的申诉事项后，在其服务网络中不能确定是否存在服务质量问题的，应当送交其上一层级关联企业或者商标、字号、寄递详情单所属企业处理。企业内部、企业之间处理完毕后，由接到邮政管理部门转告的申诉事项的企业将处理情况报送邮政管理部门。

第十八条 邮政管理部门接到当事企业报送的申诉事项处理情况后，应当联系用户核实。

用户证实当事企业的处理情况且对处理措施无异议的，邮政管理部门告知当事企业联系用户进行和解，并根据证实、告知的情况向用户作出申诉答复。

用户对当事企业的处理措施有异议的，应当向邮政管理部门说明理由和依据；用户拒绝说明异议的理由和依据的，邮政管理部门停止处理，并作出申诉答复。

用户按照上一款规定说明了异议的理由和依据的，邮政管理部门征询用户和当事企业同意后进行调解；但用户、当事企业有一方不同意调解的，邮政管理部门停止处理，并作出申诉答复。

第十九条 邮政管理部门进行调解，应当根据能够认定的事实、理由依法提出调解意见，并告知用户和当事企业。

用户、当事企业应当自接到调解意见后 3 个工作日内向邮政管理部门表明是否同意；有补充、修改建议的，应当一并提出。

邮政管理部门应当告知用户、当事企业另一方是否同意调解意见以及补充、修改建议的内容。

第二十条 用户、当事企业均同意调解意见或者达成新的一致意见的，邮政管理部门应当记录，并向用户作出申诉答复。

邮政管理部门认为用户、当事企业提出的补充、修改建议违法违规、违反公序良俗的，不予采纳。

第二十一条 有下列情形之一的，邮政管理部门应当记录并停止调解，向用户作出申诉答复：

（一）用户、当事企业双方或者其中一方自接到调解意见后 3 个工作日内未表明是否同意调解意见；

（二）用户、当事企业自接到调解意见后 3 个工作日内未就调解意见达成一致，且未达成新的一致意见；

（三）用户、当事企业双方或者其中一方拒绝邮政管理部门继续调解；

（四）邮政管理部门不采纳用户、当事企业达成的新的一致意见，且用户、当事企业未再达成一致意见。

第二十二条 在邮政管理部门处理用户申诉期间，同一用户提出新的申诉事项且符合本办法第八条至第十一条规定的，邮政管理部门应当将其作为另一申诉事项处理。

第二十三条 邮政管理部门应当妥善保存书信、电话记录、电子数据等申诉处理工作材料，自作出申诉答复之日起保存不少于 3 年。邮政管理部门应当在作出申诉答复后及时登记、返还事实依据中的原件、原物，不作留存。

第二十四条 国家邮政局和省、自治区、直辖市邮政管理局可以向社会通告用户申诉处理等情况。

未经国家邮政局或者省、自治区、直辖市邮政管理局同意，邮政管理部门所属机构、人员不得向社会公开用户申诉处理等情况，不得擅自提供申诉事项信息。

第二十五条 邮政管理部门根据处理用户申诉过程中掌握的情况，可以约谈服务质量问题突出的企业。

第二十六条 国家关于机要通信等邮政特殊服务、专用邮政信箱邮件寄递服务的异议处理另有规定的，适用其规定。

第二十七条 本办法自 2020 年 10 月 1 日起施行。国家邮政局于 2014 年 8 月 27 日以国邮发〔2014〕160 号文件发布的《邮政业消费者申诉处理办法》同时废止。

市场监督管理投诉举报处理暂行办法

（2019年11月30日国家市场监督管理总局令第20号公布　根据2022年3月24日国家市场监督管理总局令第55号令第一次修正　根据2022年9月29日国家市场监督管理总局令第61号第二次修正）

第一条　为规范市场监督管理投诉举报处理工作，保护自然人、法人或者其他组织合法权益，根据《中华人民共和国消费者权益保护法》等法律、行政法规，制定本办法。

第二条　市场监督管理部门处理投诉举报，适用本办法。

第三条　本办法所称的投诉，是指消费者为生活消费需要购买、使用商品或者接受服务，与经营者发生消费者权益争议，请求市场监督管理部门解决该争议的行为。

本办法所称的举报，是指自然人、法人或者其他组织向市场监督管理部门反映经营者涉嫌违反市场监督管理法律、法规、规章线索的行为。

第四条　国家市场监督管理总局主管全国投诉举报处理工作，指导地方市场监督管理部门投诉举报处理工作。

县级以上地方市场监督管理部门负责本行政区域内的投诉举报处理工作。

第五条　市场监督管理部门处理投诉举报，应当遵循公正、高效的原则，做到适用依据正确、程序合法。

第六条　鼓励社会公众和新闻媒体对涉嫌违反市场监督管理法律、法规、规章的行为依法进行社会监督和舆论监督。

鼓励消费者通过在线消费纠纷解决机制、消费维权服务站、消费维权绿色通道、第三方争议解决机制等方式与经营者协商解决消费者权益争议。

第七条 向市场监督管理部门同时提出投诉和举报，或者提供的材料同时包含投诉和举报内容的，市场监督管理部门应当按照本办法规定的程序对投诉和举报予以分别处理。

第八条 向市场监督管理部门提出投诉举报的，应当通过市场监督管理部门公布的接收投诉举报的互联网、电话、传真、邮寄地址、窗口等渠道进行。

第九条 投诉应当提供下列材料：

（一）投诉人的姓名、电话号码、通讯地址；

（二）被投诉人的名称（姓名）、地址；

（三）具体的投诉请求以及消费者权益争议事实。

投诉人采取非书面方式进行投诉的，市场监督管理部门工作人员应当记录前款规定信息。

第十条 委托他人代为投诉的，除提供本办法第九条第一款规定的材料外，还应当提供授权委托书原件以及受托人身份证明。

授权委托书应当载明委托事项、权限和期限，由委托人签名。

第十一条 投诉人为两人以上，基于同一消费者权益争议投诉同一经营者的，经投诉人同意，市场监督管理部门可以按共同投诉处理。

共同投诉可以由投诉人书面推选两名代表人进行投诉。代表人的投诉行为对其代表的投诉人发生效力，但代表人变更、放弃投诉请求或者达成调解协议的，应当经被代表的投诉人同意。

第十二条 投诉由被投诉人实际经营地或者住所地县级市场监督管理部门处理。

对电子商务平台经营者以及通过自建网站、其他网络服务销售商品或者提供服务的电子商务经营者的投诉，由其住所地县级市场监督管理部门处理。对平台内经营者的投诉，由其实际经营地或者平台经营者住所地县级市场监督管理部门处理。

上级市场监督管理部门认为有必要的，可以处理下级市场监督管理部门收到的投诉。下级市场监督管理部门认为需要由上级市场监督管理部门处理本行政机关收到的投诉的，可以报请上级市场监督管理部门决定。

第十三条 对同一消费者权益争议的投诉，两个以上市场监督管理部门均有处理权限的，由先收到投诉的市场监督管理部门处理。

第十四条 具有本办法规定的处理权限的市场监督管理部门，应当自收到投诉之日起七个工作日内作出受理或者不予受理的决定，并告知投诉人。

第十五条 投诉有下列情形之一的，市场监督管理部门不予受理：

（一）投诉事项不属于市场监督管理部门职责，或者本行政机关不具有处理权限的；

（二）法院、仲裁机构、市场监督管理部门或者其他行政机关、消费者协会或者依法成立的其他调解组织已经受理或者处理过同一消费者权益争议的；

（三）不是为生活消费需要购买、使用商品或者接受服务，或者不能证明与被投诉人之间存在消费者权益争议的；

（四）除法律另有规定外，投诉人知道或者应当知道自己的权益受到被投诉人侵害之日起超过三年的；

（五）未提供本办法第九条第一款和第十条规定的材料的；

（六）法律、法规、规章规定不予受理的其他情形。

第十六条 市场监督管理部门经投诉人和被投诉人同意，采用调解的方式处理投诉，但法律、法规另有规定的，依照其规定。

鼓励投诉人和被投诉人平等协商，自行和解。

第十七条 市场监督管理部门可以委托消费者协会或者依法成立的其他调解组织等单位代为调解。

受委托单位在委托范围内以委托的市场监督管理部门名义进行调解，不得再委托其他组织或者个人。

第十八条 调解可以采取现场调解方式，也可以采取互联网、电话、音频、视频等非现场调解方式。

采取现场调解方式的，市场监督管理部门或者其委托单位应当提前告知投诉人和被投诉人调解的时间、地点、调解人员等。

第十九条 调解由市场监督管理部门或者其委托单位工作人员主持，并可以根据需要邀请有关人员协助。

调解人员是投诉人或者被投诉人的近亲属或者有其他利害关系，可能影响公正处理投诉的，应当回避。投诉人或者被投诉人对调解人员提出回避申请的，市场监督管理部门应当中止调解，并作出是否回避的决定。

第二十条 需要进行检定、检验、检测、鉴定的，由投诉人和被投诉人协商一致，共同委托具备相应条件的技术机构承担。

除法律、法规另有规定的外，检定、检验、检测、鉴定所需费用由投诉人和被投诉人协商一致承担。

检定、检验、检测、鉴定所需时间不计算在调解期限内。

第二十一条 有下列情形之一的，终止调解：

（一）投诉人撤回投诉或者双方自行和解的；

（二）投诉人与被投诉人对委托承担检定、检验、检测、鉴定工作的技术机构或者费用承担无法协商一致的；

（三）投诉人或者被投诉人无正当理由不参加调解，或者被投诉人明确拒绝调解的；

（四）经组织调解，投诉人或者被投诉人明确表示无法达成调解协议的；

（五）自投诉受理之日起四十五个工作日内投诉人和被投诉人未能达成调解协议的；

（六）市场监督管理部门受理投诉后，发现存在本办法第十五条规定情形的；

（七）法律、法规、规章规定的应当终止调解的其他情形。

终止调解的，市场监督管理部门应当自作出终止调解决定之日起七个工作日内告知投诉人和被投诉人。

第二十二条 经现场调解达成调解协议的，市场监督管理部门应当制作调解书，但调解协议已经即时履行或者双方同意不制作调解书的除外。调解书由投诉人和被投诉人双方签字或者盖章，并加盖市场监督管理部门印章，交投诉人和被投诉人各执一份，市场监督管理部门留存一份归档。

未制作调解书的，市场监督管理部门应当做好调解记录备查。

第二十三条 市场监督管理部门在调解中发现涉嫌违反市场监督管理法律、法规、规章线索的，应当自发现之日起十五个工作日内予以核查，并按照市场监督管理行政处罚有关规定予以处理。特殊情况下，核查时限可以延长十五个工作日。法律、法规、规章另有规定的，依照其规定。

对消费者权益争议的调解不免除经营者依法应当承担的其他法律责任。

第二十四条 举报人应当提供涉嫌违反市场监督管理法律、法规、规章的具体线索，对举报内容的真实性负责。举报人采取非书面方式进行举报的，市场监督管理部门工作人员应当记录。

鼓励经营者内部人员依法举报经营者涉嫌违反市场监督管理法律、法规、规章的行为。

第二十五条 举报由被举报行为发生地的县级以上市场监督管理部门处理。法律、行政法规、部门规章另有规定的，从其规定。

第二十六条 县级市场监督管理部门派出机构在县级市场监督管理部门确定的权限范围内以县级市场监督管理部门的名义处理举报，法律、法规、规章授权以派出机构名义处理举报的除外。

第二十七条 对电子商务平台经营者和通过自建网站、其他网络服务销售商品或者提供服务的电子商务经营者的举报，由其住所地县级以上市场监督管理部门处理。

对平台内经营者的举报，由其实际经营地县级以上市场监督管理部门处理。电子商务平台经营者住所地县级以上市场监督管理部门先行收到举报的，也可以予以处理。

第二十八条 对利用广播、电影、电视、报纸、期刊、互联网等大众传播媒介发布违法广告的举报，由广告发布者所在地市场监督管理部门处理。广告发布者所在地市场监督管理部门处理对异地广告主、广告经营者的举报有困难的，可以将对广告主、广告经营者的举报移送广告主、广告经营者所在地市场监督管理部门处理。

对互联网广告的举报，广告主所在地、广告经营者所在地市场监督管理部门先行收到举报的，也可以予以处理。

对广告主自行发布违法互联网广告的举报，由广告主所在地市场监督管理部门处理。

第二十九条 收到举报的市场监督管理部门不具备处理权限的，应当告知举报人直接向有处理权限的市场监督管理部门提出。

第三十条 两个以上市场监督管理部门因处理权限发生争议的，应当自发生争议之日起七个工作日内协商解决，协商不成的，报请共同的上一级市场监督管理部门指定处理机关；也可以直接由共同的上一级市场监督管理部门指定处理机关。

第三十一条 市场监督管理部门应当按照市场监督管理行政处罚等有关规定处理举报。

举报人实名举报的，有处理权限的市场监督管理部门还应当自作出是否立案决定之日起五个工作日内告知举报人。

第三十二条 法律、法规、规章规定市场监督管理部门应当将举报处理结果告知举报人或者对举报人实行奖励的，市场监督管理部门应当予以告知或者奖励。

第三十三条 市场监督管理部门应当对举报人的信息予以保密，不得将举报人个人信息、举报办理情况等泄露给被举报人或者与办理举报工作无关的人员，但提供的材料同时包含投诉和举报内容，并且需要向被举报人提供组织调解所必需信息的除外。

第三十四条 市场监督管理部门应当加强对本行政区域投诉举报信息的统计、分析、应用，定期公布投诉举报统计分析报告，依法公示消费投诉信息。

第三十五条 对投诉举报处理工作中获悉的国家秘密以及公开

后可能危及国家安全、公共安全、经济安全、社会稳定的信息，市场监督管理部门应当严格保密。

涉及商业秘密、个人隐私等信息，确需公开的，依照《中华人民共和国政府信息公开条例》等有关规定执行。

第三十六条 市场监督管理部门应当畅通全国12315平台、12315专用电话等投诉举报接收渠道，实行统一的投诉举报数据标准和用户规则，实现全国投诉举报信息一体化。

第三十七条 县级以上地方市场监督管理部门统一接收投诉举报的工作机构，应当及时将投诉举报分送有处理权限的下级市场监督管理部门或者同级市场监督管理部门相关机构处理。

同级市场监督管理部门相关机构收到分送的投诉举报的，应当按照本办法有关规定及时处理。不具备处理权限的，应当及时反馈统一接收投诉举报的工作机构，不得自行移送。

第三十八条 市场监督管理部门处理依法提起的除本办法第三条规定以外的其他投诉的，可以参照本办法执行。

举报涉嫌违反《中华人民共和国反垄断法》的行为的，按照国家市场监督管理总局专项规定执行。专项规定未作规定的，可以参照本办法执行。

药品监督管理部门、知识产权行政部门处理投诉举报，适用本办法，但法律、法规另有规定的，依照其规定。

第三十九条 自然人、法人或者其他组织反映国家机关、事业单位、代行政府职能的社会团体及其他组织的行政事业性收费问题的，按照《信访工作条例》有关规定处理。

以投诉举报形式进行咨询、政府信息公开申请、行政复议申请、信访、纪检监察检举控告等活动的，不适用本办法，市场监督管理部门可以告知通过相应途径提出。

第四十条 本办法自2020年1月1日起施行。1998年3月12日原国家质量技术监督局令第51号公布的《产品质量申诉处理办法》、2014年2月14日原国家工商行政管理总局令第62号公布的《工商行政管理部门处理消费者投诉办法》、2016 年 1 月 12 日原国家食品药品监督管理总局令第 21 号公布的《食品药品投诉举报管理办法》同时废止。

产品质量监督抽查管理暂行办法

（2019 年 11 月 8 日国家市场监督管理总局 2019 年第 14 次局务会议审议通过　2019 年 11 月 21 日国家市场监督管理总局令第 18 号公布　自 2020 年 1 月 1 日起施行）

第一章　总　　则

第一条　为了加强产品质量监督管理，规范产品质量监督抽查工作，保护消费者的合法权益，根据《中华人民共和国产品质量法》和《中华人民共和国消费者权益保护法》等法律、行政法规，制定本办法。

第二条　市场监督管理部门对本行政区域内生产、销售的产品实施监督抽查，适用本办法。

法律、行政法规、部门规章对产品质量监督抽查另有规定的，依照其规定。

第三条　本办法所称监督抽查，是指市场监督管理部门为监督产品质量，依法组织对在中华人民共和国境内生产、销售的产品进行抽样、检验，并进行处理的活动。

第四条　监督抽查分为由国家市场监督管理总局组织的国家监督抽查和县级以上地方市场监督管理部门组织的地方监督抽查。

第五条　国家市场监督管理总局负责统筹管理、指导协调全国监督抽查工作，组织实施国家监督抽查，汇总、分析全国监督抽查信息。

省级市场监督管理部门负责统一管理本行政区域内地方监督抽查

工作，组织实施本级监督抽查，汇总、分析本行政区域监督抽查信息。

市级、县级市场监督管理部门负责组织实施本级监督抽查，汇总、分析本行政区域监督抽查信息，配合上级市场监督管理部门在本行政区域内开展抽样工作，承担监督抽查结果处理工作。

第六条 监督抽查所需样品的抽取、购买、运输、检验、处置以及复查等工作费用，按照国家有关规定列入同级政府财政预算。

第七条 生产者、销售者应当配合监督抽查，如实提供监督抽查所需材料和信息，不得以任何方式阻碍、拒绝监督抽查。

第八条 同一市场监督管理部门不得在六个月内对同一生产者按照同一标准生产的同一商标、同一规格型号的产品（以下简称同一产品）进行两次以上监督抽查。

被抽样生产者、销售者在抽样时能够证明同一产品在六个月内经上级市场监督管理部门监督抽查的，下级市场监督管理部门不得重复抽查。

对监督抽查发现的不合格产品的跟踪抽查和为应对突发事件开展的监督抽查，不适用前两款规定。

第九条 监督抽查实行抽检分离制度。除现场检验外，抽样人员不得承担其抽样产品的检验工作。

第十条 组织监督抽查的市场监督管理部门应当按照法律、行政法规有关规定公开监督抽查结果。

未经组织监督抽查的市场监督管理部门同意，任何单位和个人不得擅自公开监督抽查结果。

第二章 监督抽查的组织

第十一条 国家市场监督管理总局负责制定国家监督抽查年度计划，并通报省级市场监督管理部门。

县级以上地方市场监督管理部门负责制定本级监督抽查年度计

划，并报送上一级市场监督管理部门备案。

第十二条 组织监督抽查的市场监督管理部门应当根据本级监督抽查年度计划，制定监督抽查方案和监督抽查实施细则。

监督抽查方案应当包括抽查产品范围、工作分工、进度要求等内容。监督抽查实施细则应当包括抽样方法、检验项目、检验方法、判定规则等内容。

监督抽查实施细则应当在抽样前向社会公开。

第十三条 组织监督抽查的市场监督管理部门应当按照政府采购等有关要求，确定承担监督抽查抽样、检验工作的抽样机构、检验机构，并签订委托协议，明确权利、义务、违约责任等内容。

法律、行政法规对抽样机构、检验机构的资质有规定的，应当委托具备法定资质的机构。

第十四条 抽样机构、检验机构应当在委托范围内开展抽样、检验工作，保证抽样、检验工作及其结果的客观、公正、真实。

抽样机构、检验机构不得有下列行为：

（一）在实施抽样前以任何方式将监督抽查方案有关内容告知被抽样生产者、销售者；

（二）转包检验任务或者未经组织监督抽查的市场监督管理部门同意分包检验任务；

（三）出具虚假检验报告；

（四）在承担监督抽查相关工作期间，与被抽样生产者、销售者签订监督抽查同类产品的有偿服务协议或者接受被抽样生产者、销售者对同一产品的委托检验；

（五）利用监督抽查结果开展产品推荐、评比，出具监督抽查产品合格证书、牌匾等；

（六）利用承担监督抽查相关工作的便利，牟取非法或者不当利益；

（七）违反规定向被抽样生产者、销售者收取抽样、检验等与监督抽查有关的费用。

第三章　抽　　样

第一节　现场抽样

第十五条　市场监督管理部门应当自行抽样或者委托抽样机构抽样，并按照有关规定随机抽取被抽样生产者、销售者，随机选派抽样人员。

抽样人员应当熟悉相关法律、行政法规、部门规章以及标准等规定。

第十六条　抽样人员不得少于两人，并向被抽样生产者、销售者出示组织监督抽查的市场监督管理部门出具的监督抽查通知书、抽样人员身份证明。抽样机构执行抽样任务的，还应当出示组织监督抽查的市场监督管理部门出具的授权委托书复印件。

抽样人员应当告知被抽样生产者、销售者抽查产品范围、抽样方法等。

第十七条　样品应当由抽样人员在被抽样生产者、销售者的待销产品中随机抽取，不得由被抽样生产者、销售者自行抽样。

抽样人员发现被抽样生产者、销售者涉嫌存在无证无照等无需检验即可判定违法的情形的，应当终止抽样，立即报告组织监督抽查的市场监督管理部门，并同时报告涉嫌违法的被抽样生产者、销售者所在地县级市场监督管理部门。

第十八条　有下列情形之一的，抽样人员不得抽样：

（一）待销产品数量不符合监督抽查实施细则要求的；

（二）有充分证据表明拟抽样产品不用于销售，或者只用于出口并且出口合同对产品质量另有约定的；

（三）产品或者其包装上标注“试制”、“处理”、“样品”等字样的。

第十九条　抽样人员应当按照监督抽查实施细则所规定的抽样

方法进行抽样。

抽样人员应当使用规定的抽样文书记录抽样信息，并对抽样场所、贮存环境、被抽样产品的标识、库存数量、抽样过程等通过拍照或者录像的方式留存证据。

抽样文书应当经抽样人员和被抽样生产者、销售者签字。被抽样生产者、销售者拒绝签字的，抽样人员应当在抽样文书上注明情况，必要时可以邀请有关人员作为见证人。

抽样文书确需更正或者补充的，应当由被抽样生产者、销售者在更正或者补充处以签名、盖章等方式予以确认。

第二十条 因被抽样生产者、销售者转产、停业等原因致使无法抽样的，抽样人员应当如实记录，报送组织监督抽查的市场监督管理部门。

第二十一条 被抽样生产者、销售者以明显不合理的样品价格等方式阻碍、拒绝或者不配合抽样的，抽样人员应当如实记录，立即报告组织监督抽查的市场监督管理部门，并同时报告被抽样生产者、销售者所在地县级市场监督管理部门。

第二十二条 样品分为检验样品和备用样品。

除不以破坏性试验方式进行检验，并且不会对样品质量造成实质性影响的外，抽样人员应当购买检验样品。购买检验样品的价格以生产、销售产品的标价为准；没有标价的，以同类产品的市场价格为准。

备用样品由被抽样生产者、销售者先行无偿提供。

法律、行政法规、部门规章对样品获取方式另有规定的，依照其规定。

第二十三条 抽样人员应当采取有效的防拆封措施，对检验样品和备用样品分别封样，并由抽样人员和被抽样生产者、销售者签字确认。

第二十四条 样品应当由抽样人员携带或者寄递至检验机构进行检验。对于易碎品、危险化学品等对运输、贮存过程有特殊要求的样品，应当采取有效措施，保证样品的运输、贮存过程符合国家有关规定，不发生影响检验结论的变化。

样品需要先行存放在被抽样生产者、销售者处的，应当予以封存，并加施封存标识。被抽样生产者、销售者应当妥善保管封存的样品，不得隐匿、转移、变卖、损毁。

第二节 网络抽样

第二十五条 市场监督管理部门对电子商务经营者销售的本行政区域内的生产者生产的产品和本行政区域内的电子商务经营者销售的产品进行抽样时，可以以消费者的名义买样。

第二十六条 市场监督管理部门进行网络抽样的，应当记录抽样人员以及付款账户、注册账号、收货地址、联系方式等信息。抽样人员应当通过截图、拍照或者录像的方式记录被抽样销售者信息、样品网页展示信息，以及订单信息、支付记录等。

第二十七条 抽样人员购买的样品应当包括检验样品和备用样品。

第二十八条 抽样人员收到样品后，应当通过拍照或者录像的方式记录拆封过程，对寄递包装、样品包装、样品标识、样品寄递情形等进行查验，对检验样品和备用样品分别封样，并将检验样品和备用样品携带或者寄递至检验机构进行检验。

抽样人员应当根据样品情况填写抽样文书。抽样文书经抽样人员签字并加盖抽样单位公章后，与监督抽查通知书一并寄送被抽样销售者。抽样机构执行买样任务的，还应当寄送组织监督抽查的市场监督管理部门出具的授权委托书复印件。

第四章 检 验

第二十九条 检验人员收到样品后，应当通过拍照或者录像的方式检查记录样品的外观、状态、封条有无破损以及其他可能对检验结论产生影响的情形，并核对样品与抽样文书的记录是否相符。

对于抽样不规范的样品，检验人员应当拒绝接收并书面说明理由，同时向组织监督抽查的市场监督管理部门报告。

对于网络抽样的检验样品和备用样品，应当分别加贴相应标识后，按照有关要求予以存放。

第三十条 被抽样产品实行生产许可、强制性产品认证等管理的，检验人员应当在检验前核实样品的生产者是否符合相应要求。

检验人员发现样品的生产者涉嫌存在无证无照等无需检验即可判定违法的情形的，应当终止检验，立即报告组织监督抽查的市场监督管理部门，并同时报告涉嫌违法的样品的生产者所在地县级市场监督管理部门。

第三十一条 检验人员应当按照监督抽查实施细则所规定的检验项目、检验方法、判定规则等进行检验。

检验中发现因样品失效或者其他原因致使检验无法进行的，检验人员应当如实记录，并提供相关证明材料，报送组织监督抽查的市场监督管理部门。

第三十二条 检验机构出具检验报告，应当内容真实齐全、数据准确、结论明确，并按照有关规定签字、盖章。

检验机构和检验人员应当对其出具的检验报告负责。

第三十三条 检验机构应当在规定时间内将检验报告及有关材料报送组织监督抽查的市场监督管理部门。

第三十四条 检验结论为合格并且属于无偿提供的样品，组织监督抽查的市场监督管理部门应当在提出异议处理申请期限届满后及时退还。

前款规定以外的其他样品，组织监督抽查的市场监督管理部门应当在提出异议处理申请期限届满后按照有关规定处理。

第五章　异 议 处 理

第三十五条 组织监督抽查的市场监督管理部门应当及时将检

验结论书面告知被抽样生产者、销售者，并同时告知其依法享有的权利。

样品属于在销售者处现场抽取的，组织监督抽查的市场监督管理部门还应当同时书面告知样品标称的生产者。

样品属于通过网络抽样方式购买的，还应当同时书面告知电子商务平台经营者和样品标称的生产者。

第三十六条 被抽样生产者、销售者有异议的，应当自收到检验结论书面告知之日起十五日内向组织监督抽查的市场监督管理部门提出书面异议处理申请，并提交相关材料。

第三十七条 被抽样生产者、销售者对抽样过程、样品真实性等有异议的，收到异议处理申请的市场监督管理部门应当组织异议处理，并将处理结论书面告知申请人。

被抽样生产者、销售者对检验结论有异议，提出书面复检申请并阐明理由的，收到异议处理申请的市场监督管理部门应当组织研究。对需要复检并具备检验条件的，应当组织复检。

除不以破坏性试验方式进行检验，并且不会对样品质量造成实质性影响的外，组织复检的市场监督管理部门应当向被抽样生产者、销售者支付备用样品费用。

第三十八条 申请人应当自收到市场监督管理部门复检通知之日起七日内办理复检手续。逾期未办理的，视为放弃复检。

第三十九条 市场监督管理部门应当自申请人办理复检手续之日起十日内确定具备相应资质的检验机构进行复检。

复检机构与初检机构不得为同一机构，但组织监督抽查的省级以上市场监督管理部门行政区域内或者组织监督抽查的市级、县级市场监督管理部门所在省辖区内仅有一个检验机构具备相应资质的除外。

第四十条 被抽样生产者、销售者隐匿、转移、变卖、损毁备用样品的，应当终止复检，并以初检结论为最终结论。

第四十一条 复检机构应当通过拍照或者录像的方式检查记录

备用样品的外观、状态、封条有无破损以及其他可能对检验结论产生影响的情形，并核对备用样品与抽样文书的记录是否相符。

第四十二条 复检机构应当在规定时间内按照监督抽查实施细则所规定的检验方法、判定规则等对与异议相关的检验项目进行复检，并将复检结论及时报送组织复检的市场监督管理部门，由组织复检的市场监督管理部门书面告知复检申请人。复检结论为最终结论。

第四十三条 复检费用由申请人向复检机构先行支付。复检结论与初检结论一致的，复检费用由申请人承担；与初检结论不一致的，复检费用由组织监督抽查的市场监督管理部门承担。

第六章 结果处理

第四十四条 组织监督抽查的市场监督管理部门应当汇总分析、依法公开监督抽查结果，并向地方人民政府、上一级市场监督管理部门和同级有关部门通报监督抽查情况。

组织地方监督抽查的市场监督管理部门发现不合格产品为本行政区域以外的生产者生产的，应当及时通报生产者所在地同级市场监督管理部门。

第四十五条 对检验结论为不合格的产品，被抽样生产者、销售者应当立即停止生产、销售同一产品。

第四十六条 负责结果处理的市场监督管理部门应当责令不合格产品的被抽样生产者、销售者自责令之日起六十日内予以改正。

第四十七条 负责结果处理的市场监督管理部门应当自责令之日起七十五日内按照监督抽查实施细则组织复查。

被抽样生产者、销售者经复查不合格的，负责结果处理的市场监督管理部门应当逐级上报至省级市场监督管理部门，由其向社会公告。

第四十八条 负责结果处理的市场监督管理部门应当在公告之日

起六十日后九十日前对被抽样生产者、销售者组织复查，经复查仍不合格的，按照《中华人民共和国产品质量法》第十七条规定，责令停业，限期整顿；整顿期满后经复查仍不合格的，吊销营业执照。

第四十九条 复查所需样品由被抽样生产者、销售者无偿提供。

除为提供复查所需样品外，被抽样生产者、销售者在经负责结果处理的市场监督管理部门认定复查合格前，不得恢复生产、销售同一产品。

第五十条 监督抽查发现产品存在区域性、行业性质量问题，市场监督管理部门可以会同其他有关部门、行业组织召开质量分析会，指导相关产品生产者、销售者加强质量管理。

第七章 法律责任

第五十一条 被抽样生产者、销售者有下列情形之一的，由县级市场监督管理部门按照有关法律、行政法规规定处理；法律、行政法规未作规定的，处三万元以下罚款；涉嫌构成犯罪，依法需要追究刑事责任的，按照有关规定移送公安机关：

（一）被抽样产品存在严重质量问题的；

（二）阻碍、拒绝或者不配合依法进行的监督抽查的；

（三）未经负责结果处理的市场监督管理部门认定复查合格而恢复生产、销售同一产品的；

（四）隐匿、转移、变卖、损毁样品的。

第五十二条 抽样机构、检验机构及其工作人员违反本办法第九条、第十四条第二款规定的，由县级市场监督管理部门按照有关法律、行政法规规定处理；法律、行政法规未作规定的，处三万元以下罚款；涉嫌构成犯罪，依法需要追究刑事责任的，按照有关规定移送公安机关。

第五十三条 市场监督管理部门工作人员滥用职权、玩忽职守、徇私舞弊的，对直接负责的主管人员和其他直接责任人员依法给予行政处分。

第八章 附 则

第五十四条 市场监督管理部门应当妥善保存抽样文书等有关材料、证据，保存期限不得少于两年。

第五十五条 本办法中所称“日”为公历日。期间届满的最后一日为法定节假日的，以法定节假日后的第一日为期间届满的日期。

第五十六条 本办法自2020年1月1日起施行。2010年12月29日原国家质量监督检验检疫总局令第133号公布的《产品质量监督抽查管理办法》、2014年2月14日原国家工商行政管理总局令第61号公布的《流通领域商品质量抽查检验办法》、2016年3月17日原国家工商行政管理总局令第85号公布的《流通领域商品质量监督管理办法》同时废止。

网络购买商品七日无理由退货暂行办法

（2017年1月6日国家工商行政管理总局令第90号公布 根据2020年10月23日国家市场监督管理总局令第31号修订）

第一章 总 则

第一条 为保障《消费者权益保护法》七日无理由退货规定的实施，保护消费者合法权益，促进电子商务健康发展，根据《消费者权益保护法》等相关法律、行政法规，制定本办法。

第二条 消费者为生活消费需要通过网络购买商品，自收到商品之日起七日内依照《消费者权益保护法》第二十五条规定退货的，适用本办法。

第三条 网络商品销售者应当依法履行七日无理由退货义务。

网络交易平台提供者应当引导和督促平台上的网络商品销售者履行七日无理由退货义务，进行监督检查，并提供技术保障。

第四条 消费者行使七日无理由退货权利和网络商品销售者履行七日无理由退货义务都应当遵循公平、诚实信用的原则，遵守商业道德。

第五条 鼓励网络商品销售者作出比本办法更有利于消费者的无理由退货承诺。

第二章 不适用退货的商品范围和商品完好标准

第六条 下列商品不适用七日无理由退货规定：

（一）消费者定作的商品；

（二）鲜活易腐的商品；

（三）在线下载或者消费者拆封的音像制品、计算机软件等数字化商品；

（四）交付的报纸、期刊。

第七条 下列性质的商品经消费者在购买时确认，可以不适用七日无理由退货规定：

（一）拆封后易影响人身安全或者生命健康的商品，或者拆封后易导致商品品质发生改变的商品；

（二）一经激活或者试用后价值贬损较大的商品；

（三）销售时已明示的临近保质期的商品、有瑕疵的商品。

第八条 消费者退回的商品应当完好。

商品能够保持原有品质、功能，商品本身、配件、商标标识齐全的，视为商品完好。

消费者基于查验需要而打开商品包装，或者为确认商品的品质、功能而进行合理的调试不影响商品的完好。

第九条 对超出查验和确认商品品质、功能需要而使用商品，导致商品价值贬损较大的，视为商品不完好。具体判定标准如下：

（一）食品（含保健食品）、化妆品、医疗器械、计生用品：必要的一次性密封包装被损坏；

（二）电子电器类：进行未经授权的维修、改动，破坏、涂改强制性产品认证标志、指示标贴、机器序列号等，有难以恢复原状的外观类使用痕迹，或者产生激活、授权信息、不合理的个人使用数据留存等数据类使用痕迹；

（三）服装、鞋帽、箱包、玩具、家纺、家居类：商标标识被摘、标识被剪，商品受污、受损。

第三章 退货程序

第十条 选择无理由退货的消费者应当自收到商品之日起七日内向网络商品销售者发出退货通知。

七日期间自消费者签收商品的次日开始起算。

第十一条 网络商品销售者收到退货通知后应当及时向消费者提供真实、准确的退货地址、退货联系人、退货联系电话等有效联系信息。

消费者获得上述信息后应当及时退回商品，并保留退货凭证。

第十二条 消费者退货时应当将商品本身、配件及赠品一并退回。

赠品包括赠送的实物、积分、代金券、优惠券等形式。如果赠品不能一并退回，经营者可以要求消费者按照事先标明的赠品价格支付赠品价款。

第十三条 消费者退回的商品完好的，网络商品销售者应当在收到退回商品之日起七日内向消费者返还已支付的商品价款。

第十四条 退款方式比照购买商品的支付方式。经营者与消费者另有约定的，从其约定。

购买商品时采用多种方式支付价款的，一般应当按照各种支付方式的实际支付价款以相应方式退款。

除征得消费者明确表示同意的以外，网络商品销售者不应当自行指定其他退款方式。

第十五条 消费者采用积分、代金券、优惠券等形式支付价款的，网络商品销售者在消费者退还商品后应当以相应形式返还消费者。对积分、代金券、优惠券的使用和返还有约定的，可以从其约定。

第十六条 消费者购买商品时采用信用卡支付方式并支付手续费的，网络商品销售者退款时可以不退回手续费。

消费者购买商品时采用信用卡支付方式并被网络商品销售者免除手续费的，网络商品销售者可以在退款时扣除手续费。

第十七条 退货价款以消费者实际支出的价款为准。

套装或者满减优惠活动中的部分商品退货，导致不能再享受优惠的，根据购买时各商品价格进行结算，多退少补。

第十八条 商品退回所产生的运费依法由消费者承担。经营者与消费者另有约定的，按照约定。

消费者参加满足一定条件免运费活动，但退货后已不能达到免运费活动要求的，网络商品销售者在退款时可以扣除运费。

第十九条 网络商品销售者可以与消费者约定退货方式，但不应当限制消费者的退货方式。

网络商品销售者可以免费上门取货，也可以征得消费者同意后有偿上门取货。

第四章 特别规定

第二十条 网络商品销售者应当采取技术手段或者其他措施，

对于本办法第六条规定的不适用七日无理由退货的商品进行明确标注。

符合本办法第七条规定的商品，网络商品销售者应当在商品销售必经流程中设置显著的确认程序，供消费者对单次购买行为进行确认。如无确认，网络商品销售者不得拒绝七日无理由退货。

第二十一条 网络交易平台提供者应当与其平台上的网络商品销售者订立协议，明确双方七日无理由退货各自的权利、义务和责任。

第二十二条 网络交易平台提供者应当依法建立、完善其平台七日无理由退货规则以及配套的消费者权益保护有关制度，在其首页显著位置持续公示，并保证消费者能够便利、完整地阅览和下载。

第二十三条 网络交易平台提供者应当对其平台上的网络商品销售者履行七日无理由退货义务建立检查监控制度，发现有违反相关法律、法规、规章的，应当及时采取制止措施，并向网络交易平台提供者或者网络商品销售者所在地市场监督管理部门报告，必要时可以停止对其提供平台服务。

第二十四条 网络交易平台提供者应当建立消费纠纷和解和消费维权自律制度。消费者在网络交易平台上购买商品，因退货而发生消费纠纷或其合法权益受到损害时，要求网络交易平台提供者调解的，网络交易平台提供者应当调解；消费者通过其他渠道维权的，网络交易平台提供者应当向消费者提供其平台上的网络商品销售者的真实名称、地址和有效联系方式，积极协助消费者维护自身合法权益。

第二十五条 网络商品销售者应当建立完善的七日无理由退货商品检验和处理程序。

对能够完全恢复到初始销售状态的七日无理由退货商品，可以作为全新商品再次销售；对不能够完全恢复到初始销售状态的七日无理由退货商品而再次销售的，应当通过显著的方式将商品的实际情况明确标注。

第五章　监督检查

第二十六条　市场监督管理部门应当加强对网络商品销售者和网络交易平台提供者经营行为的监督检查，督促和引导其建立健全经营者首问和赔偿先付制度，依法履行网络购买商品七日无理由退货义务。

第二十七条　市场监督管理部门应当及时受理和依法处理消费者有关七日无理由退货的投诉、举报。

第二十八条　市场监督管理部门应当依照公正、公开、及时的原则，综合运用建议、约谈、示范等方式，加强对网络商品销售者和网络交易平台提供者履行七日无理由退货法定义务的行政指导。

第二十九条　市场监督管理部门在对网络商品交易的监督检查中，发现经营者存在拒不履行七日无理由退货义务，侵害消费者合法权益行为的，应当依法进行查处，同时将相关处罚信息计入信用档案，向社会公布。

第六章　法律责任

第三十条　网络商品销售者违反本办法第六条、第七条规定，擅自扩大不适用七日无理由退货的商品范围的，按照《消费者权益保护法》第五十六条第一款第（八）项规定予以处罚。

第三十一条　网络商品销售者违反本办法规定，有下列情形之一的，依照《消费者权益保护法》第五十六条第一款第（八）项规定予以处罚：

（一）未经消费者在购买时确认，擅自以商品不适用七日无理由退货为由拒绝退货，或者以消费者已拆封、查验影响商品完好为由拒绝退货的；

（二）自收到消费者退货要求之日起超过十五日未办理退货手续，或者未向消费者提供真实、准确的退货地址、退货联系人等有效联系信息，致使消费者无法办理退货手续的；

（三）在收到退回商品之日起超过十五日未向消费者返还已支付的商品价款的。

第三十二条 网络交易平台提供者违反本办法第二十二条规定的，依照《电子商务法》第八十一条第一款第（一）项规定予以处罚。

第三十三条 网络商品销售者违反本办法第二十五条规定，销售不能够完全恢复到初始状态的无理由退货商品，且未通过显著的方式明确标注商品实际情况的，违反其他法律、行政法规的，依照有关法律、行政法规的规定处罚；法律、行政法规未作规定的，予以警告，责令改正，并处一万元以上三万元以下的罚款。

第三十四条 网络交易平台提供者拒绝协助市场监督管理部门对涉嫌违法行为采取措施、开展调查的，予以警告，责令改正；拒不改正的，处三万元以下的罚款。

第七章 附 则

第三十五条 网络商品销售者提供的商品不符合质量要求，消费者要求退货的，适用《消费者权益保护法》第二十四条以及其他相关规定。

第三十六条 经营者采用电视、电话、邮购等方式销售商品，依照本办法执行。

第三十七条 本办法由国家市场监督管理总局负责解释。

第三十八条 本办法自 2017 年 3 月 15 日起施行。

3. 价格监督检查

中华人民共和国价格法

（1997年12月29日第八届全国人民代表大会常务委员会第二十九次会议通过　1997年12月29日中华人民共和国主席令第92号公布　自1998年5月1日起施行）

第一章　总　　则

第一条　为了规范价格行为，发挥价格合理配置资源的作用，稳定市场价格总水平，保护消费者和经营者的合法权益，促进社会主义市场经济健康发展，制定本法。

第二条　在中华人民共和国境内发生的价格行为，适用本法。

本法所称价格包括商品价格和服务价格。

商品价格是指各类有形产品和无形资产的价格。

服务价格是指各类有偿服务的收费。

第三条　国家实行并逐步完善宏观经济调控下主要由市场形成价格的机制。价格的制定应当符合价值规律，大多数商品和服务价格实行市场调节价，极少数商品和服务价格实行政府指导价或者政府定价。

市场调节价，是指由经营者自主制定，通过市场竞争形成的价格。

本法所称经营者是指从事生产、经营商品或者提供有偿服务的法人、其他组织和个人。

政府指导价，是指依照本法规定，由政府价格主管部门或者其他有关部门，按照定价权限和范围规定基准价及其浮动幅度，指导经营者制定的价格。

政府定价，是指依照本法规定，由政府价格主管部门或者其他有关部门，按照定价权限和范围制定的价格。

第四条 国家支持和促进公平、公开、合法的市场竞争，维护正常的价格秩序，对价格活动实行管理、监督和必要的调控。

第五条 国务院价格主管部门统一负责全国的价格工作。国务院其他有关部门在各自的职责范围内，负责有关的价格工作。

县级以上地方各级人民政府价格主管部门负责本行政区域内的价格工作。县级以上地方各级人民政府其他有关部门在各自的职责范围内，负责有关的价格工作。

第二章 经营者的价格行为

第六条 商品价格和服务价格，除依照本法第十八条规定适用政府指导价或者政府定价外，实行市场调节价，由经营者依照本法自主制定。

第七条 经营者定价，应当遵循公平、合法和诚实信用的原则。

第八条 经营者定价的基本依据是生产经营成本和市场供求状况。

第九条 经营者应当努力改进生产经营管理，降低生产经营成本，为消费者提供价格合理的商品和服务，并在市场竞争中获取合法利润。

第十条 经营者应当根据其经营条件建立、健全内部价格管理制度，准确记录与核定商品和服务的生产经营成本，不得弄虚作假。

第十一条 经营者进行价格活动，享有下列权利：

（一）自主制定属于市场调节的价格；

（二）在政府指导价规定的幅度内制定价格；

（三）制定属于政府指导价、政府定价产品范围内的新产品的试销价格，特定产品除外；

（四）检举、控告侵犯其依法自主定价权利的行为。

第十二条 经营者进行价格活动，应当遵守法律、法规，执行依法制定的政府指导价、政府定价和法定的价格干预措施、紧急措施。

第十三条 经营者销售、收购商品和提供服务，应当按照政府价格主管部门的规定明码标价，注明商品的品名、产地、规格、等级、计价单位、价格或者服务的项目、收费标准等有关情况。

经营者不得在标价之外加价出售商品，不得收取任何未予标明的费用。

第十四条 经营者不得有下列不正当价格行为：

（一）相互串通，操纵市场价格，损害其他经营者或者消费者的合法权益；

（二）在依法降价处理鲜活商品、季节性商品、积压商品等商品外，为了排挤竞争对手或者独占市场，以低于成本的价格倾销，扰乱正常的生产经营秩序，损害国家利益或者其他经营者的合法权益；

（三）捏造、散布涨价信息，哄抬价格，推动商品价格过高上涨的；

（四）利用虚假的或者使人误解的价格手段，诱骗消费者或者其他经营者与其进行交易；

（五）提供相同商品或者服务，对具有同等交易条件的其他经营者实行价格歧视；

（六）采取抬高等级或者压低等级等手段收购、销售商品或者提供服务，变相提高或者压低价格；

（七）违反法律、法规的规定牟取暴利；

（八）法律、行政法规禁止的其他不正当价格行为。

第十五条 各类中介机构提供有偿服务收取费用，应当遵守本法的规定。法律另有规定的，按照有关规定执行。

第十六条 经营者销售进口商品、收购出口商品，应当遵守本章的有关规定，维护国内市场秩序。

第十七条 行业组织应当遵守价格法律、法规，加强价格自律，接受政府价格主管部门的工作指导。

第三章 政府的定价行为

第十八条 下列商品和服务价格，政府在必要时可以实行政府指导价或者政府定价：

（一）与国民经济发展和人民生活关系重大的极少数商品价格；

（二）资源稀缺的少数商品价格；

（三）自然垄断经营的商品价格；

（四）重要的公用事业价格；

（五）重要的公益性服务价格。

第十九条 政府指导价、政府定价的定价权限和具体适用范围，以中央的和地方的定价目录为依据。

中央定价目录由国务院价格主管部门制定、修订，报国务院批准后公布。

地方定价目录由省、自治区、直辖市人民政府价格主管部门按照中央定价目录规定的定价权限和具体适用范围制定，经本级人民政府审核同意，报国务院价格主管部门审定后公布。

省、自治区、直辖市人民政府以下各级地方人民政府不得制定定价目录。

第二十条 国务院价格主管部门和其他有关部门，按照中央定价目录规定的定价权限和具体适用范围制定政府指导价、政府定价；其中重要的商品和服务价格的政府指导价、政府定价，应当按照规定经国务院批准。

省、自治区、直辖市人民政府价格主管部门和其他有关部门，应当按照地方定价目录规定的定价权限和具体适用范围制定在本地区执行的政府指导价、政府定价。

市、县人民政府可以根据省、自治区、直辖市人民政府的授权，按照地方定价目录规定的定价权限和具体适用范围制定在本地区执行的政府指导价、政府定价。

第二十一条 制定政府指导价、政府定价，应当依据有关商品或者服务的社会平均成本和市场供求状况、国民经济与社会发展要求以及社会承受能力，实行合理的购销差价、批零差价、地区差价和季节差价。

第二十二条 政府价格主管部门和其他有关部门制定政府指导价、政府定价，应当开展价格、成本调查，听取消费者、经营者和有关方面的意见。

政府价格主管部门开展对政府指导价、政府定价的价格、成本调查时，有关单位应当如实反映情况，提供必需的账簿、文件以及其他资料。

第二十三条 制定关系群众切身利益的公用事业价格、公益性服务价格、自然垄断经营的商品价格等政府指导价、政府定价，应当建立听证会制度，由政府价格主管部门主持，征求消费者、经营者和有关方面的意见，论证其必要性、可行性。

第二十四条 政府指导价、政府定价制定后，由制定价格的部门向消费者、经营者公布。

第二十五条 政府指导价、政府定价的具体适用范围、价格水平，应当根据经济运行情况，按照规定的定价权限和程序适时调整。

消费者、经营者可以对政府指导价、政府定价提出调整建议。

第四章　价格总水平调控

第二十六条 稳定市场价格总水平是国家重要的宏观经济政策

目标。国家根据国民经济发展的需要和社会承受能力，确定市场价格总水平调控目标，列入国民经济和社会发展计划，并综合运用货币、财政、投资、进出口等方面的政策和措施，予以实现。

第二十七条 政府可以建立重要商品储备制度，设立价格调节基金，调控价格，稳定市场。

第二十八条 为适应价格调控和管理的需要，政府价格主管部门应当建立价格监测制度，对重要商品、服务价格的变动进行监测。

第二十九条 政府在粮食等重要农产品的市场购买价格过低时，可以在收购中实行保护价格，并采取相应的经济措施保证其实现。

第三十条 当重要商品和服务价格显著上涨或者有可能显著上涨，国务院和省、自治区、直辖市人民政府可以对部分价格采取限定差价率或者利润率、规定限价、实行提价申报制度和调价备案制度等干预措施。

省、自治区、直辖市人民政府采取前款规定的干预措施，应当报国务院备案。

第三十一条 当市场价格总水平出现剧烈波动等异常状态时，国务院可以在全国范围内或者部分区域内采取临时集中定价权限、部分或者全面冻结价格的紧急措施。

第三十二条 依照本法第三十条、第三十一条的规定实行干预措施、紧急措施的情形消除后，应当及时解除干预措施、紧急措施。

第五章 价格监督检查

第三十三条 县级以上各级人民政府价格主管部门，依法对价格活动进行监督检查，并依照本法的规定对价格违法行为实施行政处罚。

第三十四条 政府价格主管部门进行价格监督检查时，可以行使下列职权：

（一）询问当事人或者有关人员，并要求其提供证明材料和与价格违法行为有关的其他资料；

（二）查询、复制与价格违法行为有关的账簿、单据、凭证、文件及其他资料，核对与价格违法行为有关的银行资料；

（三）检查与价格违法行为有关的财物，必要时可以责令当事人暂停相关营业；

（四）在证据可能灭失或者以后难以取得的情况下，可以依法先行登记保存，当事人或者有关人员不得转移、隐匿或者销毁。

第三十五条 经营者接受政府价格主管部门的监督检查时，应当如实提供价格监督检查所必需的账簿、单据、凭证、文件以及其他资料。

第三十六条 政府部门价格工作人员不得将依法取得的资料或者了解的情况用于依法进行价格管理以外的任何其他目的，不得泄露当事人的商业秘密。

第三十七条 消费者组织、职工价格监督组织、居民委员会、村民委员会等组织以及消费者，有权对价格行为进行社会监督。政府价格主管部门应当充分发挥群众的价格监督作用。

新闻单位有权进行价格舆论监督。

第三十八条 政府价格主管部门应当建立对价格违法行为的举报制度。

任何单位和个人均有权对价格违法行为进行举报。政府价格主管部门应当对举报者给予鼓励，并负责为举报者保密。

第六章 法律责任

第三十九条 经营者不执行政府指导价、政府定价以及法定的价格干预措施、紧急措施的，责令改正，没收违法所得，可以并处违法所得五倍以下的罚款；没有违法所得的，可以处以罚款；情节严重的，责令停业整顿。

第四十条 经营者有本法第十四条所列行为之一的，责令改正，没收违法所得，可以并处违法所得五倍以下的罚款；没有违法所得的，予以警告，可以并处罚款；情节严重的，责令停业整顿，或者由工商行政管理机关吊销营业执照。有关法律对本法第十四条所列行为的处罚及处罚机关另有规定的，可以依照有关法律的规定执行。

有本法第十四条第（一）项、第（二）项所列行为，属于是全国性的，由国务院价格主管部门认定；属于是省及省以下区域性的，由省、自治区、直辖市人民政府价格主管部门认定。

第四十一条 经营者因价格违法行为致使消费者或者其他经营者多付价款的，应当退还多付部分；造成损害的，应当依法承担赔偿责任。

第四十二条 经营者违反明码标价规定的，责令改正，没收违法所得，可以并处五千元以下的罚款。

第四十三条 经营者被责令暂停相关营业而不停止的，或者转移、隐匿、销毁依法登记保存的财物的，处相关营业所得或者转移、隐匿、销毁的财物价值一倍以上三倍以下的罚款。

第四十四条 拒绝按照规定提供监督检查所需资料或者提供虚假资料的，责令改正，予以警告；逾期不改正的，可以处以罚款。

第四十五条 地方各级人民政府或者各级人民政府有关部门违反本法规定，超越定价权限和范围擅自制定、调整价格或者不执行法定的价格干预措施、紧急措施的，责令改正，并可以通报批评；对直接负责的主管人员和其他直接责任人员，依法给予行政处分。

第四十六条 价格工作人员泄露国家秘密、商业秘密以及滥用职权、徇私舞弊、玩忽职守、索贿受贿，构成犯罪的，依法追究刑事责任；尚不构成犯罪的，依法给予处分。

第七章　附　　则

第四十七条 国家行政机关的收费，应当依法进行，严格控制收费项目，限定收费范围、标准。收费的具体管理办法由国务院另行制定。

利率、汇率、保险费率、证券及期货价格，适用有关法律、行政法规的规定，不适用本法。

第四十八条 本法自1998年5月1日起施行。

明码标价和禁止价格欺诈规定

（2022年4月14日国家市场监督管理总局令第56号公布 自2022年7月1日起施行）

第一条 为了规范经营者明码标价行为，预防和制止价格欺诈，维护市场价格秩序，保护消费者、经营者合法权益和社会公共利益，根据《中华人民共和国价格法》《价格违法行为行政处罚规定》等法律、行政法规，制定本规定。

第二条 本规定适用于市场监督管理部门对经营者违反明码标价规定行为和价格欺诈行为的监督管理和查处。

本规定所称明码标价，是指经营者在销售、收购商品和提供服务过程中，依法公开标示价格等信息的行为。

本规定所称价格欺诈，是指经营者利用虚假的或者使人误解的价格手段，诱骗消费者或者其他经营者与其进行交易的行为。

第三条 经营者应当遵循公开、公平、诚实信用的原则，不得利用价格手段侵犯消费者和其他经营者的合法权益、扰乱市场价格秩序。

第四条 卖场、商场、市场、网络交易平台经营者等交易场所提供者（以下简称交易场所提供者）应当依法配合市场监督管理部门对场所内（平台内）经营者开展价格监督管理工作。

交易场所提供者发现场所内（平台内）经营者有违反本规定行

为的，应当依法采取必要处置措施，保存有关信息记录，依法承担相应义务和责任。

交易场所提供者应当尊重场所内（平台内）经营者的经营自主权，不得强制或者变相强制场所内（平台内）经营者参与价格促销活动。

第五条 经营者销售、收购商品和提供服务时，应当按照市场监督管理部门的规定明码标价。

明码标价应当根据商品和服务、行业、区域等特点，做到真实准确、货签对位、标识醒目。

设区的市级以上市场监督管理部门可以根据特定行业、特定区域的交易习惯等特点，结合价格监督管理实际，规定可以不实行明码标价的商品和服务、行业、交易场所。

第六条 经营者应当以显著方式进行明码标价，明确标示价格所对应的商品或者服务。经营者根据不同交易条件实行不同价格的，应当标明交易条件以及与其对应的价格。

商品或者服务的价格发生变动时，经营者应当及时调整相应标价。

第七条 经营者销售商品应当标示商品的品名、价格和计价单位。同一品牌或者种类的商品，因颜色、形状、规格、产地、等级等特征不同而实行不同价格的，经营者应当针对不同的价格分别标示品名，以示区别。

经营者提供服务应当标示服务项目、服务内容和价格或者计价方法。

经营者可以根据实际经营情况，自行增加标示与价格有关的质地、服务标准、结算方法等其他信息。

设区的市级以上市场监督管理部门对于特定商品和服务，可以增加规定明码标价应当标示的内容。

第八条 经营者在销售商品或者提供服务时，不得在标价之外加价出售商品或者提供服务，不得收取任何未予标明的费用。

第九条 经营者标示价格，一般应当使用阿拉伯数字标明人民币金额。

经营者标示其他价格信息，一般应当使用规范汉字；可以根据自身经营需要，同时使用外国文字。民族自治地方的经营者，可以依法自主决定增加使用当地通用的一种或者几种文字。

第十条 经营者收购粮食等农产品，应当将品种、规格、等级和收购价格等信息告知农产品出售者或者在收购场所公示。

第十一条 经营者销售商品，同时有偿提供配送、搬运、安装、调试等附带服务的，应当按照本规定第七条的规定，对附带服务进行明码标价。

附带服务不由销售商品的经营者提供的，应当以显著方式区分标记或者说明。

第十二条 经营者可以选择采用标价签（含电子标价签）、标价牌、价目表（册）、展示板、电子屏幕、商品实物或者模型展示、图片展示以及其他有效形式进行明码标价。金融、交通运输、医疗卫生等同时提供多项服务的行业，可以同时采用电子查询系统的方式进行明码标价。

县级以上市场监督管理部门可以发布标价签、标价牌、价目表（册）等的参考样式。

法律、行政法规对经营者的标价形式有规定的，应当依照其规定。

第十三条 经营者通过网络等方式销售商品或者提供服务的，应当通过网络页面，以文字、图像等方式进行明码标价。

第十四条 交易场所提供者为场所内（平台内）经营者提供标价模板的，应当符合本规定的要求。

第十五条 经营者提供服务，实行先消费后结算的，除按照本规定进行明码标价外，还应当在结算前向消费者出具结算清单，列明所消费的服务项目、价格以及总收费金额等信息。

第十六条 经营者在销售商品或者提供服务时进行价格比较的，标明的被比较价格信息应当真实准确。

经营者未标明被比较价格的详细信息的，被比较价格应当不高于该经营者在同一经营场所进行价格比较前七日内的最低成交价格；前七日内没有交易的，应当不高于本次价格比较前最后一次交易价格。

与厂商建议零售价进行价格比较的，应当明确标示被比较价格为厂商建议零售价。厂商建议零售价发生变动时，应当立即更新。

第十七条 经营者没有合理理由，不得在折价、减价前临时显著提高标示价格并作为折价、减价计算基准。

经营者不得采用无依据或者无从比较的价格，作为折价、减价的计算基准或者被比较价格。

第十八条 经营者赠送物品或者服务（以下简称赠品）的，应当标示赠品的品名、数量。赠品标示价格或者价值的，应当标示赠品在同一经营场所当前销售价格。

第十九条 经营者不得实施下列价格欺诈行为：

（一）谎称商品和服务价格为政府定价或者政府指导价；

（二）以低价诱骗消费者或者其他经营者，以高价进行结算；

（三）通过虚假折价、减价或者价格比较等方式销售商品或者提供服务；

（四）销售商品或者提供服务时，使用欺骗性、误导性的语言、文字、数字、图片或者视频等标示价格以及其他价格信息；

（五）无正当理由拒绝履行或者不完全履行价格承诺；

（六）不标示或者显著弱化标示对消费者或者其他经营者不利的价格条件，诱骗消费者或者其他经营者与其进行交易；

（七）通过积分、礼券、兑换券、代金券等折抵价款时，拒不按约定折抵价款；

（八）其他价格欺诈行为。

第二十条 网络交易经营者不得实施下列行为：

（一）在首页或者其他显著位置标示的商品或者服务价格低于在详情页面标示的价格；

（二）公布的促销活动范围、规则与实际促销活动范围、规则不一致；

（三）其他虚假的或者使人误解的价格标示和价格促销行为。

网络交易平台经营者不得利用技术手段等强制平台内经营者进行虚假的或者使人误解的价格标示。

第二十一条 有下列情形之一的，不属于第十九条规定的价格欺诈行为：

（一）经营者有证据足以证明没有主观故意；

（二）实际成交价格能够使消费者或者与其进行交易的其他经营者获得更大价格优惠；

（三）成交结算后，实际折价、减价幅度与标示幅度不完全一致，但符合舍零取整等交易习惯。

第二十二条 经营者违反本规定有关明码标价规定的，由县级以上市场监督管理部门依照《中华人民共和国价格法》《价格违法行为行政处罚规定》有关规定进行处罚。

第二十三条 经营者违反本规定第十六条至第二十条规定的，由县级以上市场监督管理部门依照《中华人民共和国价格法》《中华人民共和国反不正当竞争法》《中华人民共和国电子商务法》《价格违法行为行政处罚规定》等法律、行政法规进行处罚。

第二十四条 交易场所提供者违反本规定第四条第二款、第三款，法律、行政法规有规定的，依照其规定；法律、行政法规没有规定的，由县级以上市场监督管理部门责令改正，可以处三万元以下罚款；情节严重的，处三万元以上十万元以下罚款。

第二十五条 交易场所提供者提供的标价模板不符合本规定的，由县级以上市场监督管理部门责令改正，可以处三万元以下罚款；情节严重的，处三万元以上十万元以下罚款。

第二十六条 经营者违反本规定，但能够主动消除或者减轻危害后果，及时退还消费者或者其他经营者多付价款的，依法从轻或者减轻处罚。

经营者违反本规定，但未实际损害消费者或者其他经营者合法权益，违法行为轻微并及时改正，没有造成危害后果的，依法不予处罚；初次违法且危害后果轻微并及时改正的，可以依法不予处罚。

第二十七条 本规定自2022年7月1日起施行。2000年10月31日原中华人民共和国国家发展计划委员会令第8号发布的《关于商品和服务实行明码标价的规定》、2001年11月7日原中华人民共和国国家发展计划委员会令第15号发布的《禁止价格欺诈行为的规定》同时废止。

一、市场监督管理部门处理投诉举报文书式样①

文书式样一

投诉登记表

登记单位：　　　　　　　　　　　　　　　　编号：

投诉人	姓名		联系电话	
	住址			
被投诉人	名称（姓名）		联系人	
	地址		联系电话	
消费者权益争议事实				

① 市场监管总局关于印发《市场监督管理部门处理投诉举报文书式样》的通知（国市监网监〔2019〕242号）

续表

<table>
<tr><td>投诉请求</td><td colspan="2"></td></tr>
<tr><td colspan="2">投诉人（签字）：

年　月　日</td><td>经办人（签字）：

年　月　日</td></tr>
</table>

注：1. 本表格适用于市场监督管理部门或者其派出机构对消费者通过电话、传真、信函、上门等方式提起投诉的登记。

2. 消费者通过非现场方式提起投诉的，无须在投诉人一栏签字。

3. 消费者权益争议事实应当包括：消费者购买、使用商品或者接受服务的内容、时间、地点、涉及金额、争议情况等具体事实。

4. 投诉请求应当包括：消费者主张修理、重作、更换、退货、补足商品数量、退还货款和服务费用、赔偿损失等具体请求。

文书式样二

举报登记表

登记单位：　　　　　　　　　　　　　　　　　　编号：

<table>
<tr><td rowspan="2">举报人</td><td>姓名</td><td></td><td>联系电话</td><td></td></tr>
<tr><td>住址</td><td colspan="3"></td></tr>
<tr><td rowspan="2">被举报人</td><td>名称（姓名）</td><td colspan="3"></td></tr>
<tr><td>地址</td><td colspan="3"></td></tr>
<tr><td>涉嫌违反市场监督管理法律、法规、规章的线索</td><td colspan="4"></td></tr>
<tr><td colspan="2">举报人（签字）：
年　月　日</td><td colspan="3">经办人（签字）：
年　月　日</td></tr>
</table>

注：1. 本表格适用于市场监督管理部门或者其派出机构对公众通过电话、传真、信函、上门等方式提起举报的登记。

2. 举报人可以匿名举报，应当提供具体涉嫌违法线索，并对举报内容的真实性负责。

3. 通过非现场方式提出举报的，无须在举报人一栏签字。

文书式样三

投诉/举报转办通知书

市场监管〔　　〕第　　号

__________市场监督管理局（所）：

现转去__________于____年____月____日关于__________的投诉/举报。请你局（所）按照《市场监督管理投诉举报处理暂行办法》的规定依法予以处理，并将处理结果于____年____月____日前及时报告我局。

附：相关材料　　份，共　　页。

年　　月　　日（印章）

注：本通知书适用于省级或者地市级市场监督管理部门或者其设立的12315投诉举报中心将收到的投诉/举报分送有处理权限/管辖权的市场监督管理部门或者其派出机构处理。

文书式样四

投诉/举报分送情况告知书

市场监管〔　　〕第　　号

__________：

我局于____年____月____日收到你关于________________________________的投诉/举报。根据《市场监督管理投诉举报处理暂行办法》的规定，我局已将你的投诉/举报分送至有处理权限的________________________市场监督管理局（所）处理。

（联系人：__________，联系电话：__________）

特此告知。

年　　月　　日（印章）

注：1. 本告知书适用于省级或者地市级市场监督管理部门或者其设立的12315投诉举报中心将收到的投诉/举报依法分送后，根据实际工作需要，告知投诉人分送情况。

2. 本告知书中“联系人”、“联系电话”指有处理权限/管辖权的市场监督管理部门或者其派出机构负责处理投诉/举报的工作人员及其联系电话。

3. 本告知书可以通过互联网、电话、短信、电子邮件、传真、信函等方式告知。

文书式样五

投诉受理决定书

市场监管〔　　〕第　　号

____________：

我局（所）于____年____月____日收到你关于____________________________的投诉，经审查，符合《市场监督管理投诉举报处理暂行办法》规定的受理条件，我局（所）决定受理。

（联系人：__________，联系电话：__________）

特此告知。

年　　月　　日（印章）

注：1. 本决定书适用于有处理权限的市场监督管理部门或者其派出机构对投诉作出受理决定，并告知投诉人受理情况。

2. 市场监督管理部门派出机构以自己名义作出受理决定的，使用派出机构印章。

3. 本决定书中“联系人”、“联系电话”指有处理权限的市场监督管理部门或者其派出机构负责处理投诉的工作人员及其联系电话。

4. 本决定书可以通过互联网、电话、短信、电子邮件、传真、信函等方式告知。

文书式样六

投诉不予受理决定书

市场监管〔　　〕第　　号

____________：

我局（所）于____年____月____日收到你关于____________的投诉。经审查，属以下第〔　　〕项情形，依据《市场监督管理投诉举报处理暂行办法》的规定，我局（所）决定不予受理。

（一）投诉事项不属于市场监督管理部门职责，或者本行政机关不具有处理权限的；

（二）法院、仲裁机构、市场监督管理部门或者其他行政机关、消费者协会或者依法成立的其他调解组织已经受理或者处理过同一消费者权益争议的；

（三）不是为生活消费需要购买、使用商品或者接受服务，或者不能证明与被投诉人之间存在的消费者权益争议的；

（四）除法律另有规定外，投诉人知道或者应当知道自己的权益受到被投诉人侵害之日起超过三年的；

（五）未提供《市场监督管理投诉举报处理暂行办法》第九条第一款和第十条规定的材料的；

（六）法律、法规、规章规定不予受理投诉的其他情形。

特此告知。

年　　月　　日（印章）

注：1. 本决定书适用于有处理权限的市场监督管理部门或者其派出机构对投诉作出不予受理决定，并告知投诉人不予受理情况。

2. 市场监督管理部门派出机构以自己名义作出不予受理决定的，使用派出机构印章。

3. 本决定书可以通过互联网、电话、短信、电子邮件、传真、信函等方式告知。

文书式样七

投诉调解通知书

市场监管〔　　〕第　　号

____________：

关于________________________________的投诉，我局（所）已经受理，根据《市场监督管理投诉举报处理暂行办法》的规定，现组织双方当事人进行现场调解。请于________年____月____日____时到______________________参加调解。无正当理由不参加调解的，我局（所）将依法终止调解。

（调解人员：__________；联系电话：__________）

特此通知。

年　　月　　日（印章）

注：1. 本通知书适用于有处理权限的市场监督管理部门或者其派出机构通知投诉人和被投诉人参加现场调解。

2. 本通知书中“调解人员”、“联系电话”指有处理权限的市场监督管理部门或者其派出机构主持调解的工作人员及其联系电话。

3. 市场监督管理部门派出机构以自己名义作出调解的，使用派出机构印章。

4. 本通知书可以通过互联网、电话、短信、电子邮件、传真、信函等方式告知。

文书式样八

投诉终止调解决定书

市场监管〔　　〕第　　号

______________：

经审查，关于__________________投诉的调解过程中出现以下第〔　　〕项情形，依据《市场监督管理投诉举报处理暂行办法》的规定，我局（所）决定终止调解。

（一）投诉人撤回投诉或者双方自行和解的；

（二）投诉人与被投诉人对委托承担检定、检验、检测、鉴定工作的技术机构或者费用承担无法协商一致的；

（三）投诉人或者被投诉人无正当理由不参加调解，或者被投诉人明确拒绝调解的；

（四）经组织调解，投诉人或者被投诉人明确表示无法达成调解协议的；

（五）自投诉受理之日起四十五个工作日内投诉人和被投诉人未能达成调解协议的；

（六）市场监督管理部门受理投诉后，发现存在《市场监督管理投诉举报处理暂行办法》第十五条规定情形的；

（七）法律、法规、规章规定应当终止调解的其他情形。

特此告知。

年　　月　　日（印章）

注：1. 本决定书适用于有处理权限的市场监督管理部门或者其派出机构对投诉作出终止调解决定，并告知投诉人和被投诉人。

2. 市场监督管理部门派出机构以自己名义作出终止调解决定的，使用派出机构印章。

3. 本决定书可以通过互联网、电话、短信、电子邮件、传真、信函等方式告知。

文书式样九

投诉调解书

市场监管〔　　〕第　　号

投诉人：______________________　电话：______________________

住　址：______________________　单位：______________________

委托代理人：__________________　电话：______________________

被投诉人：____

法定代表人（负责人）：________　电话：______________________

地址（经营场所）：____

委托代理人：__________________　电话：______________________

投诉内容及投诉请求：____

____

____

根据《市场监督管理投诉举报处理暂行办法》有关规定，本局（所）组织双方当事人进行调解，双方自愿达成如下协议：____________

____

本调解书经双方当事人签字后生效。调解书生效后无法执行的，投诉人可以按照法律、法规的有关规定向有关部门申请仲裁或者向人民法院提起诉讼。

投诉人（签名）：____________

被投诉人（签名）：____________

调解人员（签名）：____________

年　　月　　日（印章）

注：1. 本调解书适用于有处理权限的市场监督管理部门或者其派出机构组织投诉人和被投诉人现场调解并达成调解协议。调解协议已经即时履行或者双方同意不制作调解书的，可以不制作调解书，市场监

督管理部门应当做好调解记录备查。

2. 本调解书由投诉人和被投诉人双方签字或者盖章，并加盖市场监督管理部门印章，交投诉人和被投诉人各执一份，市场监督管理部门留存一份归档。

3. 市场监督管理部门派出机构以自己名义组织调解的，使用派出机构印章。

4. 投诉人和被投诉人委托他人参加调解的，被委托人应当出具授权委托书和身份证明。授权委托书应当载明委托事项、权限和期限，并应当由委托人本人签名。

文书式样十

举报立案告知书

市场监管〔　　〕第　　号

______________：

我局于____年____月____日收到你关于___________________的举报，经核查，我局决定予以立案。

特此告知。

年　　月　　日（印章）

注：1. 本告知书适用于有管辖权的市场监督管理部门告知实名举报人立案情况。

2. 本告知书可以通过互联网、电话、短信、电子邮件、传真、信函等方式告知。

文书式样十一

举报不予立案告知书

市场监管〔　　〕第　　号

______________：

我局于____年____月____日收到你关于__________________的举报，经核查，我局决定不予立案。

特此告知。

年　　月　　日（印章）

注：1. 本告知书适用于有管辖权的市场监督管理部门告知实名举报人不予立案情况。

2. 本告知书可以通过互联网、电话、短信、电子邮件、传真、信函等方式告知。

文书式样十二

投诉/举报处理结果报告书

市场监管〔　　〕第　　号

__________市场监督管理书：

我局（所）于____年____月____日收到你局分送的关于________________的投诉/举报，现将处理结果报告如下：____

（经办人：__________；联系电话：__________）

附：相关材料　　份，共　页。

年　　月　　日（印章）

注：1. 本报告书适用于有处理权限/管辖权的市场监督管理部门或者其派出机构向上级市场监督管理部门及其设立的12315投诉举报中心报告投诉/举报处理结果。

2. 市场监督管理部门派出机构以自己名义处理投诉/举报的，使用派出机构印章。

3. 本报告书应当按照时限要求，通过电子文书或者纸质文书形式及时反馈。

二、消费损害赔偿计算

1. 经营者提供商品或者服务，造成消费者或者其他受害人人身伤害的，应当赔偿医疗费、护理费、交通费等为治疗和康复支出的合理费用，以及因误工减少的收入。造成残疾的，还应当赔偿残疾生活辅助具费和残疾赔偿金。造成死亡的，还应当赔偿丧葬费和死亡赔偿金。

2. 经营者提供商品或者服务有欺诈行为的，应当按照消费者的要求增加赔偿其受到的损失，增加赔偿的金额为消费者购买商品的价款或者接受服务的费用的**三倍**。增加赔偿的金额不足五百元的，为五百元。

3. 人身损害赔偿计算公式

医疗费

医疗费=医药费+住院费+（康复费+整容费+其他后续治疗费）*

误工费

1. 受害人有固定收入的，计算公式为：

误工费赔偿金额=受害人工资（元/天）×误工时间（天）

2. 受害人无固定收入，但受害人能够举证证明其最近三年的平均收入状况的，计算公式为：

误工费赔偿金额=受害人最近三年平均收入（元/天）×误工时间（天）

3. 受害人无固定收入，且受害人不能够举证证明其最近三年的平均收入

---

* 器官功能恢复训练所必要的康复费、适当的整容费以及其他后续治疗费，赔偿权利人可以待实际发生后另行起诉。但根据医疗证明或者鉴定结论确定必然发生的费用，可以与已经发生的医疗费一并予以赔偿。

状况的，计算公式为：

误工费赔偿金额=受诉法院所在地相同或相近行业上一年度职工平均工资（天/元）×误工时间（天）

护理费

1. 护理人员有收入的：

护理费赔偿额=护理人员的误工费

2. 护理人员没有收入或者雇佣护工的：

护理费赔偿额=护理标准（元/天）×护理期限（天）

交通费

交通费赔偿金额=往返费用×往返次数×往返人数

住院伙食补助费

住院伙食补助费=当地国家机关一般工作人员出差伙食补助标准（元/天）×住院天数

营养费

营养费=实际发生的必要营养费

残疾赔偿金

残疾赔偿金=受诉法院所在地上一年度城镇居民人均可支配收入×伤残等级系数×赔偿年限

残疾辅助器具费

残疾辅助器具费=普通适用器具的合理费用

丧葬费

丧葬费赔偿额=受诉法院所在地上一年度职工月平均工资（元/月）×六个月

死亡赔偿金

受诉法院所在地上一年度城镇居民人均可支配收入（元/年）×赔偿年限

被扶养人生活费 *

1. 被扶养人没有其他扶养人的：

被扶养人生活费赔偿额=受诉法院所在地上一年度城镇居民人均消费支出×伤残系数×赔偿年限

2. 被扶养人还有其他抚养人的：

被扶养人生活费赔偿额=受害人依法应承担的扶养费用

3. 被扶养人有数人的：

年赔偿总额≤上一年度城镇居民人均消费支出额

精神损害抚慰金

侵害自然人人身权益造成严重精神损害的，被侵权人有权请求精神损害赔偿

---

* 注意，根据《消费者权益保护法》第四十九条，被扶养人生活费已被包含在残疾赔偿金或死亡赔偿金中，若赔偿了这些费用，就不必再单独列举。

图书在版编目（CIP）数据

中华人民共和国消费者权益保护法（含产品质量法）注解与配套／中国法制出版社编．—北京：中国法制出版社，2023.8

（法律注解与配套丛书）

ISBN 978-7-5216-3713-7

Ⅰ.①中… Ⅱ.①中… Ⅲ.①消费者权益保护法-法律解释-中国 Ⅳ.①D922.294.5

中国国家版本馆 CIP 数据核字（2023）第 118881 号

策划编辑：袁笋冰　　责任编辑：欧丹　　封面设计：杨泽江

中华人民共和国消费者权益保护法（含产品质量法）注解与配套

ZHONGHUA RENMIN GONGHEGUO XIAOFEIZHE QUANYI BAOHUFA
（HAN CHANPIN ZHILIANGFA）ZHUJIE YU PEITAO

经销/新华书店
印刷/三河市紫恒印装有限公司
开本/850 毫米×1168 毫米　32 开　　印张/ 10　字数/ 232 千
版次/2023 年 8 月第 1 版　　2023 年 8 月第 1 次印刷

中国法制出版社出版
书号 ISBN 978-7-5216-3713-7　　定价：28.00 元

北京市西城区西便门西里甲 16 号西便门办公区
邮政编码：100053　　传真：010-63141600
网址：http：//www.zgfzs.com　　编辑部电话：010-63141655
市场营销部电话：010-63141612　　印务部电话：010-63141606

（如有印装质量问题，请与本社印务部联系。）

